EMILIA SCHILLING

Frühlingsglück und Mandelküsse

GOLDMANN
Lesen erleben

Charlotte Paul, genannt Charlie, hat einen Traumjob als Patissière im Wiener Hotel Elisabethhof. Doch just am ersten Arbeitstag ihres neuen Chefs Daniel Eppensteiner kommt Charlie zu spät und hinterlässt einen chaotischen Eindruck. Als Daniel dann auch noch die kurzfristige Verlegung der Petit-Four-Messe in das Hotel Elisabethhof ablehnt, setzt Charlie sich über seine Entscheidung hinweg und sagt hinter seinem Rücken zu. Aber auch privat läuft es nicht rund: Bei einem Abendessen mit den Eltern ihres Freundes Eddie zeigen diese deutlich, dass sie Charlie als Schwiegertochter ablehnen. Als sie Eddie dann auch noch in flagranti mit seiner Ex- (oder eben doch nicht so Ex-) Freundin im Bett erwischt, ist Charlies Leben nur noch eine einzige Katastrophe. Doch ausgerechnet Daniel gelingt es, sie zu trösten. Damit wird das Chaos aber erst perfekt …

Informationen zu Emilia Schilling finden Sie am Ende des Buches.

Emilia Schilling

* * *

Frühlingsglück und Mandelküsse

* * *

Roman

GOLDMANN

 Dieses Buch ist auch als E-Book erhältlich

MIX
Papier aus verantwor-
tungsvollen Quellen
FSC® C014496
www.fsc.org

Verlagsgruppe Random House FSC® N001967

2. Auflage
Originalausgabe Mai 2017
Copyright © 2017 by Goldmann Verlag, München,
in der Verlagsgruppe Random House GmbH,
Neumarkter Str. 28, 81673 München
Umschlaggestaltung: UNO Werbeagentur München
Umschlagfoto: gettyimages/Eisenhut and Mayer Wien
FinePic®, München
Redaktion: Karin Ballauff
BH · Herstellung: kw
Satz: Buch-Werkstatt GmbH, Bad Aibling
Druck und Einband: GGP Media GmbH, Pößneck
Printed in Germany
ISBN: 978-3-442-48563-5
www.goldmann-verlag.de

Besuchen Sie den Goldmann Verlag im Netz

Inhalt

7 **Biskuitroulade**
… geht schnell; bei schlechter Laune statt
mit Marillenmarmelade dick mit
Nuss-Nougat-Creme füllen

* * *

45 **Esterházytorte**
… schwierig, aber wesentlich besser als die
Version der künftigen Schwiegermutter

* * *

115 **Altwiener Apfelstrudel**
… weckt Kindheitserinnerungen

* * *

140 **Getränkte Rumschnitte**
… die Menge an Rum ist der jeweiligen
Stimmung anzupassen

* * *

195 **Burgenländer Kipferl**
… die Augen schließen und langsam
im Mund zergehen lassen

* * *

221 Linzer Torte
... einem erfahrenen Chef kann man
nichts vormachen

* * *

272 Mandelküsse
... einfach unwiderstehlich

* * *

316 Mozarttorte
... auch wenn dann doch alles anders kommt

* * *

347 Glossar

*** Biskuitroulade ***

... geht schnell; bei schlechter Laune statt mit Marillenmarmelade dick mit Nuss-Nougat-Creme füllen

6 Eier, getrennt
200 g Zucker
200 g Mehl
eine Prise Salz
250 g Marillenmarmelade

Eiklar mit Salz zu Schnee schlagen. Zucker einrieseln lassen und Eigelb nach und nach beigeben. Mehl unterheben und auf ein Backblech streichen. Bei 180° C etwa 15 Minuten goldbraun backen. Sofort mit Marmelade bestreichen, noch warm einrollen und mit Staubzucker bestäuben.

Warum konstruiert man eine Parkgarage dermaßen eng? Als ob die Straßen der Wiener Innenstadt um diese Zeit nicht schon die reinste Zumutung wären. Hat niemand an die Konditorin gedacht, die verschlafen könnte und deswegen versucht, mit dem Auto ihres Freundes rechtzeitig zur Warenlieferung zu kommen? Um halb acht öffnen sich die Türen zum Speisesaal des Hotels Elisabethhof. Nur dass die Gäste heute vor einem leeren Frühstücksbuffet stehen werden. Nicht gerade das, was man sich von einem Fünfsternehotel am Ring erwarten darf.

Ich überfahre eine Sperrlinie, presche über einige leer stehende Parkplätze und steuere auf Richards Parkplatz direkt neben dem Treppenaufgang zu.

Richard Auer ist der Hotelleiter des Elisabethhofs und damit mein unmittelbarer Vorgesetzter. Momentan befindet er sich auf Geschäftsreise und wird sich bestimmt nicht daran stören, wenn seine liebste Patissière einen Tag lang ihr Auto hier abstellt. Immerhin pflegt er oft genug zu sagen, dass der Elisabethhof seinen guten Ruf für traditionelle Wiener Mehlspeisen auch meinen Backkünsten verdankt.

Von der anderen Seite blinkt mich eine schwarze Limousine an. Vermutlich um mich darauf aufmerksam zu machen, dass ich gegen die Einbahn fahre. Bestimmt ist das ein Hotelgast, der sich in die falsche Ebene verirrt hat.

Mit quietschenden Reifen manövriere ich den Wagen auf Richards Parkplatz und halte so knapp vor der Betonmauer, dass ich gerade noch das Schild mit dem Wort »Hotelleitung« lesen kann.

Eilig haste ich aus dem Wagen und ignoriere das Hupen der Limousine. Es gibt Wichtigeres, als dem Gast zu erklären, wo er parken kann.

Mit Schweiß auf der Stirn komme ich ins Parterre und verfluche meine Mitbewohnerin Kati aus unserer Dreier-WG, die mir zu diesen Slippern geraten hat.

»Die sind wie für dich gemacht, Charlie«, waren ihre Worte neulich in einem neuen Geschäft in der Kärntner Straße. »Dann nimm sie in 39, wenn es sie nicht in deiner Größe gibt. Schau, sie sind sogar runtergesetzt.«

Keinen Cent hätte ich dafür bezahlen sollen. Bei jedem Schritt rutschen sie über meine Ferse, sodass ich sie beinahe verliere. Damit breche ich mir noch den Hals.

Am Ende des Gangs taucht mein Lehrling Fridolin auf. Seine Wangen haben denselben Farbton wie seine karottenroten Haare angenommen. Immer wenn er gestresst ist, sieht er aus wie eine radioaktive Tomate.

»Charlie!«, ruft er, als er mich auf sich zukommen sieht, und reißt dann seine grünen Augen und den Mund weit auf.

Sehe ich so schlimm aus? In der Eile hatte ich heute Morgen keine Zeit, im Spiegel mein Aussehen zu kontrollieren. Gestern Abend hat Kati darauf bestanden, mir Locken zu drehen. Sie ist die Feminine in unserer WG und liebt es, Haare zu flechten und Fingernägel zu lackieren. Da Jasmin, die Dritte im Bunde, nicht viel von stylischen Frisuren und glitzernden Nägeln hält, mussten meine langen, hellbraunen Haare wieder einmal herhalten.

Kati und Jasmin sind seit Schultagen meine besten Freundinnen. Jasmin ist groß und hat bronzefarbene Haut und schwarzbraunes Haar. Sie ist die Vernünftigste von uns, die mitunter auch etwas kaltherzig und pragmatisch wirken kann. Ich pflege zu sagen, sie hat eine harte Schale, aber einen weichen Kern. Kati hingegen ist sensibel, romantisch und stets auf der Suche nach ihrem Traumprinzen. Sie ist zierlich, hat ein sehr feines Gesicht und lange, blonde Haare. Vom Typ her schätze ich mich irgendwo zwischen den beiden ein, sowohl optisch als auch im Charakter.

Während ich nach der Schule eine Lehre als Konditorin gemacht habe, ließen sich die beiden zu Fitnesstrainerinnen ausbilden und arbeiten heute in demselben Studio. Seit etwa sechs Jahren teilen wir uns eine Wohnung in der Nähe des Wiener Rathauses.

Mit unzähligen Papilloten hat Kati mich gestern ins Bett geschickt. In der Früh lagen die bunten Gummiwürmer im ganzen Bett verteilt. Obwohl sie versprochen hat, ich sähe hinterher aus wie Shakira, bin ich überzeugt, dass dies nicht annähernd der Fall ist. Mit meinen 26 Jahren sollte ich aufhören, mir von Kati solche Albernheiten einreden zu lassen. Erst die Schuhe und dann die Frisur!

»Wurde das Gebäck schon geliefert?«

Leider ahne ich die Antwort bereits. Unser Bäckerlieferant ist immer überpünktlich und superkorrekt. Laut Vorschrift dürfen nur ich, die Leiterin der Patisserie, sowie mein Mitarbeiter Alex die Waren übernehmen. Obwohl unser Lehrling jeden Morgen bei der Anlieferung dabei ist, darf Fridolin den Lieferschein nicht unterschreiben.

»Er wollte nicht die übliche Menge dalassen«, stottert Fridolin mit krebsroten Wangen. »Weil ich nicht die Befugnis hätte, die Ware zu übernehmen.«

»Idiot!«, murmle ich genervt.

Unser Bäckerlieferant kennt Fridolin, seit er im Herbst hier seine Lehre begonnen hat.

»Nicht du! Der Lieferant natürlich«, ergänze ich, als ich seinen verunsicherten Gesichtsausdruck bemerke.

Mit geschultem Blick wühle ich durch die grünen Plastikboxen, in denen das Gebäck jeden Morgen gebracht wird. Schnell bestätigt sich meine Vorahnung, dass etwas fehlt.

»Wo sind die Semmeln?«

»Semmeln?«

Fridolin wird ganz bleich um die Nase. Er krallt seine zitternden Hände in den Saum seiner weißen Kochjacke.

Ich will ihm keinen Vorwurf machen, immerhin war ich diejenige, die zu spät gekommen ist. Noch einmal prüfe ich den Inhalt. Vollkornbrötchen, Baguette, Kipferl, überraschenderweise sogar Croissants, aber keine einfachen Kaisersemmeln. Wie kann der Lieferant mir das nur antun? Immerhin kennen wir ihn seit vier Jahren und bestellen mehr oder weniger jeden Tag dasselbe.

»Kennst du die Bäckerei auf der anderen Seite vom Ring? Beim Eingang zum Stadtpark?« Hastig ziehe ich meine Geldbörse aus der Handtasche und drücke sie gegen Fridolins Brust. »Hol Semmeln! So viele du kriegen kannst.«

Der Junge nickt hastig, ehe er sich abwendet und aus der Küche eilt.

Kaum ist er weg, schwingt die Tür zum Speisesaal auf, und Martha, unsere Servicekraft für das Frühstück, schiebt ihren Servierwagen herein. Dunkle, zerzauste Locken zieren ihren großen Kopf und erinnern mich an mein heutiges Haardesaster.

»Kindchen, du bist ja ganz blass. Iss etwas! Am besten mit Zucker. Ein Stück Kuchen oder Torte.«

Kuchen? Um Himmels willen, ich habe keinen frischen Kuchen! So schnell ich kann, hole ich alles hervor, was ich für meine Marillen-Biskuitroulade brauche. Es ist ein einfaches Rezept, das ich von meiner Mutter habe, vermutlich das Einzige, das aus ihrer Rezeptsammlung zu gebrauchen ist. Sie backt diese Biskuitroulade immer, wenn eine meiner Tanten unangekündigt vor der Tür steht. Der Teig lässt sich schnell herstellen, benötigt nicht viel Backzeit und gelingt immer. Während ich die Eier trenne, kommt Nicki in die Küche. Sie ist das Lehrmädchen in der Küchenabteilung und bereits im zweiten Ausbildungsjahr.

»Guten Morgen«, zwitschert sie fröhlich und streift sich die Kochjacke über. Als käme sie gerade von einer Party – was ihr zuzutrauen ist –, tänzelt sie durch die Küche und schwenkt ihren fransigen Pferdeschwanz hin und her.

»Hey, Nicki!«, rufe ich und positioniere die Rührschüssel mit dem Eiklar in der Rührmaschine. »Kannst du heute einen Kaiserschmarrn machen? Ich habe verschlafen und wir …«

»Klar doch!« Der Grund für meine Bitte interessiert sie nicht. Stattdessen schiebt sie sich Kopfhörer in die Ohren und lässt einen MP3-Player in ihrer Kochjacke verschwinden. Von einem Bein auf das andere hüpfend, bereitet sie ihre Arbeitsutensilien vor.

Als ich gerade das mit Teig bestrichene Backblech in den Ofen schiebe, kommt Fridolin hereingestolpert. Sein Gesicht ist jetzt noch röter als sein Haar, und er keucht, als sei er eben einen Marathon gelaufen.

»Hallo Nicki«, bringt er atemlos hervor und legt zwei Papiertüten auf die Anrichte.

Nicki hört ihn jedoch nicht und wippt entspannt mit dem Kopf im Takt der Musik.

Das Telefon hinter mir lässt mich zusammenzucken. Da Fridolin noch immer völlig außer Atem ist, wische ich meine Hände an einem Geschirrtuch ab und hebe so unbeschwert wie möglich ab.

Es ist Linda, die Empfangschefin der Rezeption. Sie bittet mich, ein Frühstück nach oben zu bringen. Es ist weniger eine Bitte als ein Kommando. Ausgerechnet heute, wo ich ohnehin unter Zeitdruck stehe. Ich lasse mir nichts anmerken und verspreche, mich sofort darum zu kümmern.

»Fridolin, übernimmst du die Biskuitroulade?«

Ich mache eine Kopfbewegung Richtung Ofen. Nach allem, was er heute schon mitgemacht hat, kann ich ihn nicht auch noch in die Höhle des Löwen schicken. Linda kann ausgesprochen boshaft sein. Ganz besonders am frühen Morgen.

»Ich muss zur Hexe«, sage ich.

Fridolin weiß sofort, von wem ich spreche.

Linda hat keine konkreten Wünsche geäußert, also packe ich alles, was ich finden kann, auf den Servierwagen. Brötchen, Aufstrich, eine Schinken-Käse-Platte und frische Croissants. Zum Schluss stibitze ich von Marthas Servierwagen eine Kanne Kaffee und einen Krug Orangensaft.

Wenn mein Kollege Alex hier ist, übertrage ich ihm alle Aufgaben, die mit Linda zu tun haben. Als ich vor vier Jahren die Leitung der Patisserie im Elisabethhof übernommen habe, stellte ich ihn kurze Zeit später ein. Obwohl ich offiziell seine Vorgesetzte bin, pflegen wir ein sehr freundschaftliches Verhältnis, auch außerhalb der Arbeit.

Ich schiebe den Servierwagen zur Rezeption. Bei jeder Unebenheit klirrt das Geschirr. Leider habe ich vergessen, meine Kochjacke zu bügeln. Sie ist total zerknittert und lässt sich auch nicht glätten, indem ich über den Stoff streiche und fest daran ziehe. Am meisten stören mich jedoch die verfluchten Slipper. Die Hoffnung, meine zerzausten Haare in Form zu bringen, habe ich für heute längst begraben.

Linda erwartet mich bereits mit vor der Brust verschränkten Armen im Büro hinter der Rezeption. Sie wirkt wie immer makellos in der dunklen Uniform mit passendem Halstuch und perfekt sitzender Frisur. Heute trägt sie ihre rotblonden Haare streng zurückgekämmt zu einem Dutt, der ihre hohen Wangenknochen betont. Eine dünne goldene Spange ziert ihren Seitenscheitel. Am Tisch gegenüber sitzt Sissi, die seit ein paar Monaten ebenfalls im Empfang arbeitet. Sissi ist klein und sieht mit Anfang zwanzig wesentlich jünger aus, als sie ist. Das liegt sicher an den großen blauen Augen, dem braven Haarschnitt und dem unschuldigen Gesichtsausdruck. An ihrem ersten Arbeitstag fragte unser Concierge Martin, ob sie ihre Eltern suche. Bislang hat Lindas abschätziger Ton nicht auf sie abgefärbt, und ich hoffe, es bleibt so. Eine zweite Linda kann hier niemand gebrauchen.

Ich grüße freundlich, platziere den Servierwagen und will gleich wieder verschwinden. Nicht nur, weil ich keine Zeit, sondern auch, weil ich keine Lust auf Lindas überflüssige Bemerkungen habe.

»Schicke Frisur«, meint diese jedoch, ehe ich entkommen kann. Sie steht auf und lehnt sich mit der Hüfte an den Bürotisch.

Sissi sieht mich erschrocken an. Ihre Finger umklammern das Clipboard so fest, dass die Knöchel weiß hervortreten.

»Das ist nicht für uns«, sagt Linda und deutet mit tadellos manikürtem Zeigefinger auf den Servierwagen. »Es gehört dem Gast, der hinten in der Lobby sitzt. Danke!«

Ihr Danke klingt gekünstelt, und ich wünschte, es würde ihr im Hals steckenbleiben.

»In fünf Minuten beginnt das Frühstück«, stelle ich verwundert fest, »kann er nicht …«

»Nein, kann er nicht«, fällt mir Linda mit ihrer zuckersüßen Stimme ins Wort. »Er ist ein spezieller Gast. Kein Hausgast.« Sie macht eine Handbewegung, die mich auffordern soll zu gehen.

Widerwillig schlucke ich meinen Groll hinunter und schiebe den Servierwagen in die Lobby.

Um diese Zeit ist hier nicht viel los. Vor der Rezeption stehen die barocken Sessel unbenützt zwischen den Stehlampen mit Messingfüßen und den beigefarbenen Schirmen, die den Bereich zusätzlich zu den Deckenlampen erhellen. Nahezu geräuschlos rollt der Wagen über den roten Teppich mit goldenen Ornamenten, der in der gesamten Hotelhalle ausgelegt ist. Vorbei an der geschwungenen Treppe, die in den ersten Stock führt, komme ich in den hinteren Teil der Lobby. Hier stehen den Gästen Mahagonitische und gepolsterte Stühle zur Verfügung. Am Nachmittag finden sich in diesem Bereich etliche der Besucher gern zu Kaffee und Kuchen ein.

Vier weiße Steinsäulen, die über die offene Galerie bis zur Decke im ersten Stock hinaufragen, grenzen die Lobby ein. Tief hängende Kristallleuchter tauchen die Halle in ein warmes, goldenes Licht.

An einem der Tische sitzt ein Mann, dessen Gesicht hinter einer überdimensionalen Tageszeitung verschwindet. Nur sein dunkles, gewelltes Haar ist zu erkennen, ordentlich zur Seite gekämmt. Nur eine kleine Locke sträubt sich und hängt ihm vorwitzig in die Stirn. Er trägt einen Anzug und hat sein rechtes Bein lässig über das linke geschlagen. Sicher ein Geschäftsmann, denke ich, wie die meisten im Hotel. Einer dieser typischen Unternehmer, die eine Nacht hier verbringen, geschäftlichen Terminen in der Wiener Innenstadt nachgehen und dann in der Business Class zurück zu ihren Familien fliegen.

»Einen schönen guten Morgen«, sage ich, als ich mit dem Servierwagen bei ihm ankomme. »Sie haben ein Frühstück bestellt?«

Ohne von seiner Zeitung aufzublicken, nickt er und bleibt zurückgelehnt in dem Polsterstuhl sitzen.

Ich räume das Frühstück vom Wagen auf den Tisch und wünsche ihm einen guten Appetit. In dem Moment faltet er die Zeitung zusammen und blickt auf. Seine fast schwarzen Augen unter dichten Augenbrauen in einem kantigen Gesicht mustern mich streng, beinahe missbilligend. Ein Dankeschön kommt ihm nicht über die Lippen. Immer noch rührt er sich nicht und lässt das Frühstück unbeachtet.

Also wirklich! Sehe ich so fürchterlich aus? Ich muss dringend eine Bürste und einen Haargummi auftreiben.

»Bitte sehr«, murmle ich, als hätte er sich bedankt, und rolle mit dem Servierwagen so schnell wie möglich davon. An der Rezeption sehe ich Linda, die mich mit Argusaugen beobachtet.

* * *

Eine Stunde später kann ich mich endlich meinen eigenen Bedürfnissen widmen. In der hintersten Ecke der Patisserie lasse ich mich mit einem Stück Marillenroulade erschöpft auf eine leere Kiste sinken. Gierig verschlinge ich die Süßspeise, ohne darauf zu achten, wie viele Brösel danebenfallen. Sie schmeckt viel zu gut, und ich nehme mir nicht die Zeit, erst herunterzuschlucken, bevor ich erneut hineinbeiße. Für eine so einfache und schnelle Mehlspeise ist die Biskuitroulade wirklich köstlich. Ich sollte mir gleich noch ein Stück holen.

»Das hier ist unsere Küche.« Lindas Stimme dringt bis in den hintersten Winkel der Backstube.

Irritiert hebe ich den Kopf und sehe, wie Nicki unauffällig ihre Stöpsel aus den Ohren zieht und in ihrer Jackentasche verschwinden lässt. Als sei nichts gewesen, fährt sie seelenruhig fort, den Kaiserschmarrn zu zerteilen.

Neben Linda steht ein Mann in maßgeschneidertem grauem Anzug. Der letzte Bissen bleibt mir im Hals stecken. Es ist derselbe Mann, dem ich heute Morgen das Frühstück serviert habe. Seinen strengen Blick erkenne ich sofort wieder. Seit wann führt Linda unsere Gäste in die Mitarbeiterbereiche des Hotels? Ich ziehe meinen Kopf ein und hoffe, die beiden verschwinden gleich wieder.

»Liebe Kollegen«, beginnt Linda wichtigtuerisch. »Ich darf euch Daniel Eppensteiner vorstellen. Er wird zukünftig die Position von Richard Auer übernehmen.«

Wie bitte? Das soll der Nachfolger unseres Hotelleiters sein? Richard hat vor seiner Abreise nicht erwähnt, dass es schon einen Kandidaten gibt. Abgesehen davon, dass der hier auftaucht, während sich Richard auf Dienstreise befindet.

Hastig schiebe ich die auf dem Boden verteilten Brösel mit meinem nackten Fuß unter die Anrichte. Während meines Sprints mit dem heißen Blech in der Hand habe ich vorhin einen Schuh verloren. Der zweite ist dann im hohen Bogen in der nächsten Ecke gelandet.

In der Hoffnung, dass Eppensteiner nicht bis in diesen Teil der Küche kommt, kauere ich mucksmäuschenstill unter der Anrichte. Als ich höre, wie er sich jedem persönlich vorstellt, ziehe ich erneut am Saum meiner Kochjacke, um die starken Falten zu glätten.

»Das ist Fridolin Gruber, der Lehrling der Konditorei«, erklärt Linda, die bedrohlich nahe klingt. Mit hoher Stimme, die vermuten lässt, er sei gerade in Stimmbruch, begrüßt Fridolin den zukünftigen Hotelleiter.

Ich halte die Luft an und bete, dass sie mich vergessen.

»Wo ist Charlie? Sie muss doch hier irgendwo sein.«

Als ich vorsichtig über die Kante der Anrichte schiele, sehe ich Lindas rotblonden Schopf, der sich in meine Richtung bewegt. Es ist zu spät.

»Da ist sie ja!«, ruft Linda, überaus erfreut, mich so vorzufinden. Am liebsten würde ich ihr ein Stück Biskuitroulade entgegenwerfen, doch ich habe keines zur Hand.

Also springe ich auf und versuche, einen professionellen Eindruck zu machen. So professionell, wie es mit zerzaustem Haar, zerknitterter Kleidung und barfuß möglich ist.

Eppensteiner schiebt überrascht eine Augenbraue in die Höhe, als er mich sieht.

»Charlotte Paul«, sage ich selbstbewusst und nehme seinen kräftigen Händedruck entgegen. Mit einem freundlichen Lächeln versuche ich, über mein chaotisches Auftauchen hinwegzutäuschen. »Ich bin die Patissière des Hauses.« Ohne überheblich sein zu wollen, finde ich den Begriff in einem Fünfsternehotel angebrachter als »Konditorin«.

»Sehr erfreut«, sagt Eppensteiner, auch wenn er keineswegs erfreut klingt. Sein Blick fällt auf meine bloßen Füße. »Und als Patissière ist es üblich, barfuß zu arbeiten?«

Sprachlos starre ich auf meine blanken Zehen, die Kati am vergangenen Wochenende mit einem hässlichen, pinkfarbenen Nagellack lackiert hat. »Normalerweise nicht«, antworte ich verlegen. Ohne die leiseste Regung mustert er mich weiter. Am liebsten würde ich im Erdboden versinken.

»Konntest du noch ausreichend Semmeln besorgen, nachdem du die Lieferung verschlafen hast?« Mit einem scheinheiligen Lächeln steht Linda hinter ihm und sieht mich triumphierend an.

Ich versuche, mir nicht anmerken zu lassen, wie sehr mich ihre Demütigung ärgert. Diese Genugtuung werde ich ihr nicht geben.

»Es war alles rechtzeitig angerichtet«, versichere ich, auch wenn es nicht ganz stimmt. Die Biskuitroulade kam mit einer kleinen Verspätung zum Buffet.

»Ein Gast bemerkte, dass das gestrige Frühstücksbuffet mehr Auswahl an Süßspeisen hatte«, stichelt Linda. Sie kann es nicht lassen, mich vor dem zukünftigen Hotelleiter bloßzustellen.

»Martha hat mir bestätigt, dass alle Gäste zufrieden waren.« Meine Stimme verliert an Überzeugungskraft. Ich fühle mich wie in einem Kreuzverhör. Jedoch gibt es hier nur zwei böse Cops. Wo ist der gute?

»Es wäre schön, wenn du von jetzt an pünktlich

zur Arbeit erscheinst«, fügt Linda mit geheucheltem Wohlwollen hinzu. Als ob es sie etwas angehen würde. Miststück!

»Wie sonst auch«, entgegne ich kleinlaut. Das war das erste Mal, dass ich überhaupt zu spät kam. Wenn Jasmin nicht den ganzen Abend auf meinem Handy nach Bildern von Channing Tatum und Ryan Reynolds gesucht hätte, wäre der Akku nicht über Nacht leer gewesen. Ich benutze das Handy auch als Wecker, der somit leider nicht funktionierte. Und das nur, weil Jasmin wissen wollte, wer von den beiden heißer ist.

»Darf ich Ihnen nun unseren Speisesaal zeigen?«, setzt Linda an Herrn Eppensteiner gewandt fort und geht zur Tür. »Auch das ist einer der Bereiche, um die ich mich kümmern muss.« In ihrem selbstzufriedenen Geschwafel bemerkt sie gar nicht, dass er stehen geblieben ist.

»Sagen Sie, Charlotte …« Er greift an meinem Ohr vorbei, wobei mir der Geruch eines teuren Männerparfums in die Nase steigt. »Ist das ein Küchenutensil?« Er hält mir eine giftgrüne Papillote vor die Nase.

Verblüfft öffne ich den Mund. Ich hatte das Teil die ganze Zeit im Haar? Ich spüre, wie meine Wangen heiß werden. Schnell schnappe ich die Papillote und lasse sie hinter meinem Rücken verschwinden. »Ja … nein.« Es ist, als würde ein unsichtbares Seil meinen Hals zuschnüren. »Damit machen wir die Löcher in die Donuts.« Ich nicke, als würde das meine Erklärung bestätigen. »Ich weiß gar nicht, wie das da hingekommen ist.«

»So, so.« Er lässt seinen eiskalten Blick noch eine

Sekunde auf mir verharren, ehe er sich abwendet, um Linda zu folgen.

Ich hole erleichtert Luft, doch dann bleibt er stehen und dreht sich erneut zu mir um.

»Ach, übrigens«, er tippt sich mit dem Zeigefinger ans Kinn, »ich würde Sie bitten, in Zukunft den Parkplatz der Hotelleitung frei zu halten.«

Im Hintergrund steht Linda in der Tür und beobachtet uns mit breitem Grinsen.

Mir dreht sich der Magen um. Die schwarze Limousine in der Garage war kein verirrter Gast, sondern Daniel Eppensteiner, Richards Nachfolger im Hotel.

Neben dem Türrahmen steht Fridolin, der mich ansieht, als wäre ich ein Geist.

»Hättest du mir nicht sagen können, dass ich das in den Haaren habe?«, frage ich ihn vorwurfsvoll, als Eppensteiner die Küche verlassen hat. Ich hole aus und werfe die Papillote gezielt in Fridolins Richtung.

»Ich dachte, das gehört so«, antwortet er kleinlaut, und binnen Sekunden werden seine Wangen wieder leuchtend rot.

Ich seufze und wünsche, ich hätte ein Lehrmädchen eingestellt. Die hätte gesagt, wie albern ich damit aussehe.

* * *

Es hat mich ganz schön viel Zeit und Aufwand gekostet, das morgendliche Haardesaster auszubürsten und mich halbwegs akzeptabel zu frisieren. Mit ausreichend Haarnadeln sieht es sogar nach einer richtig schicken Hochsteckfrisur aus.

»Mir gefällt dieser freche Look«, sagt Eddie, mein Freund, als ich ihn abhole. Er denkt wohl, die heraushängenden Strähnen seien Absicht. Sein strohblondes Haar ist wie immer ordentlich gekämmt und an den Seiten kurz geschnitten. Über seinem Hemd und der dunklen Stoffhose trägt er einen eleganten Tweedmantel. Eigentlich bevorzugt Eddie in seiner Freizeit bequeme, schlichte Kleidung, doch bei seinen Eltern präsentiert er sich stets geschniegelt und gestriegelt. Weil es für März noch ziemlich kühl ist, habe ich mich gegen ein Kleid und für eine dunkelblaue Jeans mit Stiefeln und einen beigen Strickpullover entschieden. Meiner Meinung nach ist das fein genug für ein Abendessen bei seinen Eltern.

Nachdem mir keine Ausreden eingefallen sind, musste ich zu diesem Termin zusagen. Ich bin wirklich ungerne bei ihnen zu Gast. Ihr Haus ist im Vergleich zu der Wohnung meiner Eltern eine andere Welt. Statt einer überfüllten 80-Quadratmeter-Wohnung in Wien Ottakring bewohnen Eddies Eltern eine riesige, superschicke Villa am Stadtrand in Döbling.

»Scheint wohl wichtig zu sein, wenn deine Mutter so auf einem Treffen beharrt«, sage ich, als wir in Eddies Auto sitzen und uns durch den dichten Abendverkehr schlängeln. Ansonsten stört es sie nicht, wenn ich mich mit erfundenen Ausreden vom Familienessen entschuldige.

»Hm«, antwortet er nur knapp und legt seine Hand auf mein Knie. Als wir an einer Ampel halten, zwinkert er mir kurz zu. »Du könntest danach bei mir schlafen. Wir hatten schon lange keinen Abend zu zweit mehr.«

Was in erster Linie daran liegt, dass Eddies und meine Dienstzeiten ständig kollidieren. Er arbeitet als Redakteur bei einem Fernsehsender und ist oft unterwegs, um Beiträge zu erstellen.

»Ich hab morgen Frühschicht«, sage ich.

Nicht, dass ich nicht bei Eddie übernachten will, aber von seiner Wohnung aus brauche ich 20 Minuten länger bis zum Hotel. Bei einem Dienstbeginn um halb sieben in der Früh ist das beachtlich. Abgesehen davon will ich unbedingt pünktlich sein, um bei Eppensteiner mein Image aufzubessern.

»Dann muss ich dich nach dem Abendessen in mein altes Zimmer entführen«, sagt Eddie entschlossen, während er durch die Döblinger Straßen fährt. »Versnobte Wiener Vorstadtgegend«, würde mein Kollege Alex sagen. Alex ist in ähnlich einfachen Verhältnissen aufgewachsen wie ich.

»Das hättest du wohl gerne«, kichere ich. Der Gedanke gefällt mir, doch wie ich seine Mutter Heidrun kenne, wird sie uns keine fünf Minuten Ruhe gönnen.

Wir stehen vor dem riesigen, weißen Eingangstor. Ich hole noch einmal tief Luft, ehe Eddie die Klingel drückt. Er lächelt mich von der Seite an, und ich gestehe, dass sein umwerfendes Gesicht mich alles andere vergessen lässt. Selbst seine grauenhaften Eltern. Eddie sieht einfach zu gut aus. Er hat diesen Surfer-Look, der mich jedes Mal dahinschmelzen lässt: eisblaue Augen, hellblondes Haar und eine wunderschöne Bräune das ganze Jahr über.

»Eduard!«

Seine Mutter Heidrun fällt ihm um den Hals und küsst ihn, als hätte sie ihn wochenlang nicht gesehen. Dann erblickt sie mich und nickt mir schmallippig lächelnd zu.

»Charlotte.« Sie verzieht das Gesicht zu einer Fratze. »Ist es so windig? Deine Frisur ist ganz zerzaust. Du kannst dich gerne im Bad frisch machen.«

Ich sehe hilfesuchend zu Eddie, doch der zuckt nur mit den Schultern und hilft mir aus dem Mantel.

»Oh, hat Eddie dir denn nicht erzählt, dass es ein besonderer Anlass ist?«

Abschätzig betrachtet sie meine Kleidung. Sie selbst trägt ein schickes, beiges Kostüm und eine Perlenkette. Ihre kurzen, blonden Haare sind wie üblich frisch drapiert. Keine Strähne wagt es, nicht genau dort zu liegen, wo ihr Platz ist. Dank einer ganzen Ladung Haarspray ist das auch nicht möglich.

Heidrun seufzt, dreht sich um und geht vor ins Wohnzimmer.

»Soll ich?«, frage ich leise und deute auf die Tür zum Gästebad.

»Blödsinn!« Eddie legt seine Hand um meine Taille und zieht mich an sich. »Nur wenn ich mitkommen und dir die Kleider vom Leib reißen darf«, raunt er mir ins Ohr und beißt mich sanft in den Hals. Ich spüre seinen heißen Atem auf meiner Haut.

»Schluss jetzt!«, mahne ich und presse meine Fäuste gegen seine Brust. Er wird mit seinen Anspielungen nicht aufhören, bis er bekommen hat, was er will.

Wir folgen Heidrun in den Wohnbereich. Auf einem hellen Sofa sitzt Eddies Vater Wolfram mit einem Glas

Kir Royal in der Hand. Als er uns bemerkt, runzelt er die Stirn, als hätte er nicht mit unserem Erscheinen gerechnet. Unwillig steht er auf und schüttelt uns beiden die Hand.

»Eduard. Charlene.«

Wolfram nennt mich Charlene. Ich glaube, weil er Charlotte nicht extravagant genug findet. Die Familie legt großen Wert auf außergewöhnliche Namen. Deswegen heißen Heidruns und Wolframs Kinder auch Eduard und Cordula. Während Eddie außerhalb der Familie gerne mit seinem Kosenamen angesprochen wird, gibt es für Cordula keine passende Alternative. Laut Eddie wollte sie zu Schulzeiten Cordi genannt werden, doch das setzte sich nicht durch. Zum Glück, wie ich finde.

»Deine Schwester muss auch gleich hier sein«, sagt Heidrun, die partout nicht Heidi genannt werden will. Ich habe es einmal versucht, aber sie meinte, das wäre eine Verhunzung ihres Namens.

»Wollt ihr etwas trinken?«

Wolfram, der auch keine Abkürzungen mag, wendet sich der Hausbar zu und schenkt, ohne zu fragen, ein. Schon jetzt zieht sich mein Magen zusammen. Wenn Wolfram sich etwas in den Kopf gesetzt hat, ist er nicht mehr davon abzubringen. So wie der Name Charlene für mich. Leider glaubt Wolf – wie ich ihn insgeheim nenne –, Pastis sei mein Lieblingsdrink. Dabei wusste ich vor unserem Kennenlernen nicht einmal, was das ist.

»Mögen Sie Pastis?«, fragte er, als ich das erste Mal im Haus zu Gast war.

Ich dachte, er kenne die Mehrzahl von Pasta nicht und habe höflich genickt. Seit dem Tag bekomme ich jedes Mal vor dem Essen einen ekelhaft würzigen Pastis als Aperitif.

»Die Franzosen mögen ein eigentümliches Volk sein, doch was ihre Alkoholika betrifft, sind sie unübertroffen«, pflegt Wolf zu sagen.

Eddie bekommt wie üblich einen Martini. Ich würde alles tun, um mit ihm tauschen zu können.

»Seht, wer gekommen ist!«, ruft Heidi entzückt und kommt mit Eddies Zwillingsschwester Cordula und deren Freund Benedikt in den Raum.

Benedikt passt wesentlich besser in Eddies Familie als ich. Das liegt nicht nur an seinem Namen, sondern auch daran, dass er groß und blond ist. Wie die gesamte Familie, bis auf Wolfram, dessen schütteres Haar mittlerweile ergraut ist.

Alex nennt sie immer »Die Addams Family in Blond«, auch wenn er sie nur aus meinen Erzählungen kennt. Er ist der Einzige, der sich mein Gejammer über Eddies Familie geduldig anhört. Kati und Jasmin meinen, die Familie kann man sich nicht aussuchen, und Eddie sei immerhin ein guter Fang. Womit sie Recht haben.

»Liebling, schenkst du bitte Champagner ein«, weist Heidi Wolf an und klatscht freudig in die Hände, als hätte sie etwas zu verkünden. Ihr Blick schweift über mein Glas Pastis. Sie verzieht das Gesicht, als hätte sie Zahnschmerzen.

»Wie du das nur trinken kannst.«

»Charlene hat eben einen guten Geschmack«,

brummt Wolf in seinen weißen Schnurrbart. »Wie man auch an unserem Sohn sieht.«

Er lächelt mir zu, auch wenn ich nicht sicher bin, ob das nett gemeint ist.

»Ja, da hört es aber auch schon auf«, fügt Heidi hinzu und blickt auf meine Jeans. Fehlt nur noch, dass sie sagt, Eddies Frauengeschmack sei miserabel.

Cordula und Benedikt begrüßen uns höflich. Cordula ist nach Eddie die Normalste in dieser Familie. Was nicht heißt, dass ich ihr nicht mit einer gewissen Vorsicht begegne. Manchmal habe ich das Gefühl, dass sie sich über mich lustig macht. Heute trägt sie ein hochgeschnittenes Kleid in der Farbe Taupe, das zu ihrem langweiligen, geraden Haarschnitt passt. Benedikt hingegen sieht in seinem karierten Hemd und dem senffarbenen Pullunder nicht nur wie ein richtiger Kotzbrocken aus, sondern er ist meiner Meinung nach auch einer. Das finde aber nur ich. Der Rest der Familie ist begeistert von ihm. Abgesehen davon, dass er Frauen während des Gesprächs prinzipiell ins Dekolleté glotzt – was außer mir scheinbar niemandem auffällt –, lässt er mindestens genauso viele herablassende Kommentare über meinen Beruf fallen wie Heidi.

»Es gibt tolle Neuigkeiten«, sagt Eddies Mutter und sieht zwischen Cordula und Benedikt freudestrahlend hin und her.

»Wir sind verlobt!«

Kichernd hält Cordula ihre linke Hand hoch und präsentiert einen klassischen weißgoldenen Verlobungsring. Der weiße Stein in der Mitte funkelt im Licht des über dem Tisch hängenden Kristallleuchters.

»Gratuliere!«, sagen Eddie und ich wie aus einem Munde. Ich setze ein freundliches Lächeln auf, auch wenn ich absolut nicht verstehe, was Cordula an Benedikt findet. Dieser aalglatte Typ mit seinem unsympathischen grunzenden Lachen.

Sehr zur Freude seiner Eltern ist Benedikt Arzt, wie auch Wolfram, und damit überaus willkommen in der Familie.

»Und wann wird geheiratet?«, erkundigt sich Eddie und nippt an seinem Champagner.

»Im Herbst.« Cordula klimpert Benedikt mit ihren langen Wimpern verliebt an. »Wir stecken mitten in der Planung. Es gibt so viel zu tun.«

»Ich kann gerne bei der Torte helfen«, biete ich zuvorkommend an. Als Konditorin ist das schließlich keine große Sache für mich. Viele Kollegen bitten mich um Torten für private Feiern.

»Das lassen wir mal lieber einen Profi machen«, sagt Heidi und schenkt mir einen herablassenden Blick. »Kommt, gehen wir zu Tisch.«

Noch bevor ich etwas entgegnen kann, schiebt Eddie mich in das Esszimmer. Obwohl ich ihn verdattert ansehe, scheint er nicht zu bemerken, wie sehr mich diese Aussage kränkt.

An den Wänden rund um den langen Mahagonitisch hängen unzählige golden gerahmte Bilder von der Familie. Wann immer Eddie auf einem Foto abgebildet ist, ist auch Cordula darauf zu sehen. Bei Zwillingen ist das anscheinend so üblich. Ebenso, dass man sie gleich kleidet. Heidi hat für besondere Anlässe schicke Kleidung für ihre Kinder aus demselben Stoff nähen lassen. So gibt es ein Foto von Eddie in blaukarierter Stoffhose mit dazu passender Schirmkappe und Cordula im blaukarierten Kleidchen. Auf einem anderen Foto tragen sie beide einen Matrosenanzug, nur dass Cordula einen weißen Rock statt der Bermudas anhat. Diese grässlichen Outfits nehmen erst ein Ende, als die beiden längst Teenager sind. Scheinbar konnten sie da endlich ihre eigenen Kleiderwünsche durchsetzen.

Während der Vorspeise – Blätterteig-Spinat-Lachs-Röllchen – und der Hauptspeise – Lammkeulen mit Ratatouille-Couscous – dreht sich das Gespräch ausschließlich um die Hochzeit. Eigentlich reden nur Heidi und Cordula. Ab und zu wirft Benedikt einen überflüssigen Kommentar ein, gefolgt von seinem grunzenden Lachen. Einmal sagt er: »Die Liebe ist das Licht des Lebens. Die Ehe ist die Stromabrechnung.« Oder: »Das Geheimnis einer glücklichen Ehe wird wohl immer geheim bleiben.«

Erst zur Nachspeise – Esterházytorte – wechseln sie das Thema. Ich nehme nur ein schmales Stück Torte, weil Heidis Backkünste wenig beeindruckend sind. Auch wenn sie selber stets vehement das Gegenteil behauptet.

»Die habe ich heute zwischen Kaffeeaufbrühen und Frühstück gebacken«, verkündet sie, als sie die Torte verteilt, und sieht mich mitleidig an. Hätte Benedikt in diesem Moment nicht davon erzählt, dass er die Flitterwochen am Kilimandscharo-Massiv verbringen will, hätte sie wahrscheinlich wie üblich hinzugefügt: »Zum Backen braucht man doch keine eigene Ausbildung. Das ist selbstverständlich für eine Frau, das lernt man von seiner Mutter. Wie das Kochen, nicht wahr, Charlotte?«

Eddie pflegt leider zu oft zu erwähnen, dass ich zwar ausgezeichnet backen kann, im Kochen jedoch eine Niete bin. Wenigstens meine Esterházytorte ist besser als ihre. Ich sollte im Hotel wieder mal eine backen.

Benedikt schwärmt davon, wie großartig es sei, den höchsten Berg Afrikas, den Kibo, mit nichts als einem Rucksack zu besteigen. Cordula nickt tapfer, sieht aber nicht so begeistert aus. Ich kann mir auch Schöneres vorstellen, als meine Flitterwochen mit Bergsteigen zu verbringen. Mein Mitgefühl mit Cordula hält sich jedoch in Grenzen. Schließlich hat sie sich diesen Mann freiwillig ausgesucht.

»Eduard, weißt du, was ich erfahren habe?«, sagt Heidi plötzlich aufgeregt. »Magdalena kommt nächste Woche von ihrem Auslandsaufenthalt in Australien zurück. Wie schnell die drei Jahre vergangen sind, nicht wahr? Du kannst sie doch zum Kaffee einladen.« Mit einem Zwinkern in Eddies Richtung schiebt sie sich einen Bissen Esterházytorte in den Mund. »Köstlich, nicht wahr, Charlotte?«

»Wenn man bedenkt, dass im Originalrezept kein Vanillepuddingpulver vorkommt und es fünf dünne Lagen Tortenboden sind anstelle von drei dicken«, hätte ich sagen sollen, doch ich nicke nur mit falschem Lächeln und überlege, was schlimmer ist, Heidis Esterházytorte oder Wolframs Pastis.

»Magdalena würde sich bestimmt freuen«, drängt Heidi, nachdem Eddie sich nicht dazu geäußert hat.

»Sie hat doch jetzt niemanden mehr hier, nachdem sie so lange weg war.«

Magdalena ist Eddies Ex-Freundin, mit der er vor mir zusammen war. Als sie ein auf drei Jahre befristetes Jobangebot in Australien bekam, trennten sie sich. Magdalena kommt wie Eddie aus betuchteren Verhältnissen und ist, wie Cordula, Architektin. Abgesehen davon ist sie blond.

Nach dem Dessert schlägt Heidi vor, zur Feier des Tages Margaritas zu mixen.

»Ihr könnt euch schon mal in den Salon setzen.«

Damit meint sie das Wohnzimmer. Bei meinen Eltern heißt das Wohnzimmer Wohnzimmer, weil es auch so aussieht. Vollgestopft mit unzähligen selbstgebastelten Geschenken von meinen Geschwistern, meinem Neffen und mir. Dazwischen hässliche Porzellankatzen, die meine Mutter liebt, und jede Menge anderer Krimskrams, den niemand braucht. Im Vergleich dazu ist Heidruns Wohnzimmer tatsächlich ein Salon. Ich wette, dass hier noch nie ein selbstgemaltes Bild von Eddie oder Cordula an der Wand hing.

»Ich muss noch schnell etwas mit Charlie besprechen«, sagt Eddie und zieht mich an der Hand mit sich. »Wir sind kurz in meinem Zimmer.«

Noch bevor ich protestieren kann, führt er mich die Treppe hoch in sein altes Kinderzimmer, das wahrscheinlich größer ist als die Wohnung meiner Eltern.

Wenn er wirklich denkt, ich hätte nach all diesen Sticheleien noch Lust auf Sex, hat er sich getäuscht. Kaum ist die Türe zu, zieht er mich an sich und küsst mich auf den Mund. Er steckt seine Hände in meine hinteren Hosentaschen und drückt mich an sich.

»Wir müssen uns beeilen«, raunt er zwischen seinen Küssen.

»Wir müssen gar nichts.«

Ich schiebe ihn weg und wende mich ab.

Hinter mir höre ich ihn genervt seufzen.

»Du denkst doch nicht, dass ich nach all den Bemerkungen noch Lust auf Sex habe, oder?«, sage ich und wette, er verdreht gerade die Augen.

»Welche Bemerkungen?«, fragt er und schlingt seine Arme von hinten um meinen Bauch. Seine warmen Lippen küssen meinen Nacken, und für einen Moment bin ich unentschlossen, ob ich mich darauf einlassen soll. Doch dann fallen mir Heidruns Worte ein, als ich um das schmale Stück Esterházytorte bat. Bis zur Hochzeit hast du noch genug Zeit abzunehmen. Nicht alle Frauen sind solche Bohnenstangen wie Heidi und Cordula. Ich habe keine Lust, ihre Worte zu wiederholen.

»Warum, glaubst du, spricht sie von Magdalena?« Diese Frage kann ich mir wirklich nicht verkneifen. »Warum sagt sie nicht gleich, sie wünschte, du würdest sie zurücknehmen?«

»Das ist doch Unsinn.« Eddie dreht mich zu sich und legt seine Hand auf meine Wange. Er lächelt mir aufmunternd zu, doch ich weiß, er will sagen, dass ich mir das nur einbilde.

»Eduard! Charlotte!« Heidis fürchterliche Stimme bellt durchs ganze Haus. »Die Margaritas sind fertig!« Als wir Schritte auf der Treppe hören, lässt Eddie von mir ab.

»Ich hab doch gesagt, das geht sich nicht aus«, murmle ich und streiche meinen Pullover glatt.

»Ich wäre längst fertig«, entgegnet Eddie grinsend. Als ich die Augen verdrehe, fügt er noch hinzu: »Es ist ja schon ewig her.«

Dann macht er die Türe auf und lässt mir den Vortritt.

»Zwei Wochen!«, sage ich im Vorbeigehen.

»Da seid ihr ja!«

Heidi sieht mich so an, als wüsste sie, was wir vorhatten. Nur dass der Vorwurf einzig mir gilt. Ich glaube, ihre größte Sorge ist, ich könnte sie zur Großmutter machen.

Wenig später sitzen wir auf den beigen Sofas im Salon und schlürfen unsere Margaritas. Wenn Heidi etwas kann, dann kochen und Cocktails mixen. Nur beim Backen wage ich zu behaupten, wirklich besser zu sein.

»Magdalenas Mutter hat mir ein Foto von ihr gezeigt. Sie sieht bezaubernd aus.« Sie kann es nicht lassen und fasst Eddie an den Arm, um seine Aufmerksamkeit zu erhaschen. »In Australien ist gerade Sommer, und sie ist ganz braun gebrannt. Ach, sie würde gut an deine Seite passen.«

Eddie wirft mir einen kurzen Blick von der Seite zu und zuckt mit den Schultern. Vielleicht sollte er seiner Mutter sagen, dass er erstens schon eine Freundin hat und zweitens diese genau danebensitzt.

»Sie wird in der Innenstadt ein Architekturbüro eröffnen. Ist es nicht schön zu sehen, dass aus dem entzückenden, kleinen Mädchen eine so erfolgreiche, schöne Frau geworden ist? Stimmt's, Wolfram?«

Ihr Mann knurrt nur, ohne zu wissen, was sie überhaupt gesagt hat. Er wendet sich wieder Benedikt zu, mit dem er über die Arbeit im Krankenhaus spricht. Cordula telefoniert währenddessen nebenan mit einer Tante, um auch ihr die Neuigkeit mitzuteilen.

Magdalena ist ein paar Häuser weiter aufgewachsen. Sie und Eddie kennen sich von klein auf und sind zusammen in die Schule gegangen. Schon mit sechzehn waren sie ein Paar und blieben das zehn Jahre lang. Heidi hatte wohl schon auf eine Hochzeit und kleine blonde Enkelkinder spekuliert, doch dann kam Magdalenas Auslandsaufenthalt. Dass ausgerechnet ich in Eddies Leben trat, war Heidis größter Rückschlag. So ähnlich hat sie es jedenfalls vor einigen Monaten auf einer Familienfeier ausgedrückt.

»Charlotte?« Selbst Benedikt kann sich nicht angewöhnen, Charlie zu sagen. »Kommende Woche haben wir einen Termin im Demel am Kohlmarkt. Kannst du die für eine Hochzeitstorte empfehlen?«

Sein Blick ist eindeutig auf meine Oberweite gerichtet, auch wenn ich einen hochgeschnittenen Pullover trage.

Die Konditorei Demel gilt als eine der besten des Landes. Aber auch als eine der teuersten. Ohne zu wissen, wie viel sie dafür zahlen würden, antworte ich: »Ich denke, es gibt auch andere gute Konditoren, die günstiger backen.«

Mich zum Beispiel.

»Papperlapapp!« Heidi schlägt die Hände zusammen und wirft mir einen vernichtenden Blick zu. »Am Preis soll es nicht scheitern. Meine Tochter wird die beste Hochzeitstorte vom besten Konditor bekommen.«

»Sie hat recht«, stimmt Benedikt zu. »Ohne Moos nichts los.«

»Charlie kann wirklich gut backen«, wirft Eddie ein und zwinkert mir zu. Wenn er glaubt, damit als Held dazustehen, täuscht er sich. »Sie backt ständig Torten. Die sehen klasse aus und schmecken gut.«

»Bei allem Respekt.« Den hat Heidi bestimmt nicht. »Dann könnte Cordula ja gleich selbst backen. Sie backt ausgezeichnet, und während Charlotte dazu eine Ausbildung brauchte, hat Cordula studiert.«

* * *

»Kommst du noch mit zu mir?«

Eddie startet den Motor und lenkt sein Auto aus der Einfahrt.

Mit verschränkten Armen sitze ich neben ihm und starre in die vorbeihuschenden Lichter der Straßenlaternen. »Die Kommentare deiner Mutter waren echt unmöglich.«

»Jetzt geht das wieder los«, murmelt Eddie genervt und stöhnt.

»Du hättest etwas sagen müssen!«

»Hab ich doch!« Seine Hände krallen sich um das Lenkrad. Er hasst es, wenn ich dieses Thema anspreche. Am liebsten wäre ihm, ich würde die Bemerkungen seiner Mutter einfach hinunterschlucken.

»Ich fasse es nicht, dass Heidi es nicht lassen kann, dich mit Magdalena zu verkuppeln. Vor meinen Augen!«

Wie kann er das nur so gelassen hinnehmen?

»Sag nicht Heidi«, mahnt er jedoch. »Da muss ich an Heidi Klum denken, und meine Mutter ist wahrlich keine Heidi Klum.«

»Da hast du recht! Am schlimmsten fand ich ihren Vorschlag, Magdalena solle vorübergehend bei dir wohnen, bis sie eine eigene Wohnung gefunden hat.«

Alleine dafür verfluche ich Heidi.

»Du regst dich wegen ungelegter Eier auf.«

»Ungelegte Eier?« Meine Stimme schnellt in die Höhe. »Soll ich etwa warten, bis sie neben dir im Bett liegt? Ich erinnere dich nur ungern daran, aber du hast kein Gästezimmer.«

»Aber ich habe eine Couch, und jetzt Schluss damit!«

Er dreht das Radio lauter und beißt die Zähne so fest aufeinander, dass die Kiefermuskeln hervortreten.

Als ob er Magdalena auf die Couch verbannen würde. Die ist zwar supermodern, aber absolut ungemütlich. Durch die geschwungene Form hat man ständig Angst hinunterzufallen. Ich weiß, wovon ich rede, immerhin haben Eddie und ich das bereits getestet.

Ich drehe das Radio wieder leiser und frage mit flehendem Unterton: »Kannst du mir versprechen, dass sie nicht bei dir wohnen wird?«

Es würde mich keine Nacht mehr ruhig schlafen lassen.

»Charlie!« Eddie ist sichtlich genervt, dass ich das Thema erneut anschneide. Aber seine Mutter durfte es mehrfach auf den Tisch bringen. »Sie ist eine gute

Freundin, und ich werde sie nicht auf der Straße sitzen lassen, nur weil du ein Dickschädel bist.«

Aufgeregt schnappe ich nach Luft. Ich bin doch kein Dickschädel, bloß weil ich nicht will, dass er mit seiner Ex-Freundin zusammenwohnt. Mir steigen Tränen in die Augen. Wie kann er nur so unsensibel sein?

»Kommst du jetzt noch zu mir? Ich bring dich danach auch nach Hause.« Noch genervter hätte er diese Frage nicht stellen können.

»Du spinnst wohl!«

Nach diesem unerfreulichen Abend will ich einfach nur heim. Es ist schon nach neun und stockdunkel.

»Du bist ganz schön zickig. Wenn wir uns ohnehin nie sehen, macht das doch keinen Sinn.«

Sehen ist für ihn gleichbedeutend mit Sex haben.

»Das liegt ja wohl nicht nur an mir«, erwidere ich gereizt. »Wer ist denn ständig unterwegs?«

»Ich arbeite!«

»Ich auch!«

Vor einer Stopptafel bleibt er stehen und holt tief Luft. Er presst die Lippen aufeinander und starrt auf sein Lenkrad. »Vielleicht wäre es besser, wir würden uns eine Weile nicht sehen«, durchbricht er schließlich die Stille.

Als würde man mir ein Messer mitten ins Herz rammen, breitet sich ein unglaublicher Schmerz in meiner Brust aus. Ich wünsche, ich hätte mich eben verhört, doch leider konnte ich ihn nur zu gut verstehen.

»Ist es wegen Magdalena?«, frage ich kleinlaut.

»Nein, wegen dir.« Sein vorwurfsvoller Blick lässt mich zusammenzucken. »Charlie, ich will mich nicht zwischen dir und meiner Familie entscheiden müssen. Entweder du lernst, dich ihnen anzupassen, oder …« Er stockt und starrt das Lenkrad an. Sekunden vergehen, doch Eddie spricht nicht weiter.

Die Erkenntnis trifft mich wie ein Schlag. Meine Panik weicht der Wut, die sich zunehmend in mir aufbaut.

»Damit weiß ich ja, welchen Stellenwert ich habe.«

Ich schnalle mich ab, greife nach meiner Handtasche, die im Fußraum liegt, und steige aus dem Auto.

»Charlie!«

Mit einem Knall stoße ich die Beifahrertür zu und marschiere einfach in die Richtung, aus der wir gekommen sind. Ich habe keine Ahnung, wo ich bin. In dieser Gegend kenne ich mich schon tagsüber nicht aus, und bei Dunkelheit erst recht nicht.

Eine Weile höre ich den Motor von Eddies Auto hinter mir, bis er Gas gibt und einfach davonfährt. Entsetzt drehe ich mich um. Ich stehe auf einer verlassenen Kreuzung, die von zwei hohen Straßenlaternen beleuchtet wird. Hat er mich tatsächlich stehen gelassen? Hier im Nirgendwo? Um diese Uhrzeit?

Die umliegenden Gärten sind von hohen Hecken umgeben. Wer weiß, was sich dahinter befindet. Meine Hände zittern, als ich das Handy aus der Tasche ziehe. Jasmin hat heute Spätschicht, und Kati ist verabredet. Es würde mich wundern, wenn sie um diese Uhrzeit schon zu Hause wäre. Es gibt nur eine Möglichkeit.

Nach zweimaligem Läuten hebt mein Kollege Alex ab.

»Hallo? Charlie ist hier.« Erst jetzt merke ich, wie weinerlich ich mich anhöre. »Kannst du mich bitte holen?«

* * *

Die ganze Fahrt über reden wir kein Wort miteinander. Er scheint zu wissen, was passiert ist, und lässt mich einfach in ein Taschentuch heulen.

Als wir vor meiner Wohnung ankommen, sehe ich ihn mit verquollenen Augen an. Es ist mir egal, wie erbärmlich ich im Moment aussehe. Wenn jemand so etwas kommentarlos wegsteckt, dann ist es Alex.

»Soll ich dich raufbringen?«, fragt er und lächelt mich an. Das Licht der Straßenlaterne spiegelt sich in seinen braunen Augen.

»Ich bin sicher, Jasmin hat noch eine Flasche Tequila in ihrem Zimmer.«

Das ist genau das, was ich jetzt brauche.

»Alles klar.«

Die Flasche ist nicht schwer zu finden. Jasmin hat sie zwischen ihre dicken Wollsocken gesteckt, von denen sie Dutzende besitzt. Das ist ihr Tick. Richtig dicke Wollsocken, die man sonst nur zum Skifahren trägt oder wenn man krank ist. Kati und ich vermuten, das liegt an ihren Genen. Jasmin hat persische Wurzeln und sich offenbar nicht an die Kälte gewöhnt. Selbst im Sommer trägt sie diese Dinger, hochgezogen bis zu den Knien. Jasmin allerdings meint, das liege nicht an ihren Genen, sondern daran, dass die Heizung in ihrem Zimmer defekt sei. Kati hat ihr vorgeschlagen, sich im Fitnessstudio einen Installateur zu angeln, der ihr die Heizung repariert, doch dann haben sie festgestellt, dass solche Typen nicht ins Fitnessstudio gehen, weil sie es nicht nötig haben.

»Hier ist sie.«

Ich schwenke die Flasche in der Luft, als ich in mein Zimmer komme. Alex hat in der Zwischenzeit zwei Schnapsgläser aus der Küche geholt.

Er sitzt auf dem Teppich vor dem Bett und reibt sich die Hände. Bereit für ein paar Kurze, um den Abend vergessen zu machen. Wir kippen den Tequila in unsere Kehle, und während ich noch warte, bis das Brennen in meinem Mund nachlässt, fragt er: »Was hat der Idiot denn angestellt?«

»Laut Eddie bin ich hier der Idiot. Und laut seiner Mutter, seinem Vater und ihrem zukünftigen Schwiegersohn natürlich auch.«

»Ah, die Addams Family.« Alex nickt verständnisvoll und nimmt mir die Flasche aus der Hand, um nachzuschenken.

»Danach darfst du aber nicht mehr fahren«, sage ich und zeige auf die zwei gefüllten Gläser.

»Dann geh ich halt zu Fuß.« Er hebt sein Glas, und wir stoßen an, ehe wir das Zeug trinken. Zumindest brennt es jetzt nicht mehr so sehr.

Alex wohnt drei Straßen von uns entfernt, was unglaublich praktisch ist, weil er uns gelegentlich mit frischer Lasagne oder Fleischbällchen versorgt. Weder Jasmin und Kati noch ich können richtig kochen. Manchmal nimmt er auch unsere Pflanzen mit, wenn sie fast schon reif für den Mistkübel sind, und bringt sie zwei Wochen später wieder gesund und ergrünt zurück. »Ihr müsst regelmäßiger gießen«, erklärt er jedes Mal. Eine Zeit lang hat Kati alle Pflanzen zwei Mal am Tag kräftig gegossen, damit sie richtig im Wasser standen. Anschließend mussten wir die Hälfte davon entsorgen. Ich glaube, Alex kauft einfach neue Pflanzen. Anders kann ich es mir nicht erklären, dass sie nach zwei Wochen so gut aussehen.

»Du kannst auch hier schlafen«, biete ich ihm an.

»Was hat Morticia denn gesagt?«, fragt Alex. Er scheint zu ahnen, dass Heidi der Auslöser für meinen Gemütszustand ist.

»Sie schlägt doch tatsächlich vor, dass Eddie seine Ex-Freundin bei sich wohnen lassen soll.« Ich schnaube wütend und spüre, dass es sich in meinem Kopf leicht zu drehen beginnt.

»Und was hält Pugsley davon?«

»Er findet das nicht einmal abwegig.« Bei dem Gedanken daran wird mir ganz schlecht. »Und sagt, uns würde eine Zeit lang Abstand gut tun.«

Ich schlucke und sehe ihm an, dass auch er weiß, was das bedeutet.

»Ihr könnt ja Freunde bleiben«, sagt er grinsend.

Diese abgedroschene Floskel lässt mich erstmals schmunzeln. Das kann aber auch an dem Tequila liegen, der sich wohlig warm in mir ausbreitet.

»Willst du mir vielleicht auch die Vorteile des Single-Daseins aufzählen?«, frage ich. Das wäre das Letzte, was ich jetzt gebrauchen kann.

»Wer weiß, wie lange du überhaupt Single bist«,

sagt Alex und winkt meine Bedenken ab. »Eine Frau wie du findet schnell einen Neuen.«

Ich lächle geschmeichelt. Wenn doch Eddie und seine Familie so charmant wären. Alex drückt mir noch einen Tequila in die Hand – keine Ahnung den wievielten.

»Und er hat dich einfach da stehen gelassen?«, fragt Alex, dem der Alkohol offenbar noch nicht zugesetzt hat. Gut, ich hatte immerhin schon Pastis, Champagner und Margarita.

»Er ist einfach weggefahren«, sage ich und realisiere, was das eigentlich heißt. Eddie hat nicht einmal versucht, mich umzustimmen. Ihm kam es überaus gelegen, dass ich von selbst ausgestiegen bin. Ich fange wieder an zu heulen.

»Nicht doch!«

Alex nimmt mich in seine Arme.

»Das ist er doch gar nicht wert«, sagt er tröstend.

»Doch, ist er«, schluchze ich in seinen Pullover. »Ohne seine bescheuerte Familie ist Eddie echt toll. Er ist witzig, und er sieht verdammt gut aus.«

Ich kann und will mich noch nicht damit abfinden, dass es aus sein soll. Aber was soll ich tun? Sein Verhalten lässt darauf schließen, dass er nichts mehr mit mir zu tun haben will.

»Viele Männer sind das«, entgegnet Alex.

»Du vielleicht. Aber sonst nicht viele.«

Ich rücke etwas von Alex weg und sehe ihn an. Liebevoll wischt er mir die Tränen aus dem Gesicht. Er sieht auch gut aus. Ein anderer Typ als Eddie. Seine gelockten Haare lassen sich nie so ordentlich kämmen wie Eddies. Außerdem trägt er gerne Shirts mit auffälligen Prints, und wenn er lächelt, bildet sich ein Grübchen auf seiner linken Wange. Abgesehen davon ist er im Gegensatz zu Eddie äußerst fürsorglich und rücksichtsvoll. Als er im Hotel zu arbeiten begann, dachte ich zuerst, er wäre schwul. Unsere Gesichter sind nur eine Handbreit voneinander entfernt. Die Nähe zu ihm fühlt sich vertraut an. Als wäre er mein großer Bruder, der nur das Beste für mich will.

»Sag, Charlie«, beginnt Alex jetzt leise und etwas heiser, »warum hast du mich angerufen?«

Mein Herzschlag beschleunigt sich. Bestimmt ist es der Alkohol, der das verursacht. An Alex kann es nicht liegen. Er ist mein bester Freund.

»Weil Kati und Jasmin nicht da waren«, erkläre ich wahrheitsgemäß.

Alex nickt und sieht mich wortlos an.

Ist es unpassend, mit ihm spätabends und leicht betrunken in meinem Zimmer zu sein? Immerhin ist er ein anderer Mann. Ein Kollege und ein Freund, der sich rührend meiner Probleme annimmt. Jedenfalls kann man ihn nicht mit Magdalena vergleichen. Zwischen Alex und mir lief nie etwas.

»Ich glaube, mir ist schwindelig«, sage ich, und Alex zieht mich erneut an seine Brust. Bevor sich alles zu drehen beginnt, schließe ich die Augen.

*** Esterházytorte ***

... schwierig, aber wesentlich besser als die Version der künftigen Schwiegermutter

für den Teig:
8 Eiklar
250 g Zucker
250 g Haselnüsse
Eiklar mit einer Prise Salz zu Schnee schlagen

Zucker einrieseln lassen und Nüsse unterheben. Aus der Masse 5 dünne Tortenböden backen, pro Lage 8 Minuten bei 200°C.

für die Creme:
15 g Stärke
170 ml Milch
2 Eigelbe
100 g Zucker
170 g Schlagobers
Mark einer halben Vanilleschote
250 g Butter
15 ml Kirschwasser

70 ml Milch mit Eigelb und Stärke glatt rühren. 100 ml Milch mit Zucker, Schlagobers und Vanillemark verrühren und zum Kochen

bringen. Beides vermengen und unter ständigem Rühren 1 Minute kochen, bis daraus ein Pudding entsteht. Butter cremig schlagen. Nach und nach den erkalteten Pudding sowie das Kirschwasser in die Butter einrühren.

Immer eine Lage Boden, eine Lage Creme schichten. Mit einem Boden enden. Alles mit einer Zuckerglasur überziehen und mit flüssiger Schokolade das typische Esterházy-Muster zeichnen. Den Rand mit Mandeln bedecken. Einen Tag gekühlt durchziehen lassen.

Den Abend bei Eddies Familie und unsere Auseinandersetzung im Auto schiebe ich erfolgreich aus meinem Gedächtnis. Zumindest solange ich in der Arbeit bin. Ich muss mich auf das konzentrieren, was ich noch habe: meinen Job. Und wenn ich den behalten will, muss ich Daniel Eppensteiner überzeugen, dass mein Auftritt am Vortag die absolute Ausnahme war.

Mit glatt geföhnten Haaren, gebügelter Kleidung und passenden Schuhen mache ich mich mit Alex auf den Weg ins Hotel. Da Kati und Jasmin noch schlafen, ist es kein Problem, Alex ungesehen aus der Wohnung zu schleusen. Irgendwann in der Nacht hat er mich ins Bett gelegt und selbst auf dem Teppich weitergeschlafen. Ein echter Gentleman eben.

Trotz meines perfekt angerichteten Kuchenbuffets für den Nachmittagskaffee gestern war Eppensteiner laut Martha nicht beeindruckt. Vielmehr habe er es gar nicht weiter beachtet. Heute will ich noch eins draufsetzen und freue mich, ein Ass im Ärmel zu haben.

Während Alex sich um das Frühstücksbuffet kümmert, konzentriere ich mich auf die Tagung, die an den kommenden zwei Tagen im Hotel stattfindet. Es ist ein Zusammentreffen mehrerer Marketing- und Vertriebsleute eines international tätigen Getränkekonzerns. Das gesamte Hotel ist reserviert, sämtliche Zimmer sind belegt, und die Konferenzräume stehen für Meetings bereit. Um zehn Uhr soll der erste Bus vom Flughafen ankommen. Zur Begrüßung gibt es Minitorten aus Biskuitteig mit einer Fülle aus Nougatcreme. Die Törtchen sind mit weißem Fondant glasiert und einem Marzipanemblem im Firmende-sign dekoriert. In einer Innenstadtkonditorei habe ich kleine Tortenaufleger mit dem Firmenlogo bedrucken lassen.

An den Tischen in der Lobby können sich die Gäste von der langen Fahrt mit Kaffee und Kuchen erholen. Meiner Meinung nach sind edle Patisserien und köst-liche Mehlspeisen das i-Tüpfelchen einer gelungenen Konferenz. Gegenüber der Rezeption haben wir einen Buffettisch aufgebaut, auf dem hundert Törtchen be-reitstehen. Ich platziere gerade die letzte Ladung, als ich von der Seite angesprochen werde.

»Wie ich sehe, gibt es die Torten heute pünktlich?«

Lindas spöttischer Ton stellt mir die Nackenhaare auf. Als ginge es sie etwas an, wirft sie einen kontrol-lierenden Blick auf meine Arbeit.

»Musst du nicht die Gästeblätter vorbereiten?«, frage ich genervt. Ihr bloß nicht mehr Beachtung als nötig zuteil werden lassen, denke ich.

»Keine Sorge, meine Arbeit ist wie immer rechtzei-tig erledigt«, sagt Linda feixend.

Warum kann sie mir nicht einfach aus dem Weg ge-hen, so wie ich ihr auch?

»Willst du nicht kontrollieren, ob auf jedem Bett ein Stück Schokolade liegt?«

»Wieso? Hast du etwa heimlich welche gegessen? Ich dachte mir schon, dass du zugenommen hast.«

Ich glaube, sie hat nur auf die Gelegenheit gewar-tet, mir das unter die Nase zu reiben. Wütend funkle ich sie an. Ich hätte Cremetörtchen machen und ihr eines davon ins Gesicht drücken sollen. Dann wäre auch ihre Frisur zerstört. Seit wann trägt Linda überhaupt ständig diesen strengen, seriösen Dutt? Glaubt sie, damit mehr Professionalität auszustrahlen?

Eine tiefe Stimme ertönt hinter mir.

»Guten Morgen, die Damen.« Eindeutig Daniel Eppensteiner.

»Das sieht ja beeindruckend aus«, sagt er dann.

Ich hole tief Luft und wende mich, auf alles gefasst, zu ihm um. Heute gibt es nichts, was er an mir bekritteln kann.

»Guten Morgen.«

Meine Stimme klingt nicht ganz so selbstsicher, wie ich es mir wünsche. Sein Gesichtsausdruck lässt darauf schließen, dass er nicht mit mir gerechnet hat. Offenbar hat er mich von hinten nicht erkannt. Er räuspert sich verlegen und schiebt seine Hände in die Hosentaschen, ehe er sich Linda zuwendet.

»Schön, Sie zu sehen, Daniel.« Lindas herablassender Ton ist schlagartig verschwunden, und sie lächelt ihn zuckersüß an. Seit wann nennt sie ihn Daniel? Das ging aber schnell.

»Wie ich sehe, ist für den Empfang alles vorbereitet.« Er nickt ihr anerkennend zu.

»Ich hatte die Idee, das Firmenlogo auf die Törtchen drucken zu lassen.« Sie macht eine darbietende Handbewegung über die aufgereihten Törtchen.

Wie bitte? Was?

Hat Linda tatsächlich meinen Einfall gestohlen? Ich spüre, wie mir der Mund aufklappt. Ich will widersprechen, doch die Worte bleiben mir im Hals stecken.

»Brillanter Einfall!«, lobt Eppensteiner und nickt bewundernd. »Ich wusste nicht, dass so viel Kreativität in Ihnen steckt, Linda.«

Er legt seine flache Hand auf ihren Rücken und geht mit ihr in Richtung Rezeption fort.

»Haben Sie etwas von Richard gehört?«

Sie lassen mich unbeachtet zurück.

Meine Gesichtsmuskeln sind zum Zerreißen gespannt und meine Hände zu Fäusten geballt. Schwarzwälder Kirschtörtchen! Ich muss unbedingt Schwarzwälder Kirschtörtchen machen.

»Na, bist du in deinen Tagträumen versunken?«

Als ich mich umdrehe, steht Alex auf der anderen Seite der Anrichte und stemmt seine Arme auf die Tischplatte. Ich bin froh, dass sich trotz des gestrigen Abends nichts zwischen uns geändert hat.

»Hast du schon den neuen Hotelleiter kennengelernt?«, fragte ich und blicke zur Rezeption, wo Sissi steht und telefoniert. Linda und Eppensteiner sind im Büro dahinter verschwunden.

»Ja, vorhin in der Hotelgarage, als ich etwas aus dem Auto geholt habe«, antwortet Alex und rückt mehrere Törtchen gerade. »Er war froh, dass sein Parkplatz heute frei war. Offenbar hat gestern jemand seinen Wagen dort geparkt.«

»Ja, das war ich«, sage ich kleinlaut.

Hoffentlich ist der Eppensteiner nicht nachtragend.

»Hätte ich mir denken können.« Alex gluckst amüsiert.

»Wieso ist er überhaupt schon Montag hier, wenn Richard bis Donnerstag außer Haus ist?« Es ist eine rhetorische Frage. Natürlich weiß Alex das genauso wenig wie ich. Wer es jedoch bestimmt weiß, ist Linda. Ich sollte mich über die Kommunikation innerhalb des Hotels beschweren. Vielleicht direkt bei Daniel Eppensteiner? Als zukünftiger Hotelleiter sollte er wissen, wo es Verbesserungspotential gibt.

»Ach übrigens«, sagt Alex da und greift in seine hintere Hosentasche. »Sissi hat mir vorhin Post für dich in die Hand gedrückt.« Er hält mir mehrere Umschläge entgegen.

»Danke.«

Ich blättere gelangweilt die einzelnen Zusendungen durch, doch es ist hauptsächlich Werbung. Konditorenbekleidung, Patisseriebedarf, Tortendekorationen ... Sogar ein Weihnachtsflyer ist dabei. Es ist März, und ich erhalte Ideen für originelle Weihnachtsbäckereien und Ausstechformen. Die Weihnachtsindustrie ist verrückt.

Ein Umschlag ist mit dem Vermerk »Dringend und Wichtig!« direkt an mich adressiert. Während ich den Umschlag öffne und den Brief herausnehme, schielt Alex über meine Schulter.

»Was ist das?«

»Das gibt es nicht!«, rufe ich ungläubig aus. »Die wollen die Petit-Four-Messe in unser Hotel verlegen!«

Mein Mund ist ganz trocken.

»Ist die nicht in drei Wochen im Ring-Renaissance-Hotel?« Alex reißt mir den Brief aus der Hand und überfliegt die Zeilen. »Die haben einen Wasserschaden«, murmelt er, während er liest. »Und werden mit den Renovierungsarbeiten nicht rechtzeitig fertig.«

Dann hebt er den Kopf und fragt verblüfft: »Wie kommen die auf uns?«

»Richard hat sich mit unserem Haus vor Monaten dafür beworben.«

»Warum weiß ich nichts davon?«

Okay, so viel zum Thema Kommunikationsschwierigkeiten.

»Wir haben nicht damit gerechnet, tatsächlich ausgewählt zu werden.«

Von einer Sekunde auf die andere schlägt Alex' Miene um, und er reibt sich gutgelaunt die Hände. »Worauf wartest du? Ruf an und sag zu!«

»Ich muss das erst abklären«, sage ich und deute auf das Büro der Rezeption. Beim Gedanken daran hält sich meine Euphorie in Grenzen.

»Mit Linda? Die hat doch nichts zu sagen.«

»Eppensteiner ist da drinnen«, sage ich und rümpfe die Nase.

»Ach, der ist okay.«

Ich schüttle den Kopf. Für Alex ist er vielleicht okay. Wahrscheinlich auch für die anderen. Außer mir hatte auch niemand eine derartig peinliche erste Begegnung mit ihm.

»Willst du dir diese Chance wirklich entgehen lassen?«, drängt Alex ungeduldig. Er weiß ganz genau, wie wichtig mir diese Petit-Four-Messe ist.

Entschlossen gehe ich mit dem Brief an der Rezeption vorbei und betrete das Büro. Der Anblick von Eppensteiner, der sich über Lindas Schreibtisch beugt und mit einem Stift auf ein Papier kritzelt, lässt mich erstarren.

»Was gibt es?«, fragt er, als ich reglos dastehe.

Meine Hand liegt auf der Türschnalle und fühlt sich kalt und zittrig an. Eppensteiner zu sehen verursacht ein flaues Gefühl in meinem Magen. Ich hätte Alex schicken sollen.

»Charlie, es zieht«, sagt Linda ungehalten.

Einen Moment lang ziehe ich die Möglichkeit in Betracht, die Tür von außen zu schließen. Dann reiße ich mich jedoch zusammen und trete ein.

»Ich habe eine Veranstaltungsanfrage bekommen und wollte das kurz mit Ihnen besprechen.«

Zu meiner Überraschung klang das nicht so verunsichert, wie ich mich fühle. Ich halte den Brief in die Höhe und sehe, wie Linda ihren Kopf interessiert auf ihrer Faust abstützt. Es ist mir unangenehm, sie bei diesem Gespräch dabeizuhaben, doch ich habe keine andere Wahl. Ich muss professionell bleiben.

Ein immer lauter werdendes Klingeln aus Eppensteiners Sakkotasche durchbricht die angespannte Atmosphäre. Er zieht ein BlackBerry hervor, entschuldigt sich kurz und geht hinaus, um zu telefonieren.

»Um welche Veranstaltung geht es?«

Linda brennt förmlich darauf, mehr Details zu erfahren.

»Die Petit-Four-Messe«, antworte ich knapp.

Erneut macht sie eine Geste, die mich dazu animieren soll fortzufahren.

»Die Messe muss an einen anderen Ort verlegt werden, sie soll in unserem Hotel stattfinden.«

»Dann soll sich der Veranstalter an mich wenden.«

Sie lehnt sich in ihrem Bürostuhl zurück und verschränkt die Arme vor der Brust. Wie konnte ich nur vergessen, dass sie immer über alles Bescheid wissen will. Als wäre sie die Hotelleiterin. »Wann soll die Messe sein?«

»In drei Wochen«, antworte ich und rechne jeden Moment mit einem spöttischen Lächeln und einer Aussage wie: »Du Dummchen glaubst, dass wir nichts Besseres zu tun haben, als in drei Wochen eine blöde Petit-Four-Messe zu organisieren?«

Eins. Zwei. Drei. Vier.

Linda schüttelt mit geschlossenen Augen den Kopf.

»Ach, Charlie«, beginnt sie dann, als würde sie zu einem Kleinkind sprechen. »Deine Idee ist ja ganz nett, aber überlasse solche Angelegenheiten lieber den Menschen, die Ahnung davon haben.«

Das war's. Mehr kommt nicht.

Die Tür hinter mir wird geöffnet, und Eppensteiner kommt wieder herein. Er lässt sein Handy in die Anzugtasche gleiten und sieht mich verwundert an.

»Gibt es noch etwas?«, fragt er.

»Ähm, ja, wegen der Veranstaltungsanfrage.«

Ich halte den Brief in die Höhe.

»Ach ja, stimmt.« Er tippt sich kurz an die Stirn. »Worum genau geht es?«

»Aufgrund eines Wasserschadens muss die nationale Petit-Four-Messe in drei Wochen woandershin verlegt werden, und die Organisatoren wollen sie hier bei uns veranstalten.«

Das war professionell. Ich bin stolz auf mich. So sieht er, dass ich nicht nur schusselig bin.

»Petit was?«

Verdutzt starre ich ihn an.

»Petits Fours«, wiederhole ich. »Kleine, süße Bäckereien.«

Hat er wirklich noch nie etwas davon gehört?

»Ich habe ihr schon gesagt, dass drei Wochen zu kurz sind, um eine solche Messe zu organisieren«, mischt Linda sich scheinheilig wohlwollend ein.

»Nicht nur das«, sagt Eppensteiner, »wir müssten auch kalkulieren, ob diese Veranstaltung rentabel ist. Abgesehen davon ...«

Er macht eine Pause und lächelt mich von oben herab an. Kein Wunder, dass Linda und er sich gut verstehen. Sie haben einiges gemeinsam. In erster Linie eine Abneigung gegen mich.

»Eine Messe für kleine Bäckereien entspricht nicht gerade dem USP unseres Unternehmens.«

USP? Ich traue mich nicht zu fragen, was das bedeutet.

»Unique Selling Proposition«, klärt mich Linda auf, als hätte sie meine Gedanken gelesen. Damit weiß ich aber immer noch nicht, was das bedeutet.

»Wir haben bis morgen Zeit, Bescheid zu geben«, erkläre ich, in der Hoffnung, noch Zustimmung zu erhalten.

»Ich denke nicht, dass wir darauf warten müssen.« Eppensteiner nickt kurz, um das Gespräch zu beenden, und wendet sich einer Statistik zu, die auf dem Tisch liegt.

Damit ist das Thema für ihn erledigt. Ohne einen weiteren Kommentar lassen sie mich stehen.

Wieder einmal.

* * *

»Hast du ihnen erklärt, welche Bedeutung diese Messe hat?«, fragt Alex, während er die Buttercreme für eine Esterházytorte rührt.

Heidis misslungene Variante hat mich auf die Idee gebracht, unseren Gästen wieder einmal diese Köstlichkeit anzubieten. Das Rezept stammt von der Tante meiner Großmutter und ist sozusagen ein Familienerbstück. Nach einem Streit mit Eddie gibt es nichts Besseres, als ein Stück selbstgemachter Esterházytorte. Nicht nur, weil ich mir damit beweise, eine bessere Bäckerin als seine Mutter zu sein.

»Weißt du, was für einen solchen Mann von Bedeutung ist?«, sage ich und stopfe mir ein Mini-Törtchen in den Mund, das ich auf dem Weg in die Küche von der Anrichte stibitzt habe. »Sein BlackBerry, Jacques-Britt-Hemden und Rentabilität.«

»Was für Hemden?«

»Jacques Britt«, wiederhole ich. »Eine exklusive Hemdenmarke, über die Eddie vor Kurzem einen Beitrag gemacht hat.« Ich schlecke mir den Zuckerguss von den Fingern und hole noch ein paar Brösel aus dem Papiertütchen.

»Du solltest noch mal mit ihm reden«, meint Alex zuversichtlich. »Immerhin war es Richards Idee. Und noch ist er der Hotelleiter.«

Da hat er absolut recht. Richard hat das Hotel jahrelang geführt und findet, dass die Petit-Four-Messe sehr wohl zu unserem UPS passt, oder wie auch immer das heißt.

»Richard kommt in zwei Tagen zurück«, spreche ich meinen Gedanken laut aus. »Vielleicht können wir die Zusage bis dahin aufschieben. Okay, ich rufe dort an.«

Guten Mutes gehe ich in die Angestelltengarderobe, wo ich ungestört bin, und tippe die Telefonnummer der Veranstalter in mein Handy. Es dauert nicht lange, bis sich eine gestresst klingende Frauenstimme meldet. »Schreiber?«

»Hallo, hier spricht Charlotte Paul vom Hotel Elisabethhof.«

Ich halte kurz die Luft an.

»Oh, Charlotte Paul.« Die Stimme schlägt sofort um. Offenbar hat die Frau schon auf meinen Anruf gewartet. »Gut, dass Sie sich endlich melden. Die Aussteller nerven mich schon den ganzen Tag, weil ich keine konkreten Angaben machen kann, wohin wir die Messe verlegen werden.«

»Es gibt nur ein kleines Problem«, sage ich, darauf bedacht, sie nicht noch mehr zu stressen.

»Um Himmels willen, was denn?«, schrillt es durchs Telefon.

»Ist es möglich, Ihnen erst Donnerstag Bescheid zu geben?«

Die Organisatorin prustet laut, als hätte sie sich an meinen Worten verschluckt. »Wir haben keine Zeit!«, ruft sie aus. »Momentan kann nur das City Inn einen Raum zur Verfügung stellen, der ist für diese Messe jedoch nicht optimal.«

»Ich brauche zwei Tage, aber es ist so gut wie fix.«

»Wir brauchen eine Zusage«, entgegnet Frau Schreiber vehement. »Ansonsten muss ich das City Inn buchen. Sie halten mir den Saal nur noch heute frei.«

Mein Puls rast, und ich fühle, wie meine Hände kalt und feucht werden. Die Petit-Four-Messe soll nicht im City Inn stattfinden. Auch nicht im Ring-Renaissance-Hotel. Sondern hier bei uns, im Hotel Elisabethhof. Es ist wie geschaffen für diese Messe.

»In Ordnung«, platzt es aus mir heraus, ohne dass ich länger darüber nachdenke. Gekonnt verdränge ich Eppensteiners Entscheidung. Richard wird sein Okay geben, davon bin ich überzeugt.

»Wir können in Ihr Hotel ausweichen?«, vergewissert sich Frau Schreiber, als würde sie mir nicht ganz trauen.

»Natürlich!«

»Großartig! Ich komme morgen vorbei, um den Veranstaltungsraum zu besichtigen. Neun Uhr ist in Ordnung?«

»Neun Uhr ist prima.« Meine Stimme schnellt unweigerlich in die Höhe. Linda und Eppensteiner dürfen nichts davon erfahren.

Die Frau am Telefon verabschiedet sich und legt schneller auf, als ich reagieren kann.

Auf dem Weg zurück in die Patisserie versuche ich mich zu beruhigen. Donnerstag kommt Richard zurück. Er wird sich über diese Neuigkeiten freuen und Eppensteiner erklären, warum die Petit-Four-Messe unbedingt bei uns stattfinden muss. Alles wird gut.

Vielleicht sollte ich Eppensteiner ein paar Petits Fours zum Kosten ins Büro bringen. Ich muss Taten statt Worte sprechen lassen. Keine meiner Taten überzeugt mehr als meine Süßspeisen. Wenn er sieht, wie positiv sich eine kleine Kalorienbombe auf das Gemüt auswirkt, wird auch er nichts mehr gegen die Messe einzuwenden haben.

Langsam kehrt mein Enthusiasmus wieder zurück.

»Was sagen sie?«, will Alex sofort wissen, als ich die Küche betrete. Er bestreicht gerade den ersten Tortenboden mit der hellgelben Buttercreme.

»Sie kommt morgen vorbei, um den Veranstaltungsraum zu besichtigen«, erkläre ich, ohne meine Zusage zu erwähnen. »Donnerstag werde ich mit Richard die Details klären.«

In Ordnung, das war nicht gelogen. Ich lächle unbeschwert, um mir nichts anmerken zu lassen.

»Ich denke, ich mache heute Petits Fours.«

* * *

Heute ist mein Glückstag, und nach den letzten beiden Tagen habe ich mir das redlich verdient. Ich war schon bei Sissi und habe mir den Schlüssel für den Veranstaltungsraum geben lassen. Auf meine Nachfrage sagte Sissi, Linda würde erst mittags ins Hotel kommen, und Eppensteiner hätte sie den ganzen Morgen noch nicht gesehen. Vermutlich hat er auswärtige Termine oder hängt in den administrativen Büros im vierten Stock fest und redet über Rentabilität und USP – nicht UPS wie der Paketzusteller, was ich seit meiner Internetrecherche weiß. Außerdem sind die Tagungsgäste, die wir gerade beherbergen, bis elf Uhr bei einer Stadtbesichtigung, sodass die Seminarräume leer stehen.

Die halbe Nacht lang habe ich überlegt, wie ich Linda und Daniel ablenken kann. Alle möglichen Ideen sind mir durch den Kopf geschossen. Ich habe sogar daran gedacht, sie mit einer manipulierten Torte außer Gefecht zu setzen. Abführmittel oder so.

Um kurz vor neun tigere ich durch die Lobby und behalte den Eingangsbereich im Auge.

Sissi ist schon die ganze Zeit in ein Telefonat verwickelt und beachtet den Eingang nicht. Nur unser Concierge Martin steht an der Tür und beobachtet den regen Verkehr vor dem Hotel. Unzählige Autos verstopfen im dichten Morgenverkehr den Ring. Am Straßenrand warten elegante, dunkle Limousinen mit schick gekleideten Chauffeuren auf Gäste der umliegenden Hotels. Im Minutentakt fahren sie Touristen zum Flughafen oder zu den unzähligen Wiener Sehenswürdigkeiten. Menschen in dicken Wintermänteln eilen an der Glastür vorbei und tragen große Aktentaschen und *Coffee to go*-Becher.

Bevor die große Uhr in der Lobby neun anzeigt, betritt eine Frau mit kurzen blonden Haaren das Hotel und sieht sich flüchtig um. Martin begrüßt sie freundlich, doch sie ignoriert ihn und läuft einfach quer durch den Eingangsbereich. Sie passt eindeutig nicht zu unseren Tagungsgästen. Es kann sich also nur um Frau Schreiber handeln, auch wenn sie völlig anders aussieht, als ich sie mir vorgestellt habe. Statt eines biederen Kostüms, wie ich es bei einer Messeorganisatorin erwartet hätte, trägt sie einen bodenlangen, violetten Mantel im Metalliclook. Um den Hals hat sie ein Tuch mit buntem Muster geschlungen. Als sie näher kommt, stelle ich fest, dass sie gut einen Kopf kleiner ist als ich. Dabei bin ich schon nicht besonders groß.

Ich vergewissere mich, dass Sissi noch in ihr Telefongespräch verwickelt ist, und laufe über den rotgoldenen Teppich auf sie zu.

»Frau Schreiber?«

Stark gebleichte Zähne strahlen mir entgegen, als sie mich sieht.

»Ah, Charlotte Paul? Elena Schreiber, ja. Schön, Sie kennenzulernen.«

Sie hat einen festen Händedruck. Ihre Augen sind stark geschminkt. Darüber schwingen sich hochgezogene, schmale Augenbrauen, die es mir schwer machen, ihr Alter zu schätzen. Ich tippe auf etwa 40, vielleicht 45.

»Nennen Sie mich Charlie. Darf ich Sie gleich weiterführen?«

Am liebsten würde ich sie in den oberen Stock beamen, um schnell aus dem Blickfeld meiner Kollegen zu kommen. Vielleicht verplappert sich sonst doch noch jemand im Beisein von Linda oder Eppensteiner.

»Schön, dass Sie so kurzfristig Zeit haben, Charlie.«

Ihr Mantel flattert hinter ihr her, als wir die geschwungene Treppe hinaufgehen.

»Gerne!«

Erleichtert stelle ich fest, dass es im ersten Stock ausgesprochen ruhig ist. Eine Dame vom Reinigungspersonal ist mit dem Staubsauger unterwegs, sieht aber nur kurz zu uns herüber.

»Es ist eine große Ehre«, sage ich, »die fünfte Petit-Four-Messe bei uns im Hotel Elisabethhof veranstalten zu dürfen.« Zumindest ist es mir eine Ehre. Die anderen werde ich noch überzeugen.

»Sie werden sehen, es kommen namhafte Aussteller«, schwärmt Elena und läuft dabei gezielt zum Veranstaltungsraum, als wüsste sie, wo der ist. »Exklusive Patissiers der Häuser Demel, Gerstner, Landtmann und Fruth. Internationale Medienvertreter haben sich angekündigt, um darüber zu berichten.«

All diese Namen sind mir selbstverständlich ein Begriff und sollten auch Daniel Eppensteiner einer sein. Wenn ich ihn damit nicht überzeugen kann …

Ich halte Elena die große Flügeltür auf und folge ihr in den Saal. Die Tische bilden eine lange, u-förmige Tafel und sind mit edlem Porzellanservice auf weißen Tischtüchern gedeckt. Goldene Kordeln halten die schweren, dunkelblauen Vorhänge zwischen den bodentiefen Fenstern locker zusammen. An der weißen Stuckdecke hängt ein großer Kronleuchter, und zwei kleinere Leuchter runden das edle Ambiente ab. Dieser Anblick muss Elena Schreiber zufriedenstellen.

»Sehr schön«, jubelt sie und dreht waghalsige Pirouetten durch den Saal. »Kleiner als im Ring-Renaissance-Hotel, aber besser als das City Inn.«

»Angrenzend ist ein zweiter Raum, knapp 100 Quadratmeter groß. Er kann ebenfalls genutzt werden.«

»Sehr schön, sehr schön.«

Außer Atem und mit einem erleichterten Seufzer kommt sie zu mir und holt ein Tablet aus ihrer Handtasche. Sie tippt eilig darauf herum und fragt, ohne aufzublicken:

»Wie ist Ihre Bettenauslastung in dem Zeitraum? Wir müssten einige Gäste bei Ihnen unterbringen.«

»Das werde ich mit unserer Empfangschefin besprechen. Die ist aber gerade nicht im Haus.« Außerdem warte ich lieber das Gespräch mit Richard ab, denke ich. Überraschenderweise gibt sich Elena damit zufrieden.

»Zwei Tage vor der Messe müssen die Stände aufgebaut sein«, erklärt sie und macht mit ihrem Tablet mehrere Fotos. »Ich werde Ihnen dafür einen Plan zukommen lassen. Die beiden Tage vor der Messe haben die Aussteller Zutritt zu den Räumlichkeiten. Details dazu stehen im Vertrag.«

»Vertrag?« Perplex sehe ich sie an. Ich darf keine Verträge unterschreiben.

»Ja, der übliche Vertrag, um die Rahmenbedingungen zu klären. Sie wissen schon, Pflichten, Haftung und dergleichen.«

Ich lächle und nicke, als hätte ich schon unzählige Messen veranstaltet und entsprechende Verträge unterzeichnet.

Sie beginnt in ihrer Tasche zu wühlen, wird jedoch nicht fündig.

»Das gibt's ja nicht!«, ruft sie aus und schnalzt ärgerlich mit der Zunge. »Anscheinend habe ich den Vertrag im Büro liegen gelassen.«

Erleichtert atme ich auf und lasse meine verspannten Schultern wieder sinken. Hatte ich schon gesagt, dass heute mein Glückstag ist?

»Ich lasse ihn am Nachmittag mit einem Boten herschicken«, sagt sie und steuert schon auf die Saaltür zu. Ihr Handy läutet, doch sie drückt den Anruf weg. »Die Druckerei«, sagt sie. »Denen muss ich gleich heute die neue Adresse bekanntgeben. Morgen müssen die Flyer verschickt werden.«

Während wir die Treppe hinuntereilen, seufzt sie erneut.

»Ich sag's Ihnen. Eine solche Veranstaltung zu planen ist wie ein Kind zu gebären. Schwangerschaft und Geburt sind hauptsächlich beschwerlich, und man schwört, dass es das letzte Kind sein wird. Kaum ist es überstanden und man sieht das Ergebnis, vergisst man alle Widrigkeiten, und das Ganze fängt von vorne an.«

Am Treppenende sieht sie mich an und schüttelt meine Hand.

»Ich maile Ihnen auch noch die Liste der Besucher. Hach, ich kann es kaum erwarten, bis alles vorüber ist. Anfang April fliege ich auf die Kanaren, um mich von den Strapazen zu erholen.«

Mit diesen Worten dreht sie sich auf dem Absatz um, winkt kurz über die Schulter zurück und ist in Windeseile wieder draußen.

Ich atme tief durch. Zumindest das lief schon mal wie geplant. Zufrieden wende ich mich um und stoße um ein Haar mit jemand zusammen. Es ist Daniel Eppensteiner, der nur zwei Schritte hinter mir steht und mich erwartungsvoll ansieht. Obwohl sein Haar leicht zerzaust ist, macht er dennoch einen ordentlichen Eindruck.

»Oh … Entschuldigung!«, stottere ich erschrocken und versuche, mich schnell an ihm vorbeizudrücken.

»Wer war das?« Seine Frage ist belanglos, aber ich ahne, dass er mich nicht ohne Erklärung entkommen lässt.

»Eine Bekannte.«

Eppensteiner nickt. Heute trägt er kein Sakko und hat die Ärmel seines Hemdes hochgekrempelt. Mir fällt die schicke Armbanduhr mit dunklem Lederband und goldenem Ziffernblatt an seinem schmalen Handgelenk auf.

»Um was für eine Liste von Besuchern handelt es sich denn?«

»Liste?«

Er hat also doch mehr gehört, als ich gehofft habe. Jemand sollte ihm sagen, dass es unhöflich ist, fremde Gespräche zu belauschen. Ich brauche eine plausible Erklärung.

»Ach, Sie meinen die Gästeliste für meine Hochzeit.«

Meine Hochzeit? Habe ich das gerade wirklich gesagt? Du lieber Himmel!

»Ah!« Er nickt so ausdruckslos, dass ich nicht einschätzen kann, was er denkt.

»Wie haben Ihnen eigentlich die Petits Fours geschmeckt?«, frage ich, um das Thema schnell zu wechseln. Abgesehen davon will ich ihm lobende Worte über meine Backkünste entlocken. Er soll endlich einen positiven Eindruck von mir bekommen.

»Verzeihen Sie, ich esse so etwas nicht«, sagt er, als sei das eine Selbstverständlichkeit.

»Hätten Sie gerne etwas anderes? Kuchen, Makronen, Strudel, Schnitten? Oder wie wäre es mit Pralinen?«

»Um ehrlich zu sein, ich esse gar nichts Süßes.«

Das erklärt einiges. Auch, warum er nicht weiß, was

Petits Fours sind und warum er diese Messe nicht würdigen kann. Nach einem tortensüchtigen Chef wie Richard ist jemand wie Eppensteiner der absolute Albtraum für mich. Aber ich gebe mich noch nicht geschlagen.

»Ach was«, sage ich. »Gibt es da wirklich nichts?«

Irgendetwas muss es geben, womit ich seine Meinung ändern kann!

Er zuckt mit den Schultern und sieht über mich hinweg. »Entschuldigen Sie mich, ich habe noch zu tun.«

Dann marschiert er an mir vorbei und lässt mich mitten in der Lobby stehen.

* * *

»Glaubst du an das Schicksal?«, frage ich Alex und teile mit einer Teigspachtel den Hefeteig in kleine Portionen.

Alex schüttelt den Kopf. Er steht mir gegenüber an der Arbeitsfläche und rollt mit jeder Hand ein Teigstück zu symmetrischen Kugeln. Neben ihm liegen zwei Backbleche, auf die er die fertig geformten Teigkugeln legt. Hundert Wiener Buchteln mit Powidlfüllung sind für den Nachmittagskaffee der Tagungsgesellschaft bestellt.

»Auch nicht an so etwas wie eine Pechsträhne?« Ich schiebe ihm die letzten Stücke hinüber.

»Was meinst du?« Er sieht zu mir herüber, während seine Hände automatisch weiterarbeiten und Kugel für Kugel formen.

»Tage, an denen einfach alles schiefläuft. Und mit alles meine ich wirklich alles.«

»Hatte ich zumindest bislang nicht.« Alex legt die letzten beiden Teigkugeln auf das Blech. Dann holt er angefeuchtete Geschirrtücher und breitet sie über den Backblechen aus. Er wirft einen Blick auf die Wanduhr und sagt: »In einer Stunde können wir weiterarbeiten. Hast du Lust auf einen Kaffee?«

Kurz danach sitzen wir mit unseren Kaffeetassen in der Mitarbeiterküche, einem kleinen Aufenthaltsraum mit Kochnische und Ecksitzbank.

»Du, Alex«, ich starre auf die hellbraune Crema meiner Melange, »ich glaube, ich stecke im Moment in einer Pechsträhne.«

»Geh, diese Einstellung darfst du nicht haben«, sagt Alex. Er lächelt, und ich sehe das Grübchen in seiner Wange. »Denk nur an die Petit-Four-Messe. Das ist eine tolle Chance für das Hotel, und erst recht für dich.«

Das stimmt, aber er weiß nicht, dass ich Elena Schreiber ohne offizielle Erlaubnis die Zusage gegeben habe. Wenn mein Plan nicht aufgeht, kann das ernsthafte Konsequenzen nach sich ziehen. Spätestens wenn Richard sein Amt als Hotelleiter an Eppensteiner übergeben hat.

»Glaubst du, Eppensteiner feuert mich?«

»Wie kommst du denn darauf?« Alex starrt mich entgeistert an. »Doch nicht wegen der Messe, oder?«

»Ich hab dir noch gar nicht erzählt, wie meine erste Begegnung mit ihm am Montag war.«

Die Erinnerung daran ist wie ein schlechter Traum, der mich nicht mehr loslässt.

»Ja, Fridolin hat so etwas erwähnt«, sagt Alex und grinst in seine Kaffeetasse. Das bedeutet so viel wie: Fridolin hat alles haarklein geschildert.

»Und dann die Sache mit Eddie«, murmle ich und lege die Hände über mein Gesicht.

Der Abend bei Eddies Eltern hat tiefe Wunden hinterlassen. Weniger Heidis Worte, an die ich mittlerweile gewöhnt bin, als die Tatsache, dass Eddie sich nicht auf meine Seite stellt. Am meisten weh tut es, dass er mich mitten in der Nacht in einer dunklen Gasse stehen gelassen hat.

»Hat er sich noch nicht gemeldet?« Alex klingt wieder ernst, fast schon besorgt.

Ich schüttle den Kopf. Es ist zwei Tage her. Keine Ahnung, was das jetzt zu bedeuten hat.

»Würdest du dich bei ihm melden?«, fragt Alex und fährt sich durchs Haar.

Ich will protestieren, doch die Worte bleiben mir im Hals stecken. Der Streit war doch nicht meine Schuld! Nur weil ich mir die gemeinen Bemerkungen seiner Eltern nicht mehr anhören wollte? Eddies Verhalten war einfach indiskutabel. Ich schüttle den Kopf und bin sicher, dass Alex mich versteht. Er ist wie ein Seelenverwandter. Mit jemandem wie ihm befreundet zu sein ist ein großes Glück. Damit geht jede Pechsträhne irgendwann vorüber.

»Würdest du ihm noch eine Chance geben?«

Alex stellt genau die richtigen Fragen. Richtig, weil ich noch nicht darüber nachgedacht und insofern auch keine Antwort parat habe.

»Ich weiß nicht. Manchmal denke ich, ich sollte jemanden suchen, der charmant ist, zu mir steht und dessen Familie mich auch mag.«

Oder ist das eine unrealistische Wunschvorstellung? Gibt es keine Männer, die diesen Wünschen entsprechen? Lange Zeit hatte ich die Hoffnung, dass Eddie dieser Mann ist. Noch immer klammert sich etwas in mir fest an diese Hoffnung.

»Also meine Mutter mag dich«, sagt Alex grinsend.

Beim Gedanken an seine Mutter wird mir warm ums Herz. Eine liebenswerte Frau, die mich immer bekocht, wenn ich zu Besuch komme. Außerdem habe ich von ihr das beste Rezept für eine Linzer Torte, das es gibt.

»Weißt du Charlie, vielleicht sollte das mit Eddie einfach nicht sein. Ich meine, besser wird das jetzt klar als später, wenn ihr verheiratet seid.«

Um Himmels willen, er kann nicht von der Hochzeit wissen, die ich erfunden habe. Eppensteiner wird das doch nicht rumerzählt haben, oder doch?

»Ich bin sicher, es gibt genug Männer, die sich auf dich stürzen, sobald du wieder Single bist«, sagt er.

Wer denn? Alex vielleicht? Bin ich schon Single? Offiziell, meine ich? Fragen über Fragen. Vielleicht habe ich Alex' Absichten nur nicht verstanden, und er will etwas andeuten? Warum auch nicht? Wir verstehen uns immerhin super. So abwegig wäre das nicht. Schon Montagabend, als er neben mir vor dem Bett hockte, hat es zwischen uns geknistert. Vielleicht war das gar nicht nur der Tequila.

»Nicht wenn ich mich jemandem so schusselig vorstelle wie Eppensteiner«, sage ich und muss lachen.

»Ach was! Das macht dich doch noch süßer.«

Das Grübchen in seiner Wange lässt mich für einen Moment alles vergessen, auch wo wir sind, wie wir zueinander stehen und welches Verhalten am Arbeitsplatz angebracht ist.

Ich beuge mich zu ihm und küsse ihn auf den Mund. Es ist ein unschuldiger Kuss, auch wenn er einige Sekunden dauert. Unsere Lippen sind geschlossen, doch die Berührung lässt mein Herz schneller schlagen und verursacht ein angenehmes Prickeln in meinem Körper. Eine von Alex' Locken fällt zwischen unsere Gesichter und kitzelt meine Nase.

»Ähm, Charlie«, beginnt Alex verlegen, als ich wieder von ihm ablasse. Sein Blick weicht meinem aus, und er rutscht nervös hin und her. »Also, um ehrlich zu sein …«

Er stockt und kaut auf seiner Unterlippe.

»Du bist schwul!«, platze ich heraus.

Das ist es. Also doch. Ich habe seine Anspielungen falsch verstanden. Mir wird plötzlich heiß. Hoffentlich gilt das nicht als sexuelle Belästigung am Arbeitsplatz. Offiziell bin ich seine Vorgesetzte. Das wirft kein gutes Licht auf mich.

Er sieht mich verblüfft an, als wüsste er nicht, ob er darüber lachen oder weinen soll.

»Du denkst, ich bin schwul?«

»Bist du nicht?«, frage ich leise und spüre, wie ich rot werde.

Alex schüttelt den Kopf.

»Sicher nicht?«

»Sicher nicht«, antwortet Alex lachend. »Ich bin nicht schwul. Wie kommst du denn darauf?«

»Es war … Ich … Ach, vergiss es.« Ich ziehe meinen Kopf ein und wünsche, der Erdboden würde sich unter mir auftun. »So viel zu meiner Pechsträhne.«

»Charlie, das ist kein Pech«, entgegnet Alex gelassen. »Du stehst doch gar nicht auf mich.«

»Nicht?«

Er schüttelt nachsichtig den Kopf.

»Du bist einfach durcheinander und weißt nicht, was du willst.«

Ich bin froh, dass er mir nicht böse ist.

»Vielleicht hast du recht«, murmle ich, immer noch verlegen.

Ich hätte ihn nicht küssen dürfen. Aus so vielen Gründen. Weil er mein Kollege ist, mein bester Freund, und weil er auch nicht auf mich steht, egal ob schwul oder nicht. Außerdem weiß ich ja nicht einmal, wie es um Eddie und mich steht. Es gibt kein offizielles Beziehungsende. Da darf ich doch keinen anderen küssen.

»Abgesehen davon gibt es eine andere Frau«, sagt Alex jetzt so unvermittelt, dass ich mich an meiner Melange verschlucke. Seit ich ihn kenne – und das sind immerhin fast vier Jahre –, hatte er nie eine Freundin. Oder zumindest hat er sie nie vor mir erwähnt. Da waren nur ein paar Dates, die nicht weiter der Rede wert zu sein schienen.

»Das freut mich für dich«, sage ich, weil ich es für angebracht halte. Bei meiner derzeitigen Pechsträhne fällt es mir allerdings schwer, mich wirklich mit anderen mitzufreuen. »Wer ist es denn?«

»Will ich nicht sagen.«

»Ich kenne sie!« Sonst würde er sich nicht so zieren. Es kann nur jemand aus dem Hotel sein. Oder Kati oder Jasmin. Das Hotel ist allerdings groß. Wir haben Dutzende Angestellte, die meisten von ihnen sind Frauen. Es könnte jede sein. Gut, vielleicht nicht jede. Linda hält bestimmt keiner aus. Oh Gott, was, wenn es Linda ist? So viel mitfühlende Freude kann ich gar nicht heucheln.

»Es ist ganz frisch«, erklärt Alex, der wohl wieder einmal meine Gedanken lesen kann. Sein Blick verrät, dass er nicht viel mehr dazu sagen will.

Ich nicke. Wie ich Alex kenne, wird er keine Details preisgeben. Das schlechte Gewissen wegen des Kusses breitet sich in mir aus.

»Es tut mir leid«, sage ich zerknirscht, doch er tätschelt aufmunternd meinen Arm.

* * *

Heute bin ich es, die den leider viel zu selten stattfindenden Mädelsabend voll und ganz in Anspruch nimmt. Jasmin und Kati kommen nicht dazu, ihre Probleme zu erzählen. Die sind aber auch wirklich marginal. Kati hat ihre Tage und verflucht die Pickel auf ihrem Kinn, die sonst niemand sieht. Jasmin hingegen fürchtet, ihr neues Funktionstanktop ließe ihre Schultern zu breit wirken. Wenn ich sie diese Woche im Fitnessstudio besuche, soll ich es anziehen. Meine Schultern sind nämlich viel zierlicher, meint sie. Das Fitnesscenter, in dem meine beiden besten Freundinnen arbeiten, ist nicht weit vom Hotel Elisabethhof entfernt. Leider hat ihre Sportaffinität mich nicht angesteckt, obwohl sie mich ständig ins Studio locken wollen.

Als wir unsere Wohngemeinschaft gründeten, nahmen wir uns vor, jede Woche einen Mädelsabend zu veranstalten, an dem wir über Männer und andere Probleme diskutieren. Aufgrund unserer wechselnden Dienstzeiten finden wir leider viel zu selten einen Abend, an dem alle drei frei haben. Dennoch liebe ich es, mit den beiden zusammenzuwohnen. Ich habe zwar das kleinste Zimmer, aber dafür die Küche inoffiziell zu meinem Reich erklärt. Letztes Jahr haben wir einen neuen Küchenblock bekommen. Jasmin konnte eine günstige, gebrauchte Küche im Landhausstil auftreiben, die wir mit Alex' Hilfe bei uns aufgebaut und weiß gestrichen haben. Kati trieb irgendwo eine alte Bahnhofsuhr und eine ausrangierte Industrielampe mit Aluminiumschirm auf. Beides schmückt jetzt unseren Essbereich und verleiht unserer Küche einen coolen Vintage-Stil.

Bis heute hat es kein Mann geschafft, eine von uns zum Ausziehen zu bewegen. Wir passen einfach zu gut zueinander, und das, obwohl wir so verschieden sind.

Ich rede mir den Mund trocken, als ich Kati und Jasmin erzähle, was mit Eddie und im Hotel passiert ist. Ich erzähle alles. Die peinliche Begegnung mit Eppensteiner, die Petit-Four Messe und auch das Küssen mit Alex.

»Du hast ihn echt geküsst?« Kati sieht mich entsetzt an.

Die beiden kennen Alex so gut wie ich. Er ist oft bei uns, und auch sie sehen in ihm eher den großen Bruder. Jasmin hat irgendwann die Vermutung geäußert, dass er vielleicht schwul ist, aber wir haben ihn nie direkt gefragt. Wir nahmen es einfach als gegeben an. Jetzt sind meine Freundinnen schockiert und fast enttäuscht zu erfahren, dass er es gar nicht ist.

»Es war nur ein kurzer, flüchtiger Kuss. Nichts Besonderes«, winke ich schnell ab. Ich will das Thema nicht zu sehr in den Mittelpunkt setzen. Es gibt Wichtigeres, das mich momentan beschäftigt. »Das mit Eppensteiner macht mich noch fertig.«

»Wegen der Messe?«, fragt Jasmin und schenkt uns Rotwein nach.

»Das mit der Messe bekomme ich hoffentlich hin«, antworte ich zuversichtlich. Mit Richards Unterstützung und etwas Glück sollte sich alles regeln lassen. »Viel mehr beschäftigt mich das Thema Hochzeit.«

»Er denkt also, du heiratest in diesem Monat?« Kati zwirbelt eine blonde Strähne um ihren Finger. »Dann bläst du die Hochzeit einfach kurzfristig ab.«

Ich seufze. Als wäre das die Lösung des Problems.

»So einfach ist das nicht. Erstens passiert so was nur in schlechten Hollywoodfilmen, und zweitens soll Eppensteiner mich von jetzt an ernst nehmen. Niemand nimmt eine Frau ernst, die kurz vor der Hochzeit alles hinschmeißt. Abgesehen davon will ich mit Eddie zusammenbleiben. Wie würde das aussehen?«

»Also seid ihr noch zusammen?« Kati ist verwirrt.

»Das hoffe ich. Ich weiß es nicht.«

Ich bin mir noch nicht einmal sicher, ob ich das will.

»Meine Cousine Romy hat ihren Verlobten vor dem Altar stehen gelassen und ist mit ihrem Trauzeugen durchgebrannt. Mein Onkel Vince war echt sauer.« Jasmin zuckt gelassen mit den Schultern und schlingt die Arme um ihre angezogenen Beine. Sie trägt heute dunkelblau-weiß-gestreifte Wollsocken, die sie bis zu den Knien hochgezogen hat. Neben ihr auf dem Couchtisch steht die Flasche Wein und eine leere Tüte fettfreier Brotchips. Andere Knabbereien kommen bei Kati und Jasmin nicht ins Haus. Sie sind nicht nur Sportjunkies, sondern legen auch großen Wert auf eine gesunde Ernährung. Meine Süßspeisen werden maximal einmal die Woche geduldet.

»Warum ist es dir überhaupt so wichtig, was dieser Eppensteiner von dir hält?«, erkundigt sich Kati.

»Weil er schon bald mein neuer Vorgesetzter sein wird«, erkläre ich und spüre bei dem Gedanken daran einen kalten Schauer über meinen Rücken laufen. »Mit Richard habe ich ein tolles Verhältnis, das ich schon jetzt vermisse. Er ist sozusagen mein größter Fan. Eppensteiner hingegen hat mir gesagt, dass er nichts Süßes isst. Kann man sich das vorstellen?«

»Das heißt, er soll denken, du hättest geheiratet?«, vergewissert sich Jasmin, die offenbar nach einer Lösung sucht.

Ich nicke angespannt.

»Frag Eddie, ob er mit dir durchbrennt«, schlägt Kati begeistert vor.

Sofort schüttle ich den Kopf. »Das macht Eddie nicht. Erst recht nicht nach dem, was Montag passiert ist.« Mir ist zum Heulen zumute. Nicht nur wegen des unglücklichen Themas Hochzeit, sondern auch wegen des Beziehungswirrwarrs mit Eddie.

»Dann behaupte einfach, du hättest geheiratet«, sagt Jasmin und greift in die Tüte Brotchips, nur um festzustellen, dass sie wirklich leer ist.

»Und was macht sie mit dem Namen? Oder dem Ring? Was ist, wenn er ein Foto von ihr im Brautkleid sehen will?« Kati schüttelt den Kopf. Wenigstens sie hat die gleichen Gedanken wie ich.

Als würde sie mit zwei dummen kleinen Kindern sprechen, kontert Jasmin genervt: »Wo bitte ist da das Problem? Du behältst deinen Namen, trägst keinen Ring, weil du in der Konditorei arbeitest, und für ein Foto im Kleid fahren wir in ein Brautmodegeschäft und stecken dich in ein hässliches, weißes Tülldings.«

Habe ich schon erwähnt, dass Jasmin nicht gerade romantisch ist? Dennoch muss ich zugeben, dass ihre Argumente gut sind. Möglicherweise lässt sich auf diese Weise eine Hochzeit vortäuschen. Dazu müsste ich nicht einmal Eddie in den Plan einweihen. Der würde mich ohnehin in eine Klinik einweisen, wenn er es erfahren würde.

* * *

»Er ist im Haus. Er ist im Haus.«

Aufgeregt laufe ich durch die Küche zu Alex und Fridolin. Die beiden schlichten gerade frisch gelieferte Lebensmittel in die Regale und werfen mir irritierte Blicke zu.

»Na, Richard!«, erkläre ich, als wäre das logisch. »Jetzt kann ich ihm endlich von der Messe berichten. Er wird begeistert sein, schließlich war es seine Idee.«

Am vergangenen Nachmittag war ein Bote hier, der Elenas Vertrag gebracht hat. Eigentlich bestand er darauf, ihn sofort unterzeichnet zurückzubringen, aber ich konnte ihn erfolgreich abwimmeln. Als Begründung nannte ich unsere Rechtsabteilung, die immer einen Blick auf die Verträge werfen wolle und nicht mehr im Haus sei.

Mit dem Papier in der Hand eile ich jetzt aus der Küche in den vierten Stock, wo die Büros sind. Endlich kann ich Elena Bescheid geben. Sie ruft schon den ganzen Vormittag an, aber ich habe das Telefon stumm geschaltet und in einem Regal zwischen den Mehlsorten versteckt.

Außer Atem hetze ich zu Richards Büro, klopfe an, höre Richard »Ja?« rufen und reiße vor lauter Freude schwungvoll die Tür auf.

»Hallo, Charlie.« Er begrüßt mich vom Fenster aus. Ich strahle ihn an und bemerke, dass er abgenommen hat. Wie lange war er jetzt unterwegs? Zwei oder drei Wochen? Seine Frau ist bestimmt erfreut, dass er mal für längere Zeit keine Desserts von mir gegessen hat.

»Wir haben gerade von Ihnen gesprochen.«

Wir?

Mit einem Nicken deutet Richard zur Seite, wo Daniel Eppensteiner steht. Mir rutscht sofort das Herz in die Hose. Mit verschränkten Armen lehnt Eppensteiner an einer Kommode und bedenkt mich mit einem wenig freundlichen Blick.

»Ich hoffe, nur Gutes«, stammle ich verunsichert und sehe zwischen den beiden Männern hin und her. Auf der einen Seite Richard, der mich in den vier Jahren immer unterstützt und meine Mehlspeisen vergöttert hat. Auf der anderen Seite Eppensteiner, der mit meiner Arbeit nichts anzufangen weiß.

Ich lasse meine Hand mit dem Vertrag sinken. Richard lächelt mir dezent unter seinem dichten, weißen Vollbart zu. Meine Frage beantwortet keiner der beiden.

Ich vermute, Eppensteiner hat ihm von unserer ersten Begegnung erzählt. Wie ich Richard kenne, hat er darüber gelacht. Oder muss er vor Daniel den strengen Hotelleiter mimen und mich maßregeln? Nervös kaue ich auf meiner Unterlippe. Das mit dem Zuspätkommen und dem Parkplatz ist nicht so schlimm. Ich nehme sonst immer die Straßenbahn und bin pünktlich, das weiß er. Dass ich barfuß und mit einer Papillote – sprich Donut-Ausstecher – in der Küche stand, entspricht nicht den gängigen Hygienevorschriften, ist aber auch nicht weiter der Rede wert.

Es herrscht eine sonderbare Stille im Raum. Meine Hoffnung, sie hätten über meine hervorragenden Bäckereien gesprochen, schwindet.

Langsam mache ich zwei Schritte rückwärts und will mich unauffällig aus dem Büro zurückziehen. »Ich wollte nicht stören«, füge ich hinzu und greife nach der Türschnalle.

»Nein, kein Problem«, sagt Richard und macht eine Handbewegung, als wollte er die angespannte Situation beiseitewischen. »Was gibt es?«

»Nichts Wichtiges.« Ich lächle unschuldig.

»Was ist das?« Richard zeigt auf den Vertrag in meiner Hand. Mist! Ich dachte, es fällt ihm nicht auf.

»Das?« Ich rolle die Zettel zusammen, sodass er keinen Blick darauf werfen kann. »Nur ein paar neue Rezepte, die ich ausprobiere.«

»Lassen Sie mich mal sehen.«

Neugierig kommt Richard auf mich zu. Er liebt es, mit mir über Rezepte und neue Backideen zu sprechen und anschließend die Ergebnisse zu probieren.

»Nein!«

Schnell reiße ich die Hände hinter den Rücken und versuche, mir die Panik nicht anmerken zu lassen. Ich kann mir vorstellen, wie blöd ich gerade aussehe. »Geheimrezepte. Meiner Großmutter. Ich musste ihr hoch und heilig versprechen, sie niemandem zu zeigen.«

Richard ist verwundert, und Eppensteiner verdreht die Augen. Vielleicht weist er mich noch vor Eddie in eine Klinik ein.

»Wie wär's, wenn ich wiederkomme, wenn Sie beide fertig sind, und ein Stück Esterházytorte mitbringe. Sagen wir, in einer Stunde?«

Wie ich Richard kenne, wird er dieses Angebot nicht ausschlagen. Außerdem schmeckt die Esterházytorte am zweiten Tag erst so richtig gut.

Mit einem zufriedenen Lächeln, dem sich Eppensteiner nicht anschließt, nickt Richard mir zu. »Gerne. In einer Stunde.«

Er hebt den Finger, als wollte er mich ermahnen, es nicht zu vergessen.

Ohne lange zu zögern, ziehe ich die Bürotür hinter mir zu und atme tief durch. Nie wieder gehe ich unangekündigt in sein Büro.

* * *

Mit einem großen Stück Esterházytorte und dem Vertrag, den ich in einer Hülle zu glätten versuche, mache ich mich exakt eine Stunde später erneut auf den Weg in die Büroetage. Um in meiner Aufregung die Torte nicht von dem kleinen Porzellanteller zu werfen, nehme ich diesmal den Fahrstuhl. Abgesehen davon habe ich mit meinem vorherigen Treppenlauf genügend Sport für den heutigen Tag gemacht – auch wenn Kati und Jasmin das nicht so sehen würden.

Im ersten Stock hält der Lift an, und die Tür schiebt sich langsam auf. Vor mir steht Daniel Eppensteiner, der mich ebenso wenig erwartet hat wie ich ihn. Er stellt sich neben mich und schiebt die Hände in die Hosentaschen. Mir ist noch nie aufgefallen, wie lange dieser Aufzug braucht, um die Türen zu schließen. Es kann doch nicht ewig so weitergehen mit Eppensteiner und mir. Mit allen anderen im Hotel scheint er kein Problem zu haben. Vielleicht ist es nur an der Zeit, die Initiative zu ergreifen und das Eis zu brechen.

»Wie gefällt es Ihnen in unserem Hotel?«, frage ich und werfe ihm von der Seite ein freundliches Lächeln zu. Eine gute Frage, wie ich finde. Belanglos, höflich, und möglicherweise ein guter Einstieg für einen Small Talk.

Erstaunt, dass ich ihn anspreche, sieht er mich an, ehe er sich kurz räuspert. »Es gibt Veränderungen, die in naher Zukunft getätigt werden müssen«, sagt er.

Eigentlich hatte ich eine ähnlich belanglose und vor allem höfliche Antwort erwartet, so was wie: »Es ist schön. Eine tolle Atmosphäre und unglaublich motivierte und kompetente Mitarbeiter.« Er wendet sich den Knöpfen der einzelnen Stockwerke zu und fährt sich durchs dichte Haar. Sehr kommunikativ ist er ja nicht. Ein weiteres Detail, das ich meiner Beschwerde über das Kommunikationsproblem in unserem Hotel hinzufügen kann.

Vierter Stock. Wir sind da. Die Tür geht so langsam auf wie zu. Eppensteiner macht eine höfliche Geste, die heißt, dass er mir den Vorrang lässt. Vielleicht ist er doch nicht so griesgrämig. Ich bedanke mich also auch höflich und warte, ob seine Miene sich aufhellt.

Doch er runzelt nur die Stirn und fragt: »Wollten Sie nicht in den vierten Stock?« Er presst die Lippen aufeinander.

»Doch, doch!« Ich stolpere aus dem Fahrstuhl und kann die Esterházytorte gerade noch auf dem Teller halten. Ohne mich umzusehen, eile ich den Gang entlang. Hinter mir höre ich seine Schritte auf dem gefliesten Boden. Will er auch zu Richard? Keine Panik, Charlie, in diesem Stock gibt es noch x andere Büros. Bestimmt muss er in die Buchhaltung oder die Marketingabteilung.

Vor Richards Tür warte ich einen Moment und schiele über meine Schulter nach hinten. Tatsächlich ist Eppensteiner direkt hinter mir und bittet mich weiterzugehen. Erschrocken klopfe ich zwei Mal an die Tür und warte auf Richards »Herein«.

»Müssen Sie noch …«

Meine Stimme versagt. Ich trete ein, und Eppensteiner folgt mir auf dem Fuße. Der wird doch jetzt nicht schon wieder bei dem Gespräch dabei sein, oder?

Mein Puls rast. Noch einmal kann ich das Gespräch nicht verschieben. Elena dreht schon jetzt am Rad, weil sie mich nicht erreicht und den unterzeichneten Vertrag nicht vor sich liegen hat. Abgesehen davon weiß ich nicht, wie Richards Termine für den heutigen Tag aussehen und wie lange er im Haus ist. Noch einen Tag darf ich Elena nicht vertrösten.

Ungeduldig schiebt Eppensteiner sich an mir vorbei. Er tippt auf seine elegante Armbanduhr. »In einer Viertelstunde beginnt das Meeting mit der Finanzabteilung.«

Richard nickt ihm zu. »In Ordnung.«

Eppensteiner wendet sich zum Gehen und zieht hinter sich die Tür zu. Wir sind endlich alleine, und ich stoße einen Seufzer der Erleichterung aus. Eine Viertelstunde reicht mir.

Ungeduldig winkt Richard mich herbei und nimmt mir den Teller ab.

»Seien Sie so gut und machen mir einen kleinen Schwarzen.«

Er weist zur Kaffeemaschine, sticht mit der mitgebrachten Gabel in die Torte und schaufelt sich genüsslich das erste Stück in den Mund.

»Wie geht es Ihrer Frau?«, frage ich, während der Kaffeestrahl in die Tasse läuft. »Hat sie Sie auf Ihrer Geschäftsreise begleitet?«

»Ja«, antwortet Richard mit vollem Mund. »Sie meinte, das sei eine gute Möglichkeit, um meine Essensgewohnheiten zu kontrollieren. Die Mehlspeisen dort waren grauenhaft. Da fiel es nicht schwer zu verzichten.«

Richards Frau war schon einige Male im Hotel erschienen, um mich darauf hinzuweisen, wie schlecht seine Blutwerte seien. Sie bat mich, zuckerfreie Bäckereien anzubieten – ausschließlich. Ein Wunsch, den ich aus Rücksicht auf unsere Gäste nicht erfüllen kann. Sie hat mir sogar ein Kochbuch zukommen lassen, das gesunde Kuchenrezepte enthält.

Ich gestehe, ich habe manchmal ein schlechtes Gewissen, wenn ich einen riesigen Würfel Butter schmelze oder einen halben Kilo Zucker karamellisiere. Aber was für eine Konditorin wäre ich, wenn ich nur Margarine, Vollkornmehl und Süßstoff verwenden würde? Wiener Mehlspeisen sind vielleicht kalorienreich, dafür ein unvergleichlicher Genuss, den unsere Gäste sehr schätzen.

Ich setze mich auf den Stuhl seinem Tisch gegenüber und zwinge mich, endlich zum Thema zu kommen, das schließlich der Grund für mein Herkommen ist. Bevor Eppensteiner noch einmal unerwünscht hereinplatzt.

»Können Sie sich an unsere Bewerbung für die Petit-Four-Messe erinnern?«

»Natürlich!«, ruft Richard und hebt die Gabel. »Die muss doch demnächst stattfinden, oder? Ich darf sie auf keinen Fall verpassen. Ich hoffe, meine Sekretärin hat den Termin eingetragen.«

»Jedenfalls muss der Veranstaltungsort kurzfristig verlegt werden, und die Organisatorin ist an mich herangetreten mit der Frage, ob wir den Saal zur Verfügung stellen können.« Das Herz schlägt mir bis zum Hals.

Zögert er? Denkt er nach? Er sieht mich nicht an,

sondern isst noch einen Bissen von der Torte. Plötzlich schmunzelt er zufrieden in seinen Vollbart.

»Noch besser«, sagt er mit vollem Mund.

»Heißt das, ich kann der Organisatorin zusagen?«, vergewissere ich mich vorsichtig. Wieder knabbere ich angespannt an meiner Unterlippe.

»Natürlich. Solche Veranstaltungen sind eine großartige Möglichkeit, das Hotel zu präsentieren.«

Innerlich beginnt sich alles in mir vor Freude zu überschlagen. Keine Ahnung, was ich bei einer Ablehnung getan hätte. Ich zücke die pinkfarbene Plastikhülle und halte sie mit einem bescheidenen Lächeln hoch. »Mir wurde der Vertrag bereits zugesandt«, erkläre ich und schiebe ihm die Papiere über den Tisch. »Die Organisatorin ist unter Zeitdruck und hat diesen schon vorab geschickt.«

Richard schlingt den letzten Bissen seiner Torte hinunter, kratzt einige Brösel zusammen und nimmt dann den Vertrag entgegen. Er blättert die Seiten rasch durch und beginnt zu nicken.

»Standardvertrag für Veranstaltungen«, sagt er, als er auf der letzten Seite angelangt ist. »Als Veranstalterin haben Sie das Recht auf einen Messestand.«

Diese Vorstellung gefällt mir. Wie es wohl sein wird, neben den international bekannten und renommierten Konditoren zu stehen, die Elena aufgezählt hat? Bestimmt aufregend! Vielleicht kann ich mir auf diese Weise auch einen Namen machen und schon mal erste Kontakte knüpfen. Das könnte nicht schaden, falls Eppensteiner mich wirklich loswerden will.

»Haben Sie sich erkundigt, ob der Veranstaltungsraum dann frei ist?«, will Richard wissen und zieht einen Kugelschreiber aus seinem Stifteköcher.

Ich nicke. Eigentlich habe ich Sissi gefragt, ob ich einen Blick auf den Plan werfen kann, als ich mir den Schlüssel zum Veranstaltungsraum holte. Da sie nicht so überheblich ist wie Linda, war das kein Problem.

Richard unterschreibt und schiebt mir den Vertrag über den Tisch zurück. Dann wirft er einen Blick auf die Uhr. »Das Meeting beginnt gleich.«

Er macht nicht den Eindruck, als würde er sich darauf freuen.

Ich nehme den leeren Teller entgegen und bedanke mich bei ihm.

Kurz bevor ich bei der Tür bin, ruft er mir hinterher: »Ach, Charlie, eines müssen Sie mir noch sagen.« Richard tippt sich an sein Kinn, und ich bekomme feuchte Hände. Weiß er doch von Eppensteiners Entscheidung?

»Diese Esterházytorte. Die war nicht von Ihnen, oder?«

Mir klappt der Mund auf. Er behauptet zwar immer, unterscheiden zu können, wer von uns gebacken hat, Alex oder ich, aber das kann doch unmöglich wahr sein.

»Er hat sie genau nach meinem Rezept gemacht«, stammle ich fassungslos. Wie kann Richard das nur herausschmecken?

* * *

Keine Ahnung, was mich geritten hat, aber ich bin nach der Arbeit spontan in das Fitnesscenter gefahren, in dem Jasmin und Kati arbeiten. Vom Hotel aus muss ich nur durch den Stadtpark und ein Stück die Landstraßer Hauptstraße hinaufgehen. Kurz genug, um die U-Bahn nicht zu nutzen, aber weit genug, um es als Aufwärmtraining zu bezeichnen.

In einem Gebäude, in dem sich sowohl mehrere Läden als auch Büros befinden, ist auch das Fitnessstudio untergebracht. Eine breite Glasfassade im Trainingsraum verschafft einen guten Blick auf die viel befahrene Einkaufsstraße.

Jasmin hat mir, wie versprochen, ihr Fitnesstanktop gegeben, und es passt wirklich hervorragend, obwohl es Größe 36 ist und ich sonst 38 habe. Jetzt erwartet sie jedoch, dass ich auch aktiv werde. Ein Gedanke, der mich lustlos aufstöhnen lässt.

»Bewegung wird dir gut tun«, sagt Jasmin, und Kati stimmt ihr mit einem Nicken zu. »Es bekämpft dein schlechtes Gewissen.«

»Welches schlechte Gewissen?«, frage ich entsetzt.

Ich habe doch kein schlechtes Gewissen. Höchstens ein mulmiges Gefühl.

»Weil Richard hinter deinem Rücken Eppensteiner erklären muss, warum die Messe doch genehmigt wurde«, erklärt Jasmin. Sie hat eine gute Auffassungsgabe und schnell kapiert, was Sache ist.

»Und weil Elena so lange auf den Vertrag warten musste«, fügt Kati hinzu.

»Weil du behauptet hast zu heiraten.«

»Und weil du zwei Stück Esterházytorte gegessen hast.« Kati bedenkt mich mit einem vorwurfsvollen Blick.

»Euch kann man ja gar nichts erzählen«, murmle ich genervt. Wie ein Kartoffelsack hänge ich auf einem Barhocker und drehe mich mit den Zehenspitzen hin und her. Meine Freundinnen stehen auf der anderen Seite der Bar, von wo aus sie die Besucher mit Getränken versorgen und ihnen als Fitnessberaterinnen zur Verfügung stehen. Gelegentlich kommen überdurchschnittlich muskulöse Männer zu ihnen und bitten darum, ein Gerät erklärt zu bekommen. Als ob sie nicht wüssten, wie es funktioniert. Meiner Meinung nach ist das plumpe Anmache, aber den beiden gefällt es.

Da sie vom Typus nicht unterschiedlicher sein könnten, wenden sich die Männer immer nur an eine der beiden. Entweder an die »süße Blonde« oder die »rassige Dunkelhaarige«.

Es dauert nicht lange, da kommt auch schon ein breitschultriger Kerl mit kurzem Haar und lockt Jasmin unter dem Vorwand, Beratung zu brauchen, von uns weg.

»Soll ich dir zeigen, wie der Ergometer funktioniert?«, schlägt Kati hoffnungsvoll vor. Als würde es daran scheitern, dass ich nicht weiß, wie er funktioniert. »Oder den Cross-Trainer? Stepper? Komm schon, Charlie, irgendetwas muss es doch geben.«

Ich strecke verächtlich die Zunge raus. Es macht mir nichts aus, hier herumzulungern, während fitte Frauen und Männer mit Handtüchern um den Hals an mir vorbeistolzieren. Einmal habe ich mich von Kati überzeugen lassen, ein Gerät zu nutzen, an dem man Butterfly-Übungen machen kann. Butterfly, wie Schmetterling. Das klang für mich so feminin und entspannt. Die nächsten drei Tage konnte ich kaum einen Schneebesen in der Hand halten, weil meine Schultern so schmerzten.

Wäre ich dank meiner Freundinnen nicht kostenlos eingeschrieben und hätte ich kein gratis Abo, wäre ich bestimmt nie hier. Ich bin vielleicht keine zahlende Kundin, aber ich trainiere auch nicht. Das ist fair, wie ich finde.

»Ich muss etwas an mir haben, das abschreckend und unsympathisch ist«, sage ich und starre auf die frisch gepressten Fruchtsäfte, die in der gekühlten Vitrine stehen.

»Blödsinn! Sieh dich an. Ich kann mir beim besten Willen nicht vorstellen, was an dir abschreckend sein soll.« Kati verdreht die Augen.

Ich bin froh, einen Moment mit ihr alleine zu sein. Jasmin würde mir zustimmen, es auf meine Speckröllchen an der Hüfte schieben und mich zu 50 Liegestütz und 30 Minuten am Stepper verdonnern. Zum Abhärten, wie sie meint, denn wenn es nach ihr geht, bin ich verweichlicht. Das sind alle Frauen, die keinen Zentner stemmen können und bei Liebesfilmen gelegentlich heulen.

»Den Frust wegen Eddie kannst du am besten am Laufband abbauen«, startet Kati erneut den Versuch, mich zu animieren.

Es ist ja nicht nur wegen Eddie. Eddie habe ich in die letzte Ecke meines Bewusstseins verdrängt. Die Art wie er und seine Familie mich behandelt haben, frustriert mich zu sehr. Aber es schwirren noch ein paar andere Probleme in meinem Kopf herum.

»Bevor dieser Eppensteiner gekommen ist, war alles in Ordnung. Der hat mich total aus der Fassung gebracht. Nur wegen der vermaledeiten ersten Begegnung.«

»Du meinst schusselig.« Kati kichert und stützt ihr Kinn auf der Hand ab. »Oder chaotisch.«

»Ich war doch nicht chaotisch!«, entgegne ich trotzig. »Der hat sicher oft mit Leuten wie mir zu tun. Als Manager ist es seine Aufgabe, da professionell zu bleiben.«

»Das stimmt.«

Für Kati ist das leicht gesagt. Ihr Vorgesetzter ist cool. Er ist ein Personal Trainer, der eine Fitnesscenter-Kette besitzt. Die meiste Zeit ist er nicht im Haus und wenn, trainiert er mit Prominenten. Zwar kenne ich die meisten nicht, aber Kati besteht darauf, dass es Berühmtheiten sind. Ein Fernsehmoderator und eine Opernsängerin kommen regelmäßig vorbei. Für Kati sind das Weltstars.

»Wie sieht er eigentlich aus?«, fragt sie interessiert und sieht mich mit ihren großen blauen Augen an.

»Wer?«

»Na dein Chef. Der Eppensteiner.«

»Der? Du weißt schon, Anzugträger halt.«

»Sieht er gut aus?«

Ich sehe Kati verdutzt an. Sein Auftreten hat mich bisher so eingeschüchtert, dass ich nie darauf geachtet habe. Zumindest an den finsteren Blick seiner dunklen Augen erinnere ich mich. Außerdem hat er dichtes, braunes Haar, das leicht gewellt ist und scheinbar nie so liegen bleibt, wie er es gerne hätte.

»Also ja«, stellt Kati fest, der mein Zögern wohl zu lange gedauert hat.

Was? Nein! Ich habe mir nichts anmerken lassen. Gut aussehen ist übertrieben. Nicht schlecht, ja. Ganz ruhig, Charlie.

»Es geht«, sage ich unbeeindruckt und sehe mich belanglos in der Umgebung um. Einfach unauffällig bleiben. Ich will nicht, dass sie denkt …

»Da ist er!«

Mir bleibt die Luft weg. Im hinteren Bereich des Fitnessraums steht er. Ich kann ihn zwischen mehreren, am Ergometer trainierenden Gästen sehen. Er trägt ein ärmelloses Shirt, das seine kräftigen Arme und Schultern betont.

Ich wende mich Kati zu, die ihren Hals reckt, um zu sehen, wen ich meine. »Welcher? Der mit dem grünen Shirt?«

Ich nicke aufgeregt.

»Bleib cool! Der kommt genau auf uns zu«, sagt sie halblaut durch die geschlossenen Zähne. Sie senkt den Blick, als würde etwas vor ihr auf der Theke liegen. Gleichzeitig schielt sie aber unauffällig in seine Richtung.

»Was?«, quietsche ich und springe panisch vom Hocker auf. Mit einem Satz verschwinde ich hinter der Bar und bleibe neben Katis Füßen zusammengekauert sitzen. Mit einem lauten, metallischen Knall fällt der Barhocker hinter mir zu Boden.

»Hat er mich gesehen?«, flüstere ich aufgeregt und streiche mir die Haare hektisch aus dem Gesicht.

»Ich glaube nicht«, raunt Kati in meine Richtung.

»Aber der Barhocker hat seine Aufmerksamkeit auf uns gelenkt.«

Sie geht um die Theke herum und stellt den Hocker wieder auf.

»Ich glaube, hier gibt es Geister«, sagt Kati plötzlich und schiebt ein aufgeregtes Lachen hinterher. Hat sie das wirklich gesagt? Spricht sie etwa gerade mit Eppensteiner? Um Himmels willen! Sie ist immer so auffällig, wenn sie unauffällig sein soll. Das kann nicht gut gehen.

»Scheint so.«

Es ist seine Stimme. Seine harmonische, tiefe und viel zu nette Stimme. Diesen freundlichen Ton kenne ich gar nicht.

»Einen Orangensaft, bitte.«

Ich ziehe meine Beine fest an den Körper, um Kati keinen Platz wegzunehmen. So leise ich kann, atme ich ein und aus, ganz flach. Hoffentlich verschwindet er gleich wieder.

»Sie sind neu hier, oder?«, fragt Kati, und ich werfe einen strengen Blick nach oben.

»Keine Konversation mit meinem Chef!«, versuche ich ihr telepathisch mitzuteilen.

»Eben erst in die Stadt gezogen«, sagt Eppensteiner und macht eine Pause. Vermutlich trinkt er gerade.

»Ich habe einen Ausgleich zu meinem Job gesucht, und mir wurde dieses Studio empfohlen.«

Unfassbar! Wie freundlich er zu Kati ist! Und die kichert, als hätte er etwas besonders Witziges gesagt.

»Was sind Sie von Beruf?«

Wie kann sie jetzt nur einfach weiter mit ihm reden? Schließlich sitze ich hier wie ein Häufchen Elend zwischen ihren Füßen. Mal abgesehen davon, dass sie weiß, was er von Beruf ist.

»Ich übernehme die Leitung eines Hotels in der Innenstadt.«

»Oooh! Das klingt aufregend.«

Also echt jetzt. Das war zu gut gespielt.

Ich stoße ihr gegen das Schienbein, um sie an meine Wenigkeit zu erinnern. Gelassen macht sie einen Schritt zur Seite und ignoriert mich.

»Wenn Sie wollen, erstelle ich Ihnen gerne einen persönlichen Trainingsplan.«

Flirtet sie mit ihm? Hallo? Das ist mein Chef! Der ist tabu!

»Das wäre großartig«, antwortet er.

»Am besten machen Sie bei der Rezeption einen Termin aus«, erklärt sie in ihrer charmanten Art. »Ich bin übrigens Kati.«

Bestimmt streckt sie ihm gerade mit geübtem Augenaufschlag ihre Hand entgegen. Soweit ich weiß, war sie gestern erst bei der Maniküre. Wenn sie doch wenigstens abgesplitterten Nagellack hätte!

»Daniel. Schön dich kennenzulernen.«

Mir wird schwindelig. Ich glaube, ich kippe gleich um. Kann man am Boden sitzend umkippen?

»Auf dein Angebot komme ich gerne zurück, Kati.«

Wie er ihren Namen ausspricht. So weich und langgezogen. Nicht wie Charlotte. Plump und hart, als wäre es ein Schimpfwort. Am liebsten hätte ich ihm den Saft ins Gesicht geschüttet. Etwas mehr Professionalität, bitte!

Nachdem er ihr einen schönen Abend gewünscht hat und endlich verschwunden ist, ziehe ich mich hinter der Theke hoch.

»Du flirtest mit meinem Chef?«, frage ich ächzend.

»Das war doch kein Flirt!«, widerspricht Kati und schiebt mich wieder auf die andere Seite der Bar. »Er ist ein Kunde wie jeder andere. Ich biete allen neuen Kunden die Erstellung eines Trainingsplans an.«

»Mir hast du keinen erstellt.«

»Hallo? Als ob das einen Sinn hätte.« Sie verdreht die Augen und wendet sich ab.

»Trotzdem! Er ist mein Chef, und du bist meine beste Freundin. Du musst ihn genauso schlecht behandeln wie er mich«, beschwere ich mich, auch wenn mir bewusst ist, wie kindisch das ist.

»Zu mir war er ja nett.« Gelassen füllt Kati frische Orangen in die Saftpresse. »Ich kann ihn doch nicht grundlos anschnauzen.«

»Nein, aber du könntest sagen, hier, Ihr Orangensaft, und viel Spaß noch!«

Kati stockt in aller Ruhe den Kühlschrank mit Mineralwasserflaschen auf.

»Übrigens hast du untertrieben«, sagt sie und schließt den Kühlschrank. »Er sieht nicht nur ganz okay aus.« Sie schmunzelt plötzlich verdächtig. »Jetzt, wo ich ihn in Trainingskleidung kenne, würde ich ihn zu gerne in einem Anzug sehen.«

Langsam, aber konsequent schüttle ich meinen Kopf. Auf keinen Fall! Sie muss meinen mahnenden Gesichtsausdruck ernst nehmen. Ich will, dass sie die Finger von ihm lässt.

»Keine Sorge, ich werde ganz professionell bleiben«, versichert mir Kati, auch wenn ich leisen Spott heraushöre. Bilde ich mir das nur ein, oder kreuzt sie die Finger unter der Theke?

»Als ob ich mir nur um dich Sorgen machen müsste.« Ich nickte zu Jasmin, die immer noch bei dem Typen von vorhin steht und sich mit ihm unterhält.

»Das denke ich nicht. Sie ist nicht sein Typ.«

»Meinst du?«, frage ich skeptisch.

Ich betrachte Jasmin. Sie sieht unglaublich sexy aus.

»Ich schätze, sie ist zu exotisch für Daniel.«

»Eppensteiner«, korrigiere ich streng. Immerhin wurde mir der Vorname noch nicht angeboten.

Kati ignoriert mich. »Ich denke, er bevorzugt den mitteleuropäischen Typ.«

»Jemanden wie dich?«, frage ich genervt.

»Nein, du Dummerchen.« Kati lacht amüsiert. »Ich würde wetten, du gefällst ihm.«

»Das kannst du nicht wissen«, entgegne ich und rolle die Augen.

Sie hat nicht gesehen, wie er mich ansieht.

* * *

Ich bin auf dem Weg zur U-Bahn. Obwohl es schon dunkel ist und die Geschäfte auf der Landstraßer Hauptstraße bereits geschlossen haben, sind noch viele Menschen unterwegs. Die Lichter der Autos und die Straßenlaternen sowie beleuchtete Werbetafeln erhellen die Straße. Ein eisiger Wind weht mir ins Gesicht und lässt mich frösteln. Ich ziehe meinen dicken Schal über die Nase und schiebe meine Hände in die

Manteltaschen. Schon von Weitem erkenne ich Blaulicht am Treppenabgang zur Station.

»Es tut mir leid, die Station ist gesperrt.« Ein junger Feuerwehrmann in Uniform stellt sich mir vor dem Abgang in den Weg.

»Was ist passiert?«

Ich versuche, von oben etwas zu erkennen, doch ich sehe nur bis zur nächsten Plattform.

»Technisches Gebrechen«, antwortet der Mann.

Na toll. Ausgerechnet bei dieser Kälte.

»Wissen Sie, wie lange das noch dauert?«

»Vermutlich ein bis zwei Stunden. Gehen Sie zur nächsten Station und steigen Sie dort ein.«

Er wendet sich ab, um eine ältere Dame aufzuhalten, die gerade gekommen ist.

Ich muss zurück in Richtung Fitnesscenter. Von dort aus sind es knapp zehn Minuten Fußmarsch bis zur nächsten Station. Kein angenehmer Spaziergang bei diesen Temperaturen. Warum musste das auch ausgerechnet heute passieren?

»Wenn es heißt technisches Gebrechen, liegt jemand auf der Schiene«, sagt Jasmin jedes Mal, wenn sie das hört.

Meine Nase schmerzt von dem kalten Wind. Ich hole mein Handy heraus und tippe eine SMS an Kati, damit sie Bescheid weiß.

Gerade als ich noch ein Küsschen einfüge und auf Senden drücke, stoße ich mit jemandem zusammen. Vor Schreck fällt mir das Handy aus der Hand, das am Asphalt aufschlägt und in Richtung Fahrbahn schlittert.

Noch bevor ich reagieren kann, bückt sich der Mann nach meinem Handy.

»Verzeihung, ich habe gerade ...« Er richtet sich auf und spricht nicht weiter. Es ist Eppensteiner, der mir mein Telefon reicht und mit der anderen Hand sein BlackBerry unauffällig in der Manteltasche verschwinden lässt.

Dankend nehme ich das Handy entgegen und stelle erleichtert fest, dass es den Aufprall unbeschädigt überstanden hat. Einen kurzen Moment sieht er mich noch an, dann macht er Anstalten weiterzugehen.

»Falls Sie zur U-Bahn wollen, die Station ist gesperrt. Wegen eines technischen Gebrechens.«

So viel Anstand muss sein, ihn schon jetzt zu informieren.

Verwundert dreht er sich zu mir und sieht mich fragend an.

Ob er nicht weiß, wie er zur nächsten Haltestelle gelangt? Immerhin ist er noch nicht lange in Wien.

»Wenn Sie wollen, zeige ich Ihnen, wo die nächste Station ist.«

Ich deute mit dem Daumen über meine Schulter hinweg die Straße entlang. Als geborene Wienerin kenne ich das U-Bahn-Netz nahezu auswendig. Sein verdatterter Blick ärgert mich. Hätte ich ihn doch gehen lassen.

»Also eigentlich«, beginnt er zögernd, »bin ich mit dem Auto hier. Es steht um die Ecke.«

»Oh, okay.«

War ja klar. Wie konnte ich annehmen, er wäre mit den Öffis unterwegs? Ich lächle kurz und will mich auf den Weg machen. Meine Wangen schmerzen vor Kälte, und ich ziehe mir den Schal wieder über das Kinn.

»Ich kann Sie nach Hause bringen.«

»Was? Nein, danke.« Ich winke freundlich ab. Das hat er doch nur aus Höflichkeit angeboten.

»Kommen Sie!« Er bleibt hartnäckig und klingt zu meiner Verwunderung nicht unfreundlich. »Ich kann eine junge Frau um diese Uhrzeit doch nicht alleine zur U-Bahn gehen lassen. Man sagt, aus manchen Häusern springen blindlings Männer, die ihnen das Handy aus der Hand schlagen.«

In dem dämmrigen Licht bin ich nicht sicher, aber ich glaube, er grinst. Tatsächlich, ich sehe seine weißen Zähne blitzen.

»Schon gut, äh … danke.«

Es ist mir unangenehm. Um ehrlich zu sein, fühle ich mich in seiner Anwesenheit nicht wohl.

»Es hat gefühlte minus dreißig Grad. Kommen Sie jetzt!«

Da ist er, dieser Managerton, mit dem er seine Angestellten herumkommandiert! Hier auf der Straße bin ich aber nicht seine Angestellte. Ich will schon protestieren, da fügt er etwas weicher hinzu: »Ich könnte nicht verantworten, wenn unsere Konditorin krank würde.«

»Sie haben immer noch Alex«, entgegne ich und schiebe den Träger meiner Tasche hoch.

»Laut Richard ist der aber nicht halb so gut wie Sie.«

Ich muss grinsen. Krampfhaft versuche ich, es zu unterdrücken, und hoffe, er sieht es in der Dunkelheit nicht. Wie es scheint, hat Richard also ein gutes Wort für mich eingelegt.

Ich gebe nach und folge ihm.

»Sie werden nie wissen, ob Richard recht hat, wenn Sie sich nicht selber davon überzeugen«, sage ich, als er die Fernbedienung seines Autos bedient. Die orangenen Lichter blinken ein paar Autos weiter. Von der Seite erkenne ich, dass er schmunzelt.

»Wissen Sie, wie wenig Zeit man als Hotelmanager hat?«, fragt er und bleibt vor seinem Wagen stehen. Der, der mir in der Hotelgarage entgegengekommen ist. »So gut wie keine.« Er wirft seine Trainingstasche in den Kofferraum und steigt vorne ein.

»Also bitte, für ein Stück Kuchen haben auch Sie Zeit«, sage ich und lasse mich in den Beifahrersitz sinken.

»Wahrscheinlich. Aber stellen Sie sich vor, wie viel länger ich im Fitnessstudio bleiben müsste, um die Kalorien wieder abzutrainieren.« Er zuckt mit den Schultern.

Soll das etwa ein Witz sein? Seinem verschmitzten Gesichtsausdruck nach zu urteilen ja. Das Grinsen lässt ihn richtig sympathisch wirken. Wenn ich ihn so kennengelernt und Kati mich dann gefragt hätte, ob er attraktiv sei, hätte ich bestimmt zugestimmt.

Eppensteiner gibt meine Adresse in sein Navi ein und meint, es sei kein großer Umweg für ihn, was ich aber nicht glaube. Er reiht sich in den abendlichen Verkehr stadteinwärts Richtung Ring ein.

»Sind Sie öfters im Studio?«, erkundigt er sich nach einer Weile freundlich.

»Gelegentlich.«

Eine gute Antwort. Daraus erschließt sich nicht, wie unregelmäßig ich wirklich komme und wie wenig ich dabei aktiv trainiere. Moment mal! Woher weiß er überhaupt, dass ich im Studio war?

»Haben Sie mich gesehen?«, frage ich erschrocken und ahne das Schlimmste. Ich spüre, wie mir das Blut in den Kopf schießt.

»Sie müssen sich meinetwegen nicht hinter der Bar verstecken«, sagt er, und ich merke, dass er versucht, nicht zu lachen. »Sie sind dort genauso privat unterwegs wie ich.«

»Okay«, murmle ich verlegen. Er hat den Sprung hinter die Bar gesehen und wusste die ganze Zeit über, dass ich dahinter am Boden kauere. Wie peinlich!

»Machen Sie sich darüber keine Gedanken, Charlotte.«

An der Ampel wirft er mir von der Seite ein aufmunterndes Lächeln zu, als hätte er meine Gedanken gelesen. Vielleicht ist er ja doch nicht der arrogante Schnösel, für den ich ihn gehalten habe. Oder er kann Berufliches und Privates sehr gut trennen.

»Charlie. Bitte nennen Sie mich Charlie. Charlotte nennt mich nur die Mutter meines Freundes.«

Nicht einmal meine eigene Mutter sagt noch Charlotte, außer wenn sie sauer auf mich ist.

»Daniel«, sagt er und wirft mir einen freundlichen Blick zu. Mein Puls wird auf einmal merklich schneller. Schade, dass er wieder auf die Straße schauen muss.

»Also Ihre zukünftige Schwiegermutter nennt Sie

Charlotte?«, erkundigt er sich nach einer Weile interessiert.

Ich hatte ganz vergessen, dass er ja denkt, Eddie und ich würden heiraten. Am einfachsten wäre es, wenn ich dieses Missverständnis aufklären würde. Ich habe mich allerdings schon genug blamiert und möchte den Moment genießen, in dem er mich ernst nimmt. Zumindest wirkt es gerade so.

»Und das mögen Sie nicht.«

Es ist weniger eine Frage als eine Feststellung.

»Charlie ist mir lieber, aber sie findet den Namen wohl ordinär.«

Daniel lacht.

»Und wie heißt Ihr Verlobter, wenn ich fragen darf?«

Die Frage ist eher, ob er noch mein Verlobter ist. Oder besser gesagt mein Freund.

»Eddie. Eigentlich Eduard, aber er hat das Glück, einen Spitznamen zu haben. Seine Schwester Cordula bleibt da auf der Strecke.«

»Das klingt nach einer außergewöhnlichen Familie mit interessanter Namensgebung.«

Es scheint ihn zu amüsieren.

Außergewöhnlich ist diese Familie tatsächlich. Mir fielen noch einige andere Bezeichnungen ein, aber die wären wohl eher ordinär.

»Mein künftiger Schwiegervater«, diese Bezeichnung lässt mir das Blut in den Adern gefrieren, »nennt mich seit jeher Charlene. Für ihn ist Charlotte wohl auch nicht fein genug.«

Warum erzähle ich ihm das eigentlich? Nur weil ich ihn mit Daniel ansprechen darf, sind wir doch keine Freunde. Ich sinke im Sitz zurück und ziehe den Kopf ein.

»Ich kann es nicht erwarten zu erfahren, wie Sie Ihre Kinder nennen werden«, sagt Daniel und zwinkert mir von der Seite zu.

»Das wird nicht schwer«, entgegne ich. »Eddie will keine Kinder.«

»Und Sie? Wollen Sie Kinder?«

Ich zögere und sage dann skeptisch: »Dürfen Sie mich das als mein Chef überhaupt fragen?«

»Noch bin ich ja nicht Ihr Chef.« Er scheint diese Bezeichnung nicht als angemessen zu erachten. »Jedenfalls sollten Sie sich darüber einig sein, bevor Sie heiraten. Wie lange sind Sie denn schon ein Paar?«

»Fast zwei Jahre«, antworte ich bedrückt und überlege, ob ich überhaupt Kinder will. Zurzeit nicht, aber später, vielleicht in fünf oder sechs oder sieben Jahren. Was, wenn Eddie bis dahin noch immer keine Kinder will?

»Da haben Sie es mit der Hochzeit aber eilig«, stellt Daniel verwundert fest. Höre ich da nicht eine gewisse Skepsis heraus? »Ich hoffe, da ist noch nichts unterwegs.« Er nickt zu meinem Bauch.

»Definitiv nicht!«, knurre ich wütend. Das sind jetzt aber Fragen, die einem Chef eindeutig nicht zustehen! Automatisch lege ich meine Hände über meinen Bauch. Er sieht doch nicht etwa so aus, als wäre ich schwanger?

»Nicht, dass es so aussieht!«, sagt Daniel schnell, als hätte er wieder meine Gedanken gelesen. Er räuspert sich. »Ich finde nur, dass viele Paare verfrüht heiraten. Es schadet nicht, sich mehr Zeit zu nehmen, um zu sehen, ob es passt.«

»Wir wissen, dass es passt«, schießt es aus mir heraus, als müsste ich meine Beziehung zu Eddie verteidigen. Dabei weiß ich nicht einmal, ob wir überhaupt noch eine Beziehung führen. Abgesehen von dem Thema Hochzeit.

»Natürlich.« Daniel wirkt ein wenig resigniert. Er lenkt den Wagen in die Straße, in der ich wohne. Sein Navi zeigt das Ziel blinkend an.

»Da wären wir.«

Er hält am Straßenrand und sieht mich freundlich an.

»Vielen Dank fürs Heimbringen.«

Ich krame nach meiner Tasche im Fußraum und stoße die Beifahrertür auf. Noch bevor ich einen Fuß auf die Straße setzen kann, hält er mich sanft am Arm zurück.

»Ach, und Charlie.« Er zögert, ehe er weiterspricht. »Ich gratuliere zur Petit-Four-Messe.«

Ein kalter Schauer überläuft mich, und dieses Mal liegt es nicht an den eisigen Temperaturen. Ich kann nicht erkennen, ob er das ironisch meint oder nicht. Richard hat es ihm offenbar erzählt. Vielleicht konnte er Daniel von dem Nutzen und der Wichtigkeit der Messe überzeugen.

»Danke«, stammle ich verlegen und steige aus. Das nächste Mal nehme ich die Bahn. So viel ist sicher.

* * *

Kurz vor zehn Uhr stehe ich am Treppenaufgang der U-Bahn-Station Rathaus und warte auf meine

Schwester Sarah. Sie ist im achten Monat schwanger und muss zu einer Routineuntersuchung in das Wiener AKH, das Allgemeine Krankenhaus. Nachdem meine Mutter nur ungern das Freitagskaffeekränzchen mit ihren Freundinnen auslässt, habe ich angeboten, auf den dreijährigen Ben aufzupassen.

Alex hat seinen Dienst mit mir getauscht und übernimmt die Frühschicht, während ich dann ab mittags im Hotel sein werde.

Im Minutentakt strömen Menschengruppen aus der Station und laufen auf der Straße auseinander. Jedes Mal, wenn sie die Treppe hochkommen, suche ich das Gesicht meiner Schwester in der Menge.

Plötzlich ertönt mein Handy und kündigt eine neue Nachricht an. Hoffentlich sagt Sarah den Termin nicht spontan ab. Ich könnte mir Schöneres vorstellen, als meinen Freitagnachmittag im Hotel zu verbringen. Es gibt kaum noch Gäste, da die meisten Geschäftsleute schon auf dem Weg zu ihren Familien sind. Dennoch muss einer aus der Patisserie für den Nachmittagskuchen und fürs Dessert nach dem Abendessen anwesend sein.

Heute um 18 Uhr hat Daniel eine Trainingsstunde bei mir. WOW, hätte nicht gedacht, dass er es wirklich macht!! Kati

Ich reibe mir die Augen und lese den Text erneut durch. Er hat tatsächlich einen Termin bei Kati. Ob Daniel nicht mitbekommen hat, dass wir Freundinnen sind? Oder ist ihm das egal?

Ich weiß nicht, was ich Kati darauf antworten soll. Dass sie ihn richtig hart rannehmen soll? Das klingt nicht nach der idealen Wortwahl.

»Da bist du ja!«

Sarahs Stimme reißt mich aus meinen Gedanken. Sie steht vor mir und sieht mich an, als wäre ich zu spät gekommen. »Gut, dass du Zeit hast.«

»Kein Problem«, sage ich lächelnd.

Meine Mutter hat mich gewarnt, dass Sarah momentan leicht reizbar ist.

»Du sieht übrigens prima aus.«

Um ehrlich zu sein, bin ich über ihren riesigen Bauch erschrocken. Was brütet sie darin aus? Sicher, dass es keine Zwillinge werden? Bei unserem letzten Treffen dachte ich schon, sie steht kurz vor der Entbindung, aber das ist zwei Wochen her. Da es noch über einen Monat bis zu dem errechneten Geburtstermin dauert, rechne ich mit einem Riesenbaby.

»Meine Füße bringen mich noch um«, stöhnt Sarah erschöpft und streicht sich ihre zerzausten Haare zurück, deren dunkler Ansatz immer länger wird. Sie will sie während der Schwangerschaft nicht färben, deshalb ist das Blond nur noch in den Spitzen zu erkennen.

»Ben, kommst du bitte her?«

Ich sehe mich um, kann den kleinen Jungen aber nirgends finden. Er wird doch nicht verloren gegangen sein?

»Ich weiß nicht, wie lange es dauert. Ich rufe dich an, sobald ich fertig bin.«

Ich nicke, während ich nach Ben Ausschau halte. Wo ist der kleine Balg denn nur?

»Ben! Jetzt komm endlich!«

Sarah sieht sich suchend um. Da springt der Bub hinter einem Mistkübel hervor und klammert sich an mein rechtes Bein. Gleichzeitig stößt er einen grölenden Schrei aus, der mehrere Blicke auf uns zieht.

Ich begrüße ihn und streiche über sein wirres, blondes Haar.

»Wir beide werden auf den Rathausplatz gehen«, sage ich und versuche, entspannt zu lächeln. Laut meinem Plan wird er sich dort austoben und anschließend zu müde sein, um etwas anzustellen.

»Sehr gut, dann bis später.«

Sichtlich erleichtert, endlich gehen zu können, drückt Sarah Ben einen Kuss auf den Kopf. Dann wackelt sie wie ein Walross die Stufen zur U-Bahn hinunter.

Kaum ist Sarah fort, läuft Ben mit ausgestrecktem Arm los.

»Ich bin Superman!«, schreit er.

Ich erwische ihn gerade noch an der Kapuze seiner Jacke.

Auf dem Rathausplatz gibt es einen großen Spielplatz. Um ihn zu beschäftigen, schließen wir einen Deal ab. Ben darf eine Stunde lang den Boden nicht berühren, weil dieser aus heißer Lava besteht. Ich musste ihm zwar erklären, was Lava ist, aber er war sichtlich begeistert und hat zugestimmt. Als Belohnung habe ich ihm ein Eis versprochen. Ben liebt Eis, aber welches Kind tut das nicht? Damit er seiner Mutter nichts davon erzählt, habe ich ihn zusätzlich mit einem Schlecker bestochen. Ich finde, das ist ein fairer Deal.

Leider hat Ben kein Zeitgefühl und erkundigt sich alle paar Minuten danach, wie spät es ist. Zwischendurch klettert er wie ein Äffchen am Gerüst und erklärt mir, welche vier Sorten Eis er haben will, obwohl ich nur zwei Kugeln versprochen habe. Ich sollte ihm das Zählen beibringen.

Als Ben nach einer Stunde keine Anzeichen von Ermüdung aufweist, gebe ich auf.

»Du musst mich holen!«, ruft Ben, als ich ihn auffordere mitzukommen. »Der Boden ist doch Lava.«

Die Logik, dass ich über Lava gehen kann und er nicht, verstehe ich zwar nicht, aber ich hole ihn von dem Holzgerüst herunter und trage ihn aus dem Park.

Die drei Stationen, die wir mit der Straßenbahn bis zum Burgring fahren, kommen mir vor wie eine Ewigkeit. Vielleicht liegt es an dem fehlenden Koffein oder an dem Lied, das Ben die ganze Zeit trällert. Einige Leute werfen uns genervte Blicke zu, als er von drehenden Würmern singt. Manche Touristen wirken amüsiert. Ben besteht darauf, alle Strophen vorzutragen, die er von einem Kindergartenfreund gelernt hat. Ein zweiter Schlecker überzeugt ihn, nachher im Café nicht weiterzusingen. Clever, wie er ist, fragt er, ob noch mehr Süßigkeiten in meiner Handtasche sind.

Als er auf der anderen Straßenseite einen Fiaker sieht, der eine Touristenfamilie über den Ring kutschiert, presst Ben seine kleine Nase gegen die Glasscheibe. Mit offenem Mund bestaunt er die Pferde, die gemächlich eine dunkelbraune Kutsche hinter sich herziehen.

Von der Straßenbahnhaltestelle aus gehen wir ein Stück zu Fuß bis zu einem italienischen Café in der Nähe des Museumsquartiers. Eigentlich bevorzuge ich ein traditionelles Wiener Kaffeehaus, doch die bieten leider kein so gutes Eis an.

Im Lokal befinden sich um diese Zeit kaum Gäste. Die meisten sind ältere Personen oder Studenten, die genüsslich ihren Kaffee trinken und dabei Zeitung lesen. An einem Tisch sitzen vier Geschäftsleute und führen ein Gespräch über Expansion nach China. Ohne genauer zuzuhören, inspiziere ich im Vorbeigehen die Tramezzini, die sie essen. Ich glaube, so eines muss ich mir auch gönnen.

Im Gegensatz zu Wiener Kaffeehäusern ist das Mobiliar hier sehr modern. Lederbezogene Bänke, Bilder mit Kaffeemotiven und sandfarbene Wände. Im Hintergrund spielt ein Radio italienische Popmusik.

Wir nehmen den Tisch in der hintersten Ecke in Beschlag. Dort gibt es eine Bank, von der aus Ben nicht so schnell entkommen kann. Er streift seine Jacke und die Schuhe ab und kniet sich auf das Leder.

Eine reifere Frau mit extravagantem goldenem Schmuck und großer Hornbrille sieht kurz vom Nebentisch zu uns auf. Ihre rotgefärbten Haare hat sie mit zwei Klammern unsymmetrisch am Hinterkopf hochgesteckt. Vor ihr steht ein Notebook, in das sie umgehend weitertippt. Bestimmt schreibt sie ein Esoterikbuch, so wie sie aussieht.

»Welche zwei Eissorten willst du haben?«, frage ich Ben, der die Tischdecke an einer Ecke aufrollt.

»Schoko, Vanille, Banane und Haselnuss.«

»Ich sagte zwei.«

Ich bin mir sicher, er kann bis zehn zählen. Das hat mir Sarah letzte Woche am Telefon erzählt. Er will nur mehr Eis rausschlagen.

»Dann keine Banane.« Er schwenkt sein Köpfchen und summt wieder das Lied, das er in der Straßenbahn gesungen hat.

»Und?«, dränge ich ihn weiter.

»Und Schokosoße«, antwortet er und reißt die Augen weit auf vor Begeisterung.

»Nein, ich meine, auf welche Eissorte verzichtest du noch? Banane und?«

»Kokos.«

»Kokos hast du nie gesagt.«

»Will ich ja auch nicht.«

Ein großgewachsener Kellner mit schütterem Haar kommt und hält einen handlichen Schreibblock vor sich. »Buongiorno. Was darf ich Ihnen bringen?«

Er sieht mich über seine tief auf der Nase sitzende Brille hinweg an.

»Eine Melange und ein Eis, Schokolade und Vanille bitte!«

»Und Haselnuss und Banane«, fügt Ben aufgeregt hinzu. »Und Schokosoße!«

»Nur Schokosoße, kein Haselnuss und keine Banane.«

Ich nicke dem Kellner zu und hoffe, er geht, bevor Ben noch einen Versuch startet.

»Kann ich meinen Schlecker essen?«

Ben ist sichtlich ungeduldig und zieht aus seiner Jackentasche die beiden bunten Schlecker hervor.

Aus den Augenwinkeln sehe ich, dass die Frau vom Nebentisch uns beobachtet. Entweder ist sie genervt von Bens lauter Stimme, oder sie prüft meine Erziehung. Bestimmt denkt sie, ich sei seine Mutter. Verantwortungsvoll nehme ich ihm die Süßigkeiten aus der Hand und platziere sie in der Mitte des Tisches.

»Du bekommst gleich ein Eis.«

Ben seufzt laut und lässt sich trotzig nach hinten fallen. »Bei Mama darf ich das!«

»Das glaube ich nicht.«

So ein kleiner Schlingel. Als könnte er mir einreden, Sarah erlaube ihm das. Sie würde mich fragen, ob ich übergeschnappt bin, ihm um diese Jahreszeit ein Eis zu erlauben. Und das vor dem Mittagessen.

Wenigstens weiß die esoterische Frau jetzt, dass ich nicht seine Mutter bin. Vielleicht schreibt sie auch ein Buch über Erziehungstipps? Oder ich inspiriere sie ab sofort dazu.

Endlich kommt der Kellner mit der Melange und dem Eisbecher. In jeder Kugel steckt eine Waffel. Ben beginnt übers ganze Gesicht zu strahlen. Er sieht süß aus. In solchen Momenten ist jedes Kind entzückend. Bei seiner Mutter hätte Ben frühestens in vier Monaten ein Eis bekommen. Wenn überhaupt.

Dabei weiß ich, dass Sarah täglich einen Becher Eis vertilgt. Seit sie schwanger ist, stopft sie sich jeden Abend damit voll, sobald Ben im Bett ist. Am Telefon hat sie sich bei mir ausgeheult, weil ihr Gewicht sie deprimiert. Gleichzeitig hat sie natürlich Eis gefuttert. Irgendwie sind schwangere Frauen anstrengend.

Die zwei Kugeln Eis sind zu viel für Ben. Er bietet mir seine zerlaufenen, klebrigen Reste an, aber ich habe stattdessen ein Tramezzino mit Avocado und Lachs bestellt. Ben erklärt mir in der Zwischenzeit, warum er lieber einen Bruder als eine Schwester will. Sarah und ihr Mann Bernd lassen sich das Geschlecht des Babys nicht sagen. Ben kann das nicht verstehen und ist überzeugt, Eltern können sich aussuchen, ob es ein Junge oder ein Mädchen wird. Warum sonst sei er denn ein Junge geworden?

Es widerstrebt mir, ihm das genauer zu erklären. Das ist definitiv nicht meine Aufgabe. Ich bin die nette Tante, die Eis und Schlecker spendiert.

Nach einer gefühlten Ewigkeit meldet sich Sarah, und ich gebe dem Kellner ein Zeichen. Da meine Schwester meinte, Ben könne schon alleine auf die Toilette, schicke ich ihn los und begleiche währenddessen die Rechnung.

Der Kellner steckt seine Geldbörse weg und wünscht einen schönen Tag. In dem Moment betreten zwei Männer das Café.

»Wir warten mit der Umsetzung bis zur Übergabe. Solange Richard Einfluss auf die Entscheidungen im Hotel hat, müssen wir diese Pläne für uns behalten.«

Die Stimme kenne ich doch? Ich hebe den Kopf und erkenne Daniel, der mit einem zweiten, älteren Mann auf einen Tisch zugeht. Daniel setzt sich hinter eine Säule, sodass ich ihn nicht mehr sehen kann.

Hat er eben von Richard gesprochen? Unserem Hotelleiter? Wer ist der andere Mann, mit dem er gekommen ist?

Ich warte auf den blonden Schopf von Ben, doch der Bub lässt sich Zeit. Hoffentlich stellt er nichts an.

»Keine Sorge. Von mir wird niemand etwas erfahren«, höre ich Daniels Begleitung sagen. Der Kellner kommt zu ihnen, und sie bestellen zwei kleine Schwarze.

»Seine Ansichten sind veraltet«, sagt nun Daniel. »Er würde die Beweggründe für die Umstrukturierung nicht verstehen.«

Habe ich das gerade richtig verstanden? Umstrukturierung? Was will er im Hotel umstrukturieren? Der Elisabethhof ist ein gut geführtes Hotel. Da muss doch nichts umstrukturiert werden!

»Wann findet denn die Übergabe der Leitung statt?«

»Es gibt noch keinen fixen Termin.«

Mein Herz rast, während ich ihrem Gespräch folge. Ich weiß, man darf niemanden belauschen, doch sie sitzen ganz in meiner Nähe und reden unüberhörbar über ihre Geschäfte. Da kann ich nicht anders als lauschen.

Die Esoterikerin vom Nebentisch scheint sich von dem Geschäftsgespräch weniger gestört zu fühlen als von Bens Erzählungen. Bestimmt ist sie froh, Ben und mich gleich los zu sein. Ob ich langsam doch mal nach ihm schauen sollte?

»Solange Richard die Leitung hat, müssen wir vorsichtig sein«, sagt Daniel. »Wenn er von den Plänen erfährt, wird er sich der Übergabe in den Weg stellen. Nach all den Jahren hängt sein Herz an dem Hotel. Er kann das nicht objektiv beurteilen.«

»Hab auch die Hände gewaschen!«, trällert Ben

durch das Café und zieht sämtliche Blicke auf sich. Mit ausgestreckten Armen läuft er auf mich zu.

»Sehr brav«, antworte ich mit fester Stimme. »Zieh deine Jacke an! Wir gehen.«

Ich helfe Ben in seine Jacke und versuche, nicht in Daniels Richtung zu sehen. Hoffentlich hat er mich nicht bemerkt! Ihr Gespräch scheint unterbrochen zu sein, denn ich höre sie nicht mehr. Zügig werfe ich meine Tasche über die Schulter und schiebe Ben vor mir her aus dem Lokal hinaus.

Auf der Straße nehme ich ihn an die Hand, damit er mir nicht entwischen kann, und wir gehen Richtung U-Bahn. Mit seinen kleinen Füßen stolpert er neben mir her.

»Charlotte?«

Wie erstarrt bleibe ich auf dem Gehweg stehen. Das war eindeutig Daniels Stimme hinter mir.

Ben kennt sich nicht aus und sieht mich verwirrt an.

Langsam drehe ich mich um und sehe, dass Daniel auf uns zukommt.

»Charlotte, was machen Sie denn hier?«, fragt er, als er vor uns steht. Scheinbar hat er schon wieder vergessen, wie er mich nennen soll.

»Oh, hallo«, sage ich gespielt überrascht. »Einen Kaffee trinken, was sonst?« Ich versuche unbeschwert zu klingen.

»Ich hab ein Eis gegessen«, platzt Ben in unser Gespräch und versucht, sich meinem Griff zu entziehen. Zur Sicherheit lege ich meine andere Hand auf seinen Arm.

Daniel sieht auf meinen Neffen hinunter, bevor er

sich wieder mir zuwendet. »Sie sind heute nicht im Hotel?«

»Ich habe heute Vormittag frei«, antworte ich, erstaunt über seine Frage. Ben windet sich vor mir in alle Richtungen, um sich loszureißen.

»Natürlich.«

Daniel fasst sich an die Stirn und versucht, ebenso unbekümmert zu wirken. Ihm liegt die Frage auf der Zunge, ob ich sein Gespräch mitgehört habe. Ich sehe es ihm an. Soll ich etwas sagen oder einfach weitergehen? Ich stehe unschlüssig da.

»Hören Sie«, beginnt er mit einer so freundlichen Stimme, dass es schon unheimlich ist. »Ich würde es zu schätzen wissen, wenn Sie unser Treffen hier für sich behalten.«

Überrascht sehe ich ihn an. Jetzt brennt auf meiner Zunge natürlich die Frage nach dem Warum. Warum trifft er sich außerhalb des Hotels und offenbar heimlich mit einem anderen Geschäftsmann? Warum darf niemand davon wissen? Und über was im Detail haben sie da gesprochen? Jedenfalls hatte es mit Richard zu tun, und zwar in keinem freundlichen Sinne.

»Könnten Sie mir das versprechen?«, drängt er, als ich nicht antworte.

Ich zucke mit den Schultern, als würde es mich nicht interessieren, und nicke.

»Mein Geschäftsmeeting hier hat nichts mit dem Hotel zu tun, aber ...«

Er lügt mir tatsächlich mitten ins Gesicht! Noch eindeutiger hätte dieses Gespräch gar nicht sein können.

»Schon gut«, sage ich, bevor er weiterspricht. Ich

hasse es, angelogen zu werden. Vor allem, wenn es offensichtlich ist. Von wegen Professionalität. Das hier beweist im Gegenteil, wie unprofessionell Daniel in Wirklichkeit ist.

»Ich weiß es sehr zu schätzen«, fügt Daniel hinzu und nickt mir sichtlich erleichtert zu.

Ich bin enttäuscht von ihm. Erst recht, wenn ich an Richard denke, der mir immer ein guter Vorgesetzter war. Allen im Hotel. Ich merke, wie der Zorn in mir hochsteigt, doch ich reiße mich zusammen.

»Komm, Ben, wir gehen«, sage ich und wende mich von Daniel ab.

»Was wollte der Mann?«, fragt Ben und sieht über seine Schulter zu Daniel zurück. Ich halte ihn fest am Arm, damit er nicht über seine Füße stolpert und hinfällt.

»Nichts, Ben. Magst du mir noch einmal dein Lied vorsingen?«

*** Altwiener Apfelstrudel ***

... weckt Kindheitserinnerungen

für den Teig:
250 g Mehl
1 Ei
100 ml lauwarmes Wasser
20 ml Öl
Alle Zutaten mit einer Prise Salz zu einer Kugel kneten. Mit Öl
bestreichen, in Klarsichtfolie wickeln und im Warmen 30 Minuten rasten lassen. Anschließend hauchdünn ausziehen.

für die Füllung:
1 kg saure Äpfel
130 g Semmelbrösel
70 g Butter
120 g Zucker
eine Prise Zimt
100 g Rosinen
Saft einer Zitrone
Omas Geheimzutat: eine Prise Muskat

Semmelbrösel in der Butter anrösten. Geschälte Äpfel fein schneiden
und mit Zitronensaft beträufeln. Alles vermengen und in den Strudelteig einrollen. Bei 190°C ca. 30 bis 40 Minuten goldbraun backen.

Für das heutige Abendbuffet habe ich einen klassischen Altwiener Apfelstrudel gebacken. Das war schon in meiner Kindheit die Lieblingsspeise meiner Geschwister und mir. Meine Großmutter hat mir beigebracht, wie man Strudelteig richtig auszieht.

»Er ist erst dünn genug, wenn man das Rezept darunter durch den Teig lesen kann«, hat sie immer gesagt.

Anfangs riss mir der Teig ständig und hat mich fast zum Verzweifeln gebracht. Mittlerweile habe ich den Dreh raus. Wichtig ist, den Teig nicht kalt werden und eine Weile im Öl ziehen zu lassen. Dadurch wird er elastischer und lässt sich gut verarbeiten.

Das Ergebnis kann sich jedes Mal sehen lassen. Der Strudel schmeckt mindestens genauso gut wie bei meiner Großmutter.

Um halb sechs ist das Dessertbuffet für das Abendessen fertig angerichtet.

In einer halben Stunde hat Daniel seinen Trainingstermin bei Kati. Sie und Jasmin arbeiten heute Abend, also beschließe ich, mir die Zeit im Wellnessbereich des Hotels zu vertreiben. Der ist ohnehin den ganzen Tag ungenutzt, und während des Abendessens sind die Gäste im Speisesaal.

Für Seminarhotels unserer Sterne-Klasse ist ein Wellnessangebot Standard. Ironischerweise sitzen die Gäste den ganzen Tag in Besprechungen oder erkunden die Wiener Innenstadt. Kaum einer der Geschäftsleute teilt sich seine begrenzte Zeit ein, um den Hotelpool oder die Sauna zu nutzen.

In meinem Spind habe ich eine Sporttasche, die bereitsteht, falls ich eines Tages nach der Arbeit ins Fitnessstudio gehen möchte – was noch nie vorkam. Darin befindet sich auch ein Bikini. Schließlich gibt es im Fitnesscenter auch eine Sauna. Selbst die habe ich noch nie besucht.

Ich stibitze einen Bademantel aus dem Lager und mache mich auf den Weg in den Wellnessbereich im obersten Stockwerk. Wie erwartet, ist dieser menschenleer. Leise Klaviermusik schafft eine entspannte Atmosphäre, die nur vom Plätschern des Trinkbrunnens gestört wird.

Den blauen Bikini habe ich letzten Sommer gekauft. Damals wollten Eddie und ich für ein paar Tage nach Italien ans Meer fahren. Alles war gebucht und die Vorfreude riesig. Zu der Zeit wurde Eddie ein neues Fernsehformat zugeteilt, das sofort umgesetzt werden musste. Unser Urlaub fiel also ins Wasser. Während Kati und Jasmin in Griechenland in der Sonne schmorten, ärgerte ich mich alleine in der heißen Stadt.

Nach einigen Längen im Schwimmbecken und einer wohltuenden Entspannung in der Sauna kühle ich mich auf der Dachterrasse ab. Kalter Wind weht um meine nackten Beine und lässt mich nach kürzester Zeit frösteln. Ich genieße dennoch den Blick von hier oben aus. Über die Dächer hinweg erkenne ich den imposanten Stephansdom. Dahinter erstreckt sich in der Ferne Wiens Hausberg, der Kahlenberg, von dem ich jetzt in der Dämmerung nur die Umrisse erkennen kann.

Unsere Gäste sind selber schuld, wenn sie nicht hierherkommen. In jedem Prospekt ist der Wellnessbereich abgebildet. Sie müssten eigentlich ahnen, was sie hier verpassen.

Um Viertel nach sechs steige ich in den Jacuzzi. Entspannt schließe ich die Augen und stelle mir vor, wie Kati Daniel herumkommandiert. Sie soll ihn an seine Grenzen und richtig ins Schwitzen bringen. Meine Beine schweben in dem warmen Wasser. Eine Wohltat! Und ich muss den Platz mit niemandem teilen. Luftblasen blubbern hoch und umschmeicheln auf ihrem Weg zur Wasseroberfläche meinen Körper. Sie fühlen sich kühl und zugleich weich und prickelnd an.

Ich kann mich nicht erinnern, wann ich das letzte Mal so gut vom Alltag abschalten konnte. Nichts kümmert mich mehr. Keine Elena oder Petit-Four-Messe. Keine hochnäsige Linda. Kein Gezanke zwischen Kati und Jasmin. Keine Vorwürfe von Eddie. Kein Daniel …

Daniel? War das gerade seine Stimme?

Erschrocken setze ich mich auf und sehe mich hektisch um. Nur das Blubbern des Wassers und die Klaviermusik sind zu hören. Mein Unterbewusstsein hat mir einen Streich gespielt. Daniel kann nicht hier sein. Die Trainingseinheit ist noch nicht zu Ende, und danach kommt er bestimmt nicht ins Hotel zurück.

Es ist an der Zeit zu gehen. Ich war lange genug hier.

Als ich jedoch aus dem Becken steige, höre ich die Stimme wieder. Diesmal deutlicher.

»Der Wellnessbereich ist definitiv ausbaufähig.«

Um Himmels willen, das ist eindeutig Daniel! Und er kommt näher.

»Es ist alles Notwendige hier, aber …«

Spontan lasse ich mich von der Treppe zurück ins Wasser fallen und tauche unter. Immer noch sprudelt der Whirlpool Luftbläschen an die Oberfläche. Meine Nase füllt sich mit Wasser, und es fällt mir mit jeder Sekunde schwerer, nicht aufzutauchen. Mit schnellen Armbewegungen versuche ich zu verhindern, dass das Sprudeln mich an die Oberfläche drückt.

Ich hoffe inständig, dass er mich nicht gesehen hat. Allerdings kann ich nicht erkennen, ob er noch im Raum ist. Langsam geht mir die Luft aus. Ich ringe mit mir, nicht aufzutauchen.

Oh Gott, was, wenn er ebenfalls in den Jacuzzi will? Wenn er gekommen ist, um sich zu entspannen? Blödsinn, Charlie, das ist der Sauerstoffmangel, der dich paranoid werden lässt!

Ich kann nicht mehr. Ich brauche Luft. So geräuschlos wie möglich tauche ich auf und atme tief ein. Das Wasser läuft mir aus der Nase und brennt fürchterlich. Verunsichert blicke ich mich um, aber Daniel ist nicht zu sehen. Habe ich Glück gehabt, und er ist wieder weg? Ich strecke meinen Kopf weiter aus dem Wasser, um über den Beckenrand zu blicken.

Kein Glück gehabt. Er steht mit dem Rücken zu mir auf der Dachterrasse. Ist der Mann neben ihm derselbe wie im Café? Was tun sie hier?

Wenn ich mich beeile, schaffe ich es in die Damengarderobe, bevor sie zurückkommen. Zumindest wenn sie sich Zeit lassen. Was soll ich tun? Einen Lauf riskieren oder noch einmal untertauchen, wenn sie zurückkommen? Wer weiß, wie lange sie dann im Raum bleiben? Ich muss es riskieren, ehe sie mich wie einen begossenen Pudel hier im Wasser stehen sehen. Die Sprudelfunktion endet. Ein Zeichen? Egal. Los jetzt!

Es sieht bestimmt nicht elegant aus, wie ich aus dem Jacuzzi klettere. Hauptsache, ich bin weg, ehe sie mich bemerken. Bloß keinen Blick in Richtung Terrasse riskieren. Ich schnappe mein Handtuch und den Bademantel und versuche, in meine Badeschuhe zu steigen. Mit nassen Füßen komme ich nicht so schnell hinein. Egal, ich lasse sie liegen. Barfuß laufe ich mit den Sachen in der Hand auf die Garderobe zu. Als ich einen Bogen um den Trinkbrunnen mache, höre ich die Terrassentür aufgehen. Das schaffe ich.

»... sehen weltweit gleich aus. Das ist unser Markenzeichen«, höre ich Daniel sagen.

In der Kurve um den Brunnen beginnen meine nassen Fußsohlen auf den Fliesen zu schlittern. Als ob ich auf Eis liefe, zieht es mir die Beine unter meinem Körper weg. Ich sehe die Garderobentür, die mein Ziel ist, doch im Moment bewege ich mich keinen Zentimeter darauf zu. Mit den Armen in der Luft rudernd, versuche ich, mich aufrecht zu halten. Wieso bin ich nicht untergetaucht?

Dann ist es so weit. Mit einem dumpfen Knall lande ich auf meinem Hintern. Schnell weg hier, denke ich nur und krabble auf allen vieren zur Garderobe, Bademantel und Handtuch unter den Arm geklemmt.

»Ist da jemand?«

Das war Daniels Begleitung. Anscheinend haben sie mich nicht gesehen.

Mit einem Plumps lande in der Damengarderobe, Tür zu, geschafft!

Erleichtert hole ich Luft. Hier werden sie nicht reinkommen. Hoffentlich. Ich rapple mich auf und verstecke mich zur Sicherheit in einer der Duschkabinen.

Ein Klopfen.

Mit einer schnellen Handbewegung ziehe ich an der Armatur, und ein Schwall eiskalten Wassers übergießt meinen Körper. Krampfhaft versuche ich einen Schrei zu unterdrücken. Egal wie flach ich mich gegen die Wand der Duschkabine presse, der Wasserstrahl trifft mich. Ich darf ihn aber auf keinen Fall jetzt abdrehen.

»Ist alles in Ordnung?«

Daniels Stimme dringt durch den Umkleideraum bis in meine Kabine.

Einen Moment lang zögere ich, rufe dann aber langgezogen und mit verstellter, hoher Stimme: »Ja.« Ich bin nicht besonders gut im Stimmeverstellen, doch hoffe ich, dass das Rauschen des Wassers so laut ist, dass mein »Ja« mich nicht enttarnt hat.

In dem Moment durchzuckt mich ein heftiger Schmerz, der mir Tränen in die Augen jagt. Er strahlt von der Hüfte aus durch meinen ganzen Körper. Das wird ein riesiger blauer Fleck werden. Immerhin wird das Wasser endlich warm.

Eine gefühlte Ewigkeit verbringe ich in der Damengarderobe. Ich wasche meine Haare, föhne sie und ziehe mich im Schneckentempo an. Wenn ich hier rausgehe, sollten Daniel und sein Begleiter weg sein.

Es ist kurz vor halb acht, als ich mit der Sporttasche in den Mitarbeiteraufzug steige. In meiner Hüfte pocht es schmerzhaft. Zu Hause werde ich mich auf die Suche nach Schmerztabletten begeben.

Im vierten Stock hält der Lift, und die Tür öffnet sich. Als hätte es nicht anders sein sollen, steht Daniel vor mir. Verfolgt er mich? Trage ich einen Peilsender an mir, mit dem er mich ortet?

Ich grüße und versuche, locker zu wirken. Daniel grüßt zurück, stellt sich neben mich und drückt den Knopf für die Garage. Wie in Zeitlupe schließen sich die Türen des Lifts.

Dann durchbricht Daniel die beklemmende Stille in dem engen Raum.

»Eigentlich ist der Wellnessbereich für unsere Gäste.«

Er hat mich gesehen. Und erkannt. Wie peinlich!

»Ich hatte … ich wollte nur …«

Ich blinzle kurz zu ihm hinüber, weiche seinem Blick aber schnell wieder aus. Er wirkt nicht vorwurfsvoll oder streng. Dennoch fühle ich mich unwohl.

»Es tut mir leid«, füge ich betreten hinzu.

Warum kann der Aufzug nicht abstürzen? Kurz und schmerzlos wäre das.

»Ich hoffe, dass Sie sich bei dem Sturz nicht verletzt haben.«

Was? Das hat er auch mitbekommen? Ich schlucke und ringe nach Worten.

»Nein, nichts passiert«, presse ich hervor, obwohl mir inzwischen eigentlich alles wehtut. Es reicht, dass er den Ausrutscher mitbekommen hat. Da muss er nicht die Vorstellung dazu haben, wie blau mein Hintern ist.

»Zählt das eigentlich als Arbeitsunfall?«

Er lächelt. Ich interpretiere es als Auslachen.

»Ich dachte, Sie haben um sechs Uhr einen Trainingstermin«, sage ich, um endlich das Thema zu wechseln.

»Nein, der war heute Vormittag«, antwortet Daniel und sieht mich erstaunt an. »Um zehn Uhr.«

Um zehn? Kati schrieb eindeutig 18 Uhr. Wahrscheinlich hat sie sich vertippt. Statt der 0 eine 8 gedrückt. Das ist wieder einmal typisch. Sie kontrolliert nie, was sie geschrieben hat, und versendet die eigenartigsten Texte. Aber warum hat sie sich bislang nicht gemeldet? Sie lässt mich seit zehn Uhr vormittags warten?

»Wie war's denn?«, erkundige ich mich höflich.

»Nett.«

Nett? Was heißt nett? Ich weiß doch, wie gerne Kati flirtet! Und Daniel ist ganz sicher ihr Typ. Im Erdgeschoss öffnen sich die Aufzugstüren.

»Ich hoffe, es ist für Sie in Ordnung«, sagt Daniel, als ich aussteige.

Verwundert drehe ich mich zu ihm um.

»Dass wir uns privat treffen wollen, Kati und ich«, erklärt er, als er meinen verdatterten Gesichtsausdruck bemerkt.

Mir klappt fassungslos der Mund auf. Er und Kati? Meine Mitbewohnerin und beste Freundin Kati?

»Klar.«

Mir bleibt die Antwort im Hals stecken. Die Türe schiebt sich vor meinen Augen langsam zu.

»Dann noch einen schönen Abend.«

* * *

»So viel dazu, ich sei sein Typ!«

Mit verschränkten Armen betrete ich die Küche. Kati sitzt am Esstisch und trinkt ihren Cappuccino. Auf meine Nachricht vom Vortag hat sie nicht reagiert. Und da ich schon geschlafen habe, als sie heimkam, kann ich sie erst jetzt zur Rede stellen.

»So unterschiedlich sind wir beide nicht«, verteidigt sich Kati und klammert sich um ihre Tasse. »Ich hab mich geirrt. Scheinbar bin ich sein Typ.«

Ein triumphierendes Grinsen huscht über ihr Gesicht, als hätte sie einen Wettkampf gewonnen. Doch darum geht es gar nicht. Ich will doch gar nichts von Daniel.

»Stell dir vor, ich würde mit deinem Vorgesetzten ausgehen«, sage ich.

Die Vorstellung, dass Daniel mit meiner besten Freundin ausgeht, bereitet mir ein ungutes Gefühl. Kati weiß Sachen über mich, die Daniel nicht erfahren darf. Wer weiß, worüber sie reden, wenn sie alleine sind.

»Nur zu«, antwortet Kati mit einem Schulterzucken und lehnt sich gelassen auf der roten Sitzgarnitur zurück. Hinter ihr tickt die alte Bahnhofsuhr. »Du kannst es versuchen, aber er ist schwul.«

»Echt?«

Das würde zumindest erklären, warum Jasmin und Kati sich nicht auf ihn stürzen. Ich dachte immer, in ihnen stecke ein kleiner Funken Anstand.

Kati nickt beiläufig.

»Abgesehen davon, was kümmert es dich, mit wem Daniel ausgeht?«

Mich kümmert weder, mit wem sich Daniel, noch mit wem sie sich trifft. Aber wenn mein zukünftiger Vorgesetzter mit meiner besten Freundin ausgehen will, dann geht mich das wohl etwas an.

»Du kannst jeden Typen haben. Muss es ausgerechnet er sein?«

Meine Hoffnung, ich könnte erfolgreich an ihre Vernunft appellieren, schwindet langsam.

»Ja, er gefällt mir.«

Kati starrt verträumt auf die weiß gestrichene Küchenanrichte. Ich will gar nicht wissen, wovon sie gerade träumt. »Er sieht gut aus, ist erfolgreich, hat Klasse und ist charmant. Weißt du eigentlich, wie witzig er ist?«

Ich betrachte ihre Frage als rhetorisch und stoße nur ein genervtes Knurren aus. Wenn Kati sich etwas in den Kopf setzt, ist sie nicht davon abzubringen.

»Wann trefft ihr euch?«, frage ich, während ich mir Kaffee einschenke.

»Wir telefonieren noch«, antwortet Kati und zieht sich eine Zeitschrift aus dem gigantischen Stapel neben der Bank. Sie liebt diese Frauenmagazine und findet es schade, sie wegzuwerfen. Immerhin haben Schminktipps und Anleitungen zu Frisuren kein Ablaufdatum.

»Aber wenn du willst, sage ich das Date ab.«

Sie blättert unbekümmert durch die Seiten.

»Sieh mal, diese Hochsteckfrisur muss ich bei dir ausprobieren.«

Misstrauisch beobachte ich sie und schlürfe, an die Anrichte gelehnt, meinen Kaffee. Kati ist ein herzensguter Mensch, aber es passt nicht zu ihr, freiwillig auf einen Mann zu verzichten. Erst recht nicht auf einen wie Daniel.

»Du musst nur zugeben, dass du was von ihm willst.« Sie schielt zu mir hinüber.

»Was? Nein! Niemals.« Ich schüttle heftig den Kopf. War ja klar, dass ihre Zuvorkommenheit nicht ohne Hintergedanken war. »Abgesehen davon habe ich Eddie.«

Einen Moment lang wartet Kati, bevor sie etwas darauf sagt. Scheinbar will sie mir die Möglichkeit geben, meine Aussage zu revidieren. Ihr angestrengter Blick wird weicher, ehe sie sich aufrichtet und mich freundlich anlächelt.

»Gibt es denn etwas Neues von Eddie?«, will sie dann neugierig wissen.

Als hätte sie ein Radar für diese Themen … Ich nicke schwach.

»Er will, dass ich heute Abend zu ihm komme.« Ratlos zucke ich mit den Schultern.

»Und? Willst du?«, hakt sie nach.

»Ich denke schon.«

Obwohl es noch nicht einmal eine Woche her ist, dass er sagte, er halte eine Auszeit für gut, habe ich ihn vermisst.

»Wirst du ihn auf die Hochzeit ansprechen?«

»Spinnst du?«

Allein die Vorstellung ist vollkommen absurd.

»Gerade noch haben wir Beziehungsprobleme, und dann soll ich ihm den Vorschlag machen, mich zu heiraten?«

»Im März noch«, ergänzt Kati und kichert leise. Sie scheint die Idee äußerst amüsant zu finden, doch ich schüttle ernst den Kopf. »Sonst musst du dir wegen Daniel etwas einfallen lassen.«

»Das ist mir jedenfalls hundert Mal lieber«, sage ich, was ein wenig geflunkert ist.

* * *

Abgesehen von Montag bin ich ein pünktlicher Mensch. Meine Mutter hat bei meiner Erziehung viel Wert auf Pünktlichkeit gelegt, und das hat sich festgesetzt. Von daher ist es selbstverständlich, dass ich um sechs Uhr bei Eddie bin, wenn er mich zu dieser Zeit erwartet. Schließlich könnte es zum Beispiel sein, dass er ein Essen vorbereitet, das pünktlich auf die Minute fertig sein muss.

Kati hingegen sieht das überhaupt nicht so. Eine Frau muss zu spät kommen. Das zeigt dem Mann, wie wichtig sie ist. Abgesehen davon habe Eddie mich in der Nacht auf der Straße zurückgelassen. Da solle ich ihn ruhig ein wenig warten lassen.

Als ich um halb sechs aufbrechen will, versucht Kati alles, um mich zu überzeugen, noch mindestens eine Viertelstunde zu warten. Eddie solle glauben, ich würde ihn versetzen. Das halte ich allerdings für kindisch und ziehe meine Schuhe und Mantel an. Kati versteckt währenddessen mein Handy, danach meine Schlüssel und zum Schluss, während ich durch die Wohnung tigere, meine Handtasche.

»Der Idiot hätte dich wenigstens abholen können«, sagt Kati, die meine Gutmütigkeit nicht versteht. »Wenn er dich nicht nach Hause bringt, trete ich ihm in den Arsch.«

Zehn Minuten später haben ihre unreifen Spielchen ein Ende, und ich verlasse die Wohnung. Eilig haste ich zum Gürtel hinauf, von wo aus ich mit der U-Bahn zu Eddie fahre. Dieser Teil der Strecke ist oberirdisch, sodass ich während der Fahrt einen Blick auf den inneren Gürtel habe, auf die am meisten befahrene Straße Wiens.

Die Zeit nutze ich, um mich auf das kommende Gespräch vorzubereiten. Was auch immer Eddie am Montag getan hat – die vergangenen Tage haben mir gezeigt, wie sehr ich ihn vermisse. So schnell und einfach will ich unsere Beziehung nicht aufgeben. Das Mindeste, was wir tun müssen, ist, uns in einer ruhigen Atmosphäre auszusprechen. Ich muss ihm die Möglichkeit geben, sich zu erklären. Vielleicht will er sich entschuldigen, vielleicht hat er eingesehen, dass es falsch war, mich nachts auf einer dunklen Straße allein stehen zu lassen. Wir alle machen Fehler. Auch ich hätte ihn nicht so unter Druck setzen dürfen, was seine Ex-Freundin Magdalena angeht. Ich habe wirklich zu schnell vermutet, dass er sie bei sich wohnen lassen will, anstatt erst einmal abzuwarten. Heidi hat ihn mit dieser Nachricht genauso überrumpelt wie mich.

Die Haltestelle, an der ich rausmuss, ist viel zu schnell erreicht. Obwohl ich mit einem optimistischen Gefühl durch den Währinger Park zu Eddies Wohnung eile, will sich ein Teil in mir vor dem anstehenden Gespräch drücken. Die Angst, er könnte mich endgültig verlassen, ist tief in mir verankert.

Nur fünf Minuten nach sechs stehe ich vor seiner Haustür und klingle. Ich zupfe an meinem Haar, das Kati mit viel Lockenschaum und stundenlangem Kneten zu einer wilden Lockenpracht geformt hat. Das Ergebnis ist wesentlich hübscher als der Versuch mit den Papilloten. Im Gegensatz dazu ist mein dunkelbraunes Etuikleid schlicht und elegant. Wenn er da nicht widerstehen kann, weiß ich auch nicht.

»Charlie! Pünktlich auf die Minute!«, sagt Eddie erfreut, als er die Tür öffnet, und drückt mir einen Kuss auf den Mund. Er nimmt es mit der Uhrzeit nicht so genau. Offenbar hat er auch vergessen, wie wir das letzte Mal auseinandergegangen sind.

Überrumpelt lasse ich mich von ihm in die Wohnung ziehen. Er nimmt mir den Mantel ab und schiebt mich gleich weiter in sein Wohnzimmer. Anders als unsere ist Eddies Wohnung sehr modern eingerichtet und kommt ohne viel Schnickschnack aus. Hier habe ich mich jedoch noch nie zu Hause gefühlt. Mit ein Grund, warum wir nach zwei Jahren noch nicht zusammenleben. Abgesehen davon will ich natürlich auch nicht von Jasmin und Kati weg. Außerdem hat Eddie mich nie gebeten, zu ihm zu ziehen. Wir waren uns immer einig, dass es gut ist, so wie es ist.

»Wein?«

Noch bevor ich antworten kann, füllt Eddie zwei Gläser mit Rotwein an.

Dankend nehme ich eines entgegen und stoße mit ihm an. Es scheint, als wäre alles in Ordnung, und wir hätten etwas zu feiern. Es ärgert mich ein wenig, dass Eddie so tut, als wäre nichts passiert.

»Du siehst blendend aus«, sagt er. Sein Blick streift mich von Kopf bis Fuß. Er legt seine Hand um meine Taille und zieht mich an sich. Sein warmer Mund küsst meine Wange und wandert langsam zu meinem Ohr. Sein vertrauter Duft strömt in meine Nase, eine Mischung aus Holz und Leder. Als er die Kuhle unter meinem Ohr erreicht, schließe ich automatisch die Augen. Als wären sie mit Zement gefüllt, werden meine Beine schwerer. Das kann nicht von dem bisschen Wein sein. Eddie weiß genau, wie er mich berühren muss. Ich bin wie Wachs in seinen Händen.

»Schön, dich endlich wieder in meinen Armen zu halten.« Seine Lippen streifen an meinem Kiefer entlang und küssen dann zärtlich meinen Mundwinkel.

Montag! Ich muss mir den Montag vor Augen halten! Wenn wir das nicht erst einmal besprechen und aus dem Weg räumen, landen wir im Bett, und das eigentliche Problem wird nur totgeschwiegen. Bevor er meinen Mund küssen kann, winde ich mich aus seinen Armen.

»Eddie, wir ...« Ich weiß nicht, was ich sagen soll. Um etwas Abstand zu gewinnen, stelle ich mich auf die andere Seite der Küche. Mir fällt es doch selbst schwer, ihn nicht zu berühren.

Verwundert sieht Eddie mich an, doch er bleibt ruhig.

»Bist du noch sauer wegen Montag?«, fragt er schließlich und klingt dabei angespannt. Er trinkt einen Schluck Wein und stellt das Glas etwas zu fest auf der Anrichte ab. Er sieht mich unverwandt an, dann seufzt er und kommt auf mich zu.

»Okay, wir haben beide Fehler gemacht.«

Seine Stimme ist butterweich und so wunderschön, dass es mich nur daran erinnert, wie sehr ich ihn vermisst habe. Er nimmt meine Hände und schaut mir tief in die Augen. Wenn er nicht so fesselnd blaue Augen hätte, fiele es mir leichter, mich abzuwenden. Ein liebevolles Lächeln umspielt seine schönen Lippen.

»Ich habe dich vermisst«, raunt er.

Ein Prickeln fährt durch meinen Körper, als er seine Hand an meine Wange legt. Seine warmen Finger streichen langsam eine Locke hinter mein Ohr.

»Es waren nur ein paar Tage«, flüstere ich und kämpfe innerlich, mich nicht so schnell zu ergeben. Die Sehnsucht nach seinen Berührungen ist größer, als ich gedacht habe. Ich kann nicht anders, ich muss ihn auch berühren. Ich greife in sein dichtes, blondes Haar und streiche es zärtlich zur Seite. Mein Blick bleibt auf seinem Mund hängen. Unweigerlich lecke ich über meine Lippen. Ich will ihn küssen, doch jetzt scheint er es zu sein, der sich zurückhält.

»Ich war mir nicht sicher, ob du wiederkommst.« Eddie wirkt nachdenklich, fast schon besorgt. »Nach so langer Zeit wäre es furchtbar, dich zu verlieren.«

»Du hast mich einfach stehen gelassen«, sage ich leise.

Es fällt mir schwer, dieses Thema aufzugreifen, weil auch ich unsere Beziehung nicht aufgeben will, doch es muss gesagt werden. Nur ungern erinnere ich mich an den Moment, als ich dastand und den Rücklichtern seines Autos hinterhersah. Es war ein schreckliches Gefühl, ganz alleine in der Finsternis zu stehen. In einer völlig unbekannten Gegend. Hätte Alex mich in der Nacht nicht abgeholt, wäre ich verzweifelt.

»Du bist ausgestiegen.« Eddie presst die Lippen zusammen, als würde er sich zwingen, nicht mehr dazu zu sagen. Ich sehe, dass die Ader an seinem Hals dicker wird.

»Du hättest mich nicht einfach dort im Dunklen allein lassen dürfen«, sage ich. »Fünf Minuten später kam ein Typ, der dachte, ich wäre eine Prostituierte.«

Was nicht mal so abwegig war.

Eddie schmunzelt, doch mir ist bei der Erinnerung daran keineswegs zum Lachen zumute. Ich hatte eine Heidenangst und war unglaublich froh, als Alex endlich kam, um mich abzuholen.

»Wie gesagt, wir haben beide Fehler gemacht«, betont er in Anbetracht meiner ernsten Miene. Es klingt, als tue er sich mit diesem Eingeständnis schwer. »Charlie, lass uns nicht mehr streiten.«

Er umfasst meinen Oberarm und reibt mit seinem Daumen sanft über meine Haut.

Ein dicker Kloß setzt sich in meinem Hals fest. Obwohl ich Eddie die letzten Tage vermisst habe, habe ich mir ebenso viele Gedanken über die Probleme in unserer Beziehung gemacht. Allen voran seine Eltern. Es macht keinen Sinn, meine Bedenken einfach unter den Tisch zu kehren. Auch wenn es mir schwerfällt, muss ich aussprechen, was mir zu schaffen macht.

»Ich will nicht, dass deine Familie mich so abschätzig behandelt.«

Ich bin froh, es klar und deutlich gesagt zu haben. Eddie muss wissen, wie ich mich dabei fühle, wenn sie so dermaßen respektlos mir gegenüber sind.

»Sie behandeln dich nicht abschätzig«, entgegnet Eddie und schmunzelt schon wieder.

Etwas in mir fühlt sich von ihm verspottet. Wie soll sich diese Situation bessern, wenn er meine Sorgen nicht ernst nimmt?

»Sie wünschen sich nur, meine Freundin hätte einen anderen Beruf.«

»Architektin zum Beispiel!«, sage ich bissiger als beabsichtigt.

»Zum Beispiel«, stimmt Eddie mir zu und ignoriert meine Anspielung auf seine Ex-Freundin Magdalena. »Sie haben sich daran gewöhnt, dass aus mir kein Arzt geworden ist, und sie werden sich auch an dich gewöhnen.«

Eddie hat die Aufnahmeprüfung zum Medizinstudium auch beim zweiten Antreten nicht bestanden. Als sein Vater daraufhin meinte, er solle tun, was ihm Spaß macht, meinte er damit nicht, dass Eddie beim Fernsehen als Redakteur beginnen soll. Jetzt arbeitet Eddie an mehreren Sendungen eines Privatsenders und kann seine kreativen Ideen einbringen. Eigentlich eine anständige Arbeit, doch Wolf schwebte etwas anderes vor. Mit etwas, das Spaß macht, meinte er ein Jurastudium oder Wirtschaftsingenieurwesen.

»Sie haben sich auch nach zwei Jahren nicht an mich gewöhnt«, sage ich und hoffe, dass er jetzt nicht mitbekommt, wie sehr mich das kränkt. Meine Hoffnung, dass sich in den nächsten Jahren etwas ändert, ist verschwindend gering.

»Du bist aber nicht mit meinen Eltern zusammen, sondern mit mir«, sagt Eddie und schmiegt sich an mich. Er vergräbt seine Nase in meinem Haar und stößt ein leises Raunen aus. Also sind wir noch ein Paar, gut zu wissen. »So selten wie wir sie sehen, wirst du dich kaum mit ihren Bemerkungen rumschlagen müssen.« Seine Hand legt sich tief in meinen Rücken und gleitet dann über meinen Hintern. Er presst sein Becken gegen meines und drückt mich immer fester gegen die Küchenanrichte.

»Eddie!«

Ich versuche ihn von mir zu drücken, doch er ist zu schwer.

Widerwillig hält er sich links und rechts von mir an der Anrichte an und lässt mir damit keine Chance zu entkommen. Ein schiefes Grinsen liegt auf seinen Lippen, und seine blauen Augen wirken glasig. Er beugt sich zu mir, doch bevor sein Mund meinen berühren kann, wende ich den Kopf ab.

»Was ist denn noch?«, fragt er genervt.

»Bist du dir sicher, dass das genug Abstand war? Diese fünf Tage?«

Die Skepsis in mir lässt sich nicht so einfach beiseiteschieben.

»Das habe ich doch nur so dahingesagt«, seufzt Eddie. Er wendet sich unvermittelt von mir ab, fährt sich durchs Haar und beginnt, in seiner Küche auf und ab zu gehen.

»Es hat mir zu denken gegeben«, sage ich.

Auch wenn er es nicht hören will, muss ich es ihm sagen. Aber es ist nicht nur die Skepsis, die mich belastet, sondern auch das schlechte Gewissen. Obwohl ich heute weiß, dass es vollkommen bedeutungslos war, finde ich es nicht richtig, den Kuss mit Alex vor Eddie zu verheimlichen. Zumindest nicht, wenn wir unsere Beziehung weiterführen wollen.

»Ich habe auch viel nachgedacht«, sagt Eddie nun versöhnlicher und wendet sich mir wieder zu. Er kommt einen Schritt näher, hält dann aber doch Abstand zu mir. »Ich weiß jetzt, dass ich nicht ohne dich leben will. Nicht leben kann.«

Seine Worte lassen mein Herz schneller schlagen. Eddie kann ein Romantiker sein, doch er neigt nur selten dazu, es nach außen zu zeigen. Wenn er mir Blumen mitbringt, ist das eher ein Zeichen, dass er sich für etwas entschuldigen muss.

»Charlie, ich weiß, dass ich mit dir zusammen sein will. Jeden Tag meines Lebens. Egal, was meine Eltern von dir halten. Egal, ob du Ärztin, Architektin oder Konditorin bist.«

Okay, seine letzten Worte waren zwar wieder ernüchternd, aber ich weiß, dass er es gut meint. Es ist an der Zeit, den nächsten unangenehmen Teil dieses Gesprächs hinter mich zu bringen.

»Eddie, bevor du weitersprichst, will ich etwas sagen.«

Meine Vernunft will mich davon abhalten, dieses Geständnis zu machen, doch mein Entschluss steht fest. Wenn ich mit Eddie die Beziehung weiterführen will, dann mit reinem Gewissen.

»Was gibt es denn?«

»Eddie …«

Mein Blick senkt sich auf den dunkel gefliesten Boden. Ich hole tief Luft und straffe meine Schultern.

»Ich habe Alex geküsst.«

Ich halte die Luft an und warte ab, wie er darauf reagiert.

»Du hast Alex geküsst?«, fragt er überrascht und verschränkt die Arme vor der Brust. Mit so etwas hat er offenbar nicht gerechnet. Er braucht einen Moment, um es zu begreifen.

Ich nicke.

»Ich hatte ganz kurz das Gefühl, es knistert zwischen uns, deshalb habe ich ihn geküsst. Aber … da war nichts.«

Ich hebe die Schultern und lasse sie wieder fallen. Keine Ahnung, warum ich das mit dem Knistern eigentlich dachte.

»Also du hast ihn geküsst? Nicht er dich?«

Ich nicke erneut.

Eddie wirkt erleichtert und beginnt zu lächeln.

»Solange es nur so ist«, sagt er dann.

Ich sehe ihn irritiert an. Hatte ich umsonst ein so schlechtes Gewissen? Ich war ja schon kurz davor, mich zu entschuldigen.

»Das stört dich nicht?«, frage ich verwundert.

»Es ist ja nicht so, als hätte er sich an dich rangemacht«, erklärt Eddie mit einem Schulterzucken. Er greift nach seinem Weinglas und nimmt einen großen Schluck.

Zu sehen, wie wenig ihn das kümmert, kränkt mich.

Würde es etwas anderes bedeuten, wenn die Initiative von Alex ausgegangen wäre? Und wenn ja, warum?

Offenbar hat Eddie meine Irritation bemerkt. Er greift nach meinen Handgelenken und zieht mich etwas zu schwungvoll an sich. Dann legt er meinen Kopf an seine Brust und streicht mir übers Haar.

»Mach dir deswegen keine Gedanken, Süße«, haucht er. »Wie gesagt. Wir alle machen Fehler. Wichtig ist, dass wir zusammen sind.«

Ich frage mich plötzlich, ob auch er einen Fehler gemacht hat. Automatisch denke ich an Heidis Versuche, ihn mit Magdalena zusammenzubringen. Soll ich ihn danach fragen? Er würde es mir doch erzählen, wenn es so wäre, oder? Abgesehen davon soll sie erst diese Woche zurückkommen. Er hat bestimmt noch gar nichts von ihr gehört.

Eddie nimmt mein Kinn und hebt mein Gesicht zu seinem. Dann legt er seine weichen Lippen auf meine und küsst mich vorsichtig. Ein Kribbeln macht sich in meinem Bauch breit, und ich bin sicher, es ist nicht der Rotwein.

Die Antwort ist: Ja. Ja, ich kann mit seinen Fehlern leben.

»Charlie, ich liebe dich«, sagt er, als er von mir ablässt. Er wickelt sanft eine Locke um seinen Finger und schiebt sie hinter mein Ohr.

»Ich liebe dich auch«, flüstere ich und meine das genauso. Trotz seiner Ecken und Kanten oder vielmehr trotz der seiner Eltern.

»Ich habe mir etwas überlegt, Charlie.« Er umfasst liebevoll mein Gesicht und drückt mir einen zarten

Kuss auf den Mund. »Ich weiß, es kommt dir vielleicht unüberlegt vor, aber ich finde, wir sollten den nächsten Schritt in unserer Beziehung wagen.«

Meine Knie werden weich, und ich halte den Atem an. Ich spüre, wie ein Feuerwerk in meiner Brust explodiert. Wie konnte ich nur an Eddie zweifeln? Er ist alles, was ich je wollte, und dass er genauso fühlt, macht mich unendlich glücklich.

»Du und ich, Charlie. Unsere Liebe ist stärker als alles andere«, fährt er leise fort und lässt seinen warmen Daumen zärtlich um meine Wange streicheln. »Ich weiß schon jetzt, dass ich nie mit einer anderen Frau zusammen sein will.«

Ich bebe vor Aufregung. »Oh, Eddie!« Am liebsten würde ich ihm um den Hals fallen und ihn küssen. »Ich kann es auch nicht erwarten, dich zu heiraten.«

Es ist egal, wie unvorbereitet er war. Wenn er keinen Verlobungsring hat, macht mir das nichts aus. Hauptsache, wir sehen eine gemeinsame Zukunft.

»Heiraten?«, wiederholt Eddie überrascht und weicht ein Stück zurück. Er wirkt fast schockiert. »Ich wollte dich fragen, ob du bei mir einziehst.«

»Einziehen? Hier?«, stottere ich und spüre, wie mir das Blut in die Wangen schießt. Ließen seine Worte nicht eindeutig auf einen Heiratsantrag schließen? Mir wird schlecht.

»Ja, einziehen. Damit ich dich nicht mehr ständig nach Hause fahren muss.«

Eddie schüttelt den Kopf, als könne er nicht begreifen, wie dieses Missverständnis entstehen konnte. Als ob er mich so oft nach Hause brächte! Meistens jammert er, er sei müde, und ich erkläre mich freiwillig bereit, mit der U-Bahn heimzufahren, oder er leiht mir sein Auto. Abgesehen davon hat er meist zu viel getrunken, um noch fahren zu dürfen.

»Du willst schon heiraten?«, ruft er entsetzt aus und wendet sich von mir ab. Er fährt sich nervös durchs Haar und legt dann den Kopf in den Nacken.

»Du sagtest doch, du willst nie mit einer anderen Frau zusammen sein«, stammle ich.

Warum reagiert er so derartig entsetzt? Es war ein Missverständnis!

»Das ist doch verrückt«, sagt Eddie noch immer fassungslos.

»Warum?«

Meine Stimme ist schwächer, als ich will. Tränen steigen mir in die Augen, und ich weiß nicht, ob aus Wut oder aus Enttäuschung. Vermutlich beides.

Eddie holt tief Luft und sieht mich an. »Vielleicht war es keine gute Idee, dich heute Abend hierherzubitten.«

Er sagt das so nüchtern und gefühllos, dass es mir einen Stich ins Herz versetzt. Ich öffne meinen Mund, um etwas darauf zu sagen, doch ich weiß nicht, was. Will ich ihm einen Vorwurf machen? Ihn beschimpfen? Oder anflehen und bitten, meine Worte zu vergessen?

»Charlie, ich muss nachdenken. Es ist besser, wenn du jetzt nach Hause fährst.«

*** Getränkte Rumschnitte ***

... die Menge an Rum ist der jeweiligen Stimmung anzupassen

für den Teig:
100 g Schokolade
1/8 l Milch
250 g Butter
250 g Zucker
6 Eigelbe
30 g Kakao
250 g Mehl
1/2 Päckchen Backpulver
6 Eiklar

Schokolade in warmer Milch schmelzen. Anschließend mit Butter,
Zucker, Eigelb und Kakao cremig rühren. Mehl mit Backpulver vor-
sichtig unterrühren. Eiklar zu Schnee schlagen und unterheben.
Bei 180°C auf dem Blech ca. 25 Minuten backen.

für die Glasur:
250 ml Rum (oder auch mehr)
200 g Zucker

Rum erwärmen und mit Zucker verrühren.
Den noch heißen Kuchen damit übergießen.

»Rumschnitte?«, fragt meine Mutter, als sie den Deckel des Kuchenbutlers anhebt und darunterlinst. Sie legt den Kopf schräg, und ihre rotbraunen Locken fallen zur Seite.

»Schätzchen, was ist passiert?«

Schnell wende ich mich ab, um meinen Mantel über die vollkommen überfüllte Garderobe zu werfen. Wegen der vielen Schuhe auf dem Boden und des Lärms im Hintergrund weiß ich, dass die anderen schon da sind. Die Garderobe wäre aber auch ohne Gäste überfüllt. Selbst im Sommer, wenn man bestenfalls eine dünne Jacke braucht, hängen hier unzählige Mäntel, Jacken, Hüte, Schals und Regenumhänge. Das war schon immer so.

Noch bevor ich mich ins Wohnzimmer stehlen kann, packt meine Mutter mich am Arm und zieht mich zurück.

»Was ist los?«, zischt sie so leise, dass nur ich sie hören kann.

»Gar nichts, Mama«, antworte ich und lächle sie besänftigend an. »Alles in Ordnung. Komm, die anderen warten bestimmt schon.«

»Da ist sie ja endlich!«, ruft Bernd ungeduldig, als ich das Wohnzimmer betrete. Mein Schwager Bernd ist eigentlich ein schlanker Mann, doch wie ich feststelle, legt er solidarisch mit Sarah ein kleines Bäuchlein an. Das karierte Hemd spannt um seine Körpermitte. Ein typischer Fall des Couvade-Syndroms – Männer, die während der Schwangerschaft ihrer Frau Fett am Bauch ansetzen.

Bernd und Sarah kommen jedes Mal eine Stunde zu

früh, weil sie Bens Geschrei zu Hause nicht mehr ertragen und ihn lieber meiner Mutter übergeben. Anschließend verbietet meine Mutter ihnen, Kaffee zu machen, bis ich gekommen bin. Wenn ich wie verabredet pünktlich erscheine, machen sie mir Vorwürfe, ich sei zu spät. Seit Sarah schwanger ist, ist es mit ihrer Laune noch schlimmer. Und mit Bernds auch. Es ist, als wäre er ebenfalls schwanger.

»Karli, du kannst den Kaffee schon aufsetzen«, flötet meine Mutter in Richtung Küche. Dort steht mein Vater, zu Hause wie üblich im Jogginganzug, und diskutiert mit meinem Bruder Simon über Katalysatoren.

Es hat durchaus Vorteile, zwei Mechaniker in der Familie zu haben, doch Gespräche mit ihnen drehen sich ausschließlich um Autos. Das kann mitunter ziemlich langweilig werden. Ich glaube, deswegen haben meine Eltern noch ein Kind bekommen. Als ich fünf war, starteten sie den Versuch, und mein Vater bekam endlich den lang ersehnten Sohn. Dass die Wohnung schon für zwei Kinder viel zu klein war, war ihnen egal.

»Ben, Schätzchen, du sollst doch nicht Omas Grünlilie essen.«

Meine Mutter stürzt durch das Wohnzimmer, stolpert über einen Lkw und fängt sich gerade noch an der Heizungsverkleidung. Sie zieht Ben ein Blatt aus dem Mund und sucht seinen Rachen nach weiteren Blättern ab.

»Keine Sorge, die ist nicht giftig«, sagt Sarah entspannt. Da bleibt sie cool, aber wehe ihr Kind isst ein Eis! Das hält sie für überaus gesundheitsschädlich.

Meine Schwester hat es sich auf der Couch bequem gemacht und die Beine auf einem Polster hochgelagert. Um ihre geschwollenen Knöchel spannt sich eine schwarze Leggins. Außerdem trägt sie einen Pullover, der – wenn ich nicht irre – von Bernd stammt. »Der Bauch hindert mich daran, aufrecht zu sitzen«, sagt sie jedes Mal. Mittlerweile stimme ich ihr da zu.

Mein Bruder und ich sind überzeugt, dass an der Stelle, auf der Sarah jede Woche drei bis vier Stunden herumlungert, am Ende ihrer Schwangerschaft die Federn ausgeleiert sind. Mein Vater sagt, das sei Unsinn, weil sie jede halbe Stunde auf die Toilette müsse und das Sofa sich zurückformen könne.

»Bei meinen Kindern hätte es das nicht gegeben!«, keift meine Oma mit einem vorwurfsvollen Blick auf Ben. Sie hat es sich am anderen Ende der Couch gemütlich gemacht und schnalzt missbilligend mit der Zunge. Es ist jede Woche dasselbe. Weil meine Oma fünf Kinder großgezogen hat, hält sie sich für eine Expertin in Sachen Erziehung.

»Er ist ein Freigeist«, mischt Bernd sich vom Küchentisch aus ein. »Wir lassen ihn seine eigenen Erfahrungen machen. So lernt er daraus.«

»Was soll er denn da lernen?« Meine Oma lacht spöttisch auf. »Wenn er am Abend von dem Grünzeug Durchfall bekommt, erinnert er sich doch gar nicht mehr daran, es gegessen zu haben.«

»Oma, bitte!« Sarah reibt sich mit geschlossenen Augen die Schläfen.

»Ist doch wahr. Dem Jungen müsste einmal jemand beibringen, was mit einem Nein gemeint ist.«

Meine Oma verschränkt die Arme und wendet sich von Sarah ab.

Ich begrüße Oma mit einem Küsschen auf die Wange und tätschle im Vorbeilaufen Ben den Kopf. Bislang ist niemandem aufgefallen, dass Eddie nicht mitgekommen ist. Gut, das ist nicht außergewöhnlich, denn er drückt sich gerne vor dem Sonntagskaffee mit meiner Familie. Aber sie könnten immerhin fragen.

»Karli!«, quietscht meine Mutter ungeduldig in Richtung Küche. »Jetzt mach doch endlich den Kaffee!«

Mein Vater und Simon sind so tief in ihr Gespräch vertieft, dass sie nicht reagieren.

»Schätzchen, übernimmst du das bitte?«, wendet sich meine Mutter mir zu, während sie Ben einen Radiergummi aus der Nase fischt.

»Klar.«

Ich gehe in die Küche, die in eine Nische gebaut ist, und begrüße meinen Vater und Simon. Etwas unsanft bugsiere ich die beiden zum Esstisch, um an die Kaffeemaschine zu gelangen. Als ich fertig bin und die Maschine laut gluckernd arbeitet, ist alles wie immer. Mein Vater und Simon vergleichen Autos, meine Mutter versucht zu verhindern, dass Ben nichts runterschluckt oder in Körperöffnungen schiebt, und meine Großmutter diskutiert mit Sarah und Bernd über Kindererziehung.

Ich kann verstehen, warum Eddie sich scheut, jede Woche mitzukommen. Obwohl er sich für Autos interessiert, kann er bei zwei Mechanikern mit seinem Wissen nicht mithalten. Zudem kann er weder mit Ben noch mit dem Thema Kindererziehung etwas anfangen. Was ihn wohl am meisten stört, ist, dass meine Mutter es nicht lassen kann, jede noch so belanglose Situation mit ihrer Kamera festzuhalten. Das war schon immer so und hat sich verschlimmert, seit es Digitalkameras gibt. Und als wäre das nicht genug, lässt sie wöchentlich Bilder ausarbeiten, legt haufenweise Alben an und holt bei jeder Gelegenheit eines von ihnen hervor.

Dennoch sind mir die Nachmittage mit meiner Familie viel lieber als mit Eddies.

Als der Kaffee fertig ist, bringe ich meiner Schwester eine Tasse. Sie bevorzugt es mittlerweile, auf der Couch sitzen zu bleiben.

»Bernd, bringst mir ein Stück Kuchen, bitte!«

»Das ist eine Rumschnitte, die ist nichts für dich«, antwortet Bernd, als er das gute Stück auf dem Tisch begutachtet.

»Was heißt, die ist nichts für mich?«, keift Sarah und wirft mir einen wütenden Blick zu.

Ich verstecke mich hinter meiner Mutter, die gerade versucht, Ben in den Kinderstuhl zu zwängen. Dieser sträubt sich und streckt alle Gliedmaßen von sich.

»Weil in einer Rumschnitte Rum ist. Alkohol, schon vergessen?«

Bernd verdreht die Augen, wohl denkend, Sarah kann es von der Couch aus nicht sehen.

»Gib mir sofort ein Stück davon!«, knurrt sie ungeduldig.

Bernd rafft sich auf, ihr eine Ecke abzuschneiden.

»Bennilein darf aber keinen haben«, sagt meine Mutter mit ihrer zuckersüßen Stimme, als wäre das etwas Tolles. Sie schnallt den Jungen fest und setzt sich neben ihn. Glaubt sie wirklich, dass der sich so leicht austricksen lässt?

»Ich will auch Kuchen!« Ben schnappt sich eine Gabel und hämmert damit auf den Tisch.

»Wir lassen Ben selbst entscheiden, ob er ein Stück Kuchen will«, sagt Bernd und beugt sich über den Tisch zu seinem Sohn. Sein Bauch legt sich um die Tischkante. »Ben, da ist Alkohol drin. Das ist nur für Erwachsene. Findest du wirklich, du solltest das essen?«

»Ja!«, antwortet Ben wenig überraschend. Er fordert mit hektischen Handbewegungen ein Stück.

»Natürlich! Gebt dem Dreijährigen Rum«, sagt meine Großmutter und lässt sich am Ende des Tisches nieder. Durch Bens Kinderstuhl ist es am Tisch eng geworden. Wie praktisch, dass Sarah auf dem Sofa bleibt.

»Da ist doch gar kein Alkohol mehr drin«, erkläre ich, auch wenn ich mir nicht sicher bin. »Der verdampft ja bei der Hitze.«

Mal abgesehen davon, dass ich einen guten Schuss mehr, als im Rezept angegeben, hineingekippt habe.

»Er sollte trotzdem keine Rumschnitte bekommen«, zischt meine Oma und gießt sich ebenso viel Milch wie Kaffee in ihre Tasse.

»Ich sehe mal nach, ob ich noch Kekse habe!«

Meine Mutter springt auf und klappert die Küchenschränke ab.

»Keine Kekse!«, plärrt Ben und windet sich in seinem Sessel. Die Gabel wirft er im hohen Bogen über den Tisch und verfehlt nur knapp Bernd, der diese Attacke nicht einmal bemerkt.

»Umschnitte. Umschnitte!«

Er streckt sein Ärmchen aus, gelangt aber nicht an den Kuchen. Wenn Ben unkonzentriert ist, hat er noch ein Problem mit dem Buchstaben R bei Wörtern, die mit R beginnen. Meine Schwester stört das nicht weiter. »Ben bekommt genauso viel Zeit zum Sprechenlernen, wie es notwendig ist«, erklärt Sarah jedes Mal. Sie und Bernd mögen es nicht, wenn an Bens Erziehung Kritik geübt wird.

Meine Großmutter diskutiert immer noch mit Bernd, ob Rum schädlich sei und wie viel davon überhaupt noch im Kuchen enthalten ist.

»Umschnitte!«, quietscht Ben so laut, dass es in den Ohren schmerzt.

Mein Vater wendet sich von Simon ab, beugt sich über den Stuhl meiner Mutter und stopft Ben ein Stück Kuchen in den Mund. Dann wendet er sich unbekümmert Simon wieder zu und erklärt ihm etwas über einen Spurhalteassistenten.

Beschämt, weil Ben den Kuchen nicht essen darf, senke ich den Blick. An ihn habe ich gar nicht gedacht. Ich hätte ihm zumindest ein Stück Kuchen ohne Rum mitmachen können.

Ben kaut einen Moment lang auf dem Stück und schiebt es dann mit seiner Zunge angewidert aus dem Mund.

»Bäh! Wie eklig!«

Die Brösel landen alle auf dem Boden.

»Du kannst ihm doch nicht einfach ein Stück geben!«, ruft meine Schwester entsetzt herüber, doch mein Vater bemerkt sie gar nicht. Sarah macht

Anstalten aufzustehen, lässt es dann aber doch bleiben.

»Heute Abend wird er gut schlafen«, sagt meine Großmutter und nimmt sich selbst ein großes Stück.

Wenn es so ist, sollte Sarah zufrieden sein. Sie beschwert sich doch sonst so oft, wie aufgeweckt Ben noch spät am Abend ist.

»Schau, was ich habe!«

Meine Mutter kommt strahlend mit einer Packung Salzstangen zum Tisch.

»Nein, bäh!« Ben schiebt sie beiseite. »Ich will was Süßes!«

Seufzend holt meine Mutter ein Glas Nougatcreme aus dem Schrank und hält es ihm geöffnet hin.

»Du kannst sie hier eintunken. Dann sind sie auch süß.«

Ohne lange nachzudenken und die Salzkörner abzuschaben, taucht Ben die Salzstangen in die Creme und stopft sie sich gierig in den Mund.

Erleichtert lässt sich meine Mutter nieder und streicht eine ihrer Locken hinters Ohr.

»Jetzt sag schon, Charlie, warum gibt es heute Rumschnitte?«

Sie langt jetzt selbst nach einem extragroßen Stück.

»Die backst du sonst nur bei Liebeskummer«, stellt auch Sarah fest und winkt Bernd herbei, um ihr Nachschub zu bringen.

»Bist du sicher, dass …«, fragt dieser, verstummt jedoch bei ihrem vernichtenden Blick und bringt ihr umgehend ein weiteres Stück.

»Ich habe keinen Liebeskummer«, sage ich, wohlwissend, dass ich nicht darum herumkomme, von Eddies und meinen Problemen zu erzählen.

»Wo ist denn der Junge? Der Strohblonde?«, fragt meine Großmutter, als hätte sie meine Gedanken gelesen. »Wie heißt der noch mal?«

Meine Großmutter ist nicht senil, doch »Eddie« ist für sie kein normaler Name, deswegen vergisst sie ihn ständig. Sie ist neben Heidi auch die Einzige, die mich Charlotte nennt, doch das passiert selten, weil sie mich kaum direkt anspricht.

»Eddie kann heute nicht«, antworte ich und esse meinen Kuchen, als wäre nichts passiert.

»Wie war das Essen bei seinen Eltern?«, erkundigt sich meine Mutter.

Offenbar hatte ich ihr davon erzählt.

»Nett«, sage ich und versuche mir nichts anmerken zu lassen. »Seine Schwester ist jetzt verlobt.«

»Großartig!«, ruft meine Mutter und hilft Ben dabei, die abgebrochen Salzstangen aus der Nougatcreme zu fischen. »Wir sollten die Familie zum Essen einladen, findest du nicht, Karli? Ich koche uns etwas Gutes.«

Mein Vater brummt kurz, nickt ihr zu und wendet sich sogleich wieder Simon zu. Ich bin sicher, er hat kein Wort von dem mitbekommen, was hier neben ihm gesprochen wurde.

»Mama, das halte ich für keine gute Idee.«

Ich wünschte, sie hätte dieses Thema nicht angeschnitten.

»Warum? Schämst du dich für uns?«

Mit ihren großen, grünen Augen starrt meine Mutter mich an. Sie sieht aus, als würde sie gleich anfangen zu weinen.

Ehrlich gesagt ja, ich schäme mich, aber das kann ich ihr natürlich nicht sagen. Unsere Familien sind einfach zu verschieden. Wenn Heidi und Wolf mich schon nicht akzeptieren, dann den Rest meiner Familie wahrscheinlich erst recht nicht.

»Mama, ihr habt doch gar keinen Platz hier«, versuche ich sie zu beruhigen.

Ich weiß, dass sie gleich vorschlagen wird, den Klapptisch von den Nachbarn auszuborgen. Die Stühle könnten sie von Großmutter holen, die nur ein paar Straßen weiter wohnt ... Ich beschließe kurzerhand, ihnen die Wahrheit zu sagen. Das ist immer noch besser als die Vorstellung, Eddies Familie in diesen engen vier Wänden sitzen zu sehen.

»Abgesehen davon läuft es momentan nicht so gut bei uns.«

Meiner Mutter klappt die Kinnlade runter, als sie das hört. Ben nutzt die Gunst des unbeobachteten Moments und grabscht mit seiner Hand in das Glas. Genüsslich leckt er die Nougatcreme von seinen Fingern und schmiert dabei mehr um seinen Mund als auf die Zunge.

»Was ist passiert?«, fragt Bernd höflich, während meine Mutter immer noch aussieht, als hätte sie einen Geist vor sich sitzen.

»Ach, so das Übliche«, sage ich und zucke mit den Schultern. Ich will es nicht näher ausführen. Sie würden nicht verstehen, dass Eddies Eltern mich für nicht gut genug halten.

»Aber Charlie«, beginnt meine Mutter und wird kreidebleich. »Was soll denn dann aus dir werden?«

Die größte Sorge meiner Mutter ist es, dass ich mit dreißig noch nicht verheiratet bin.

Auf diese Frage gibt es keine richtige Antwort, also verhalte ich mich still und trinke meinen Kaffee.

»In deinem Alter war ich schon verheiratet und hatte Sarah. Und Sarah war in deinem Alter ebenfalls schon verheiratet und mit Ben schwanger.«

Meine Mutter nickt zu dem Jungen und bemerkt immer noch nicht, wie er sein Gesicht nach und nach eincremt.

»Will denn niemand dem Kind eine Serviette reichen?«, fragt meine Großmutter, angeekelt von dem Anblick. »Zu meiner Zeit hätte es das nicht gegeben.«

»Zu deiner Zeit gab es auch noch keine Nougatcreme«, entgegnet Bernd prompt und schaufelt sich weiter Rumkuchen in den Mund. Kein Wunder, dass sein Bauchumfang nur marginal kleiner als Sarahs ist.

»Mama, ich bin sechsundzwanzig«, sage ich ungeduldig. »Ich habe noch ausreichend Zeit, um zu heiraten und Kinder zu kriegen.«

»Das hast du vor zwei Jahren auch schon gesagt«, sagt sie und verschränkt die Arme vor der Brust. »Wenn du Eddie verlierst, dann musst du noch einmal zurück an den Start. Es kann ewig dauern, bis du wieder einen Mann findest, der dich heiraten will.«

»Ach, Eddie will mich doch auch nicht heiraten«, antworte ich. »Das ist ja das Problem.«

So, jetzt ist es raus.

Meine Mutter schnalzt jedoch nur missbilligend mit

der Zunge. Dann schaut sie zu Ben, der mit seinen cremeverschmierten Händen nicht nur das Gesicht und seine Kleidung schmutzig macht, sondern auch die weiße Tischdecke und den Kinderstuhl.

»Ist das nicht süß?«, ruft sie entzückt und springt, wie von der Tarantel gestochen, auf. »Ich muss die Kamera holen.«

Nachdem sie den nougatcremeverschmierten Ben von allen Seiten abgelichtet hat, beginnt sie, die Sauerei wieder wegzuwischen.

»Ich habe auch gute Neuigkeiten«, sage ich, während ich sie beobachte. »Die Petit-Four-Messe wird heuer im Elisabethhof ausgetragen. Ich werde einen Stand haben und Petits Fours anbieten.«

Jetzt muss ich ihnen erst einmal erklären, was Petits Fours sind und wie so eine Messe überhaupt veranstaltet wird. Wenn ich es geschickt anstelle, wird das Thema Eddie erst wieder aufgegriffen, wenn es Zeit ist zu gehen.

* * *

Alex meint immer noch, so etwas wie eine Pechsträhne gebe es nicht. Selbst als ich ihm erzähle, dass Elena mit einer Grippe im Bett liegt und ich die Organisation der Petit-Four-Messe übernehmen muss. Elena findet das genauso furchtbar wie ich, doch immer noch besser, als die ganze Messe abzusagen. Die weiteren Details will sie mir per E-Mail zukommen lassen.

Nach dem Frühstück logge ich mich an einem der Firmencomputer im Aufenthaltsraum in meinen Account ein. Das mache ich sonst nur ein- bis zweimal im Monat. Außer Werberundschreiben und verirrte Firmenmails findet sich nie etwas in meinem Postfach. Doch dieses Mal sind ganze 23 ungelesene Nachrichten im Eingang. 19 davon von Elena. Alle mitten in der Nacht verschickt. Jemand sollte ihr sagen, dass eine Grippe am schnellsten abklingt, wenn man sich ausruht.

Als ich die Mails überfliege, bekomme ich einen Schock. Sie hat mir unzählige Aufgaben weitergeleitet. Einige Termine überträgt sie einfach an mich. Ich soll ein Interview geben, den Sicherheitsinspektor empfangen, Akkreditierungen vorbereiten, die Schauküche aussuchen, Uniformen holen, die Servicemitarbeiter einweisen, alle Details mit dem Fotografen besprechen und sämtliches Equipment organisieren.

Allein für morgen hat sie mir zwei Termine eingetragen, die unglaublich wichtig sind. Zumindest den vielen Rufzeichen nach zu urteilen.

Als ich mit dem Ausdruck der ellenlangen To-do-Liste in die Küche zurückkomme, empfängt Alex mich mit einem Stück frisch gemachtem Gugelhupf. Er ist sogar noch warm. Schon der herrliche Geruch lässt mir das Wasser im Mund zusammenlaufen.

»Machen wir einen Tausch?«, frage ich, nehme dankbar den Kuchen entgegen und drücke ihm die Liste in die Hand. Während ich gierig den Kuchen verschlinge, der Alex hervorragend gelungen ist, überfliegt er die Liste.

»Dafür gibt's Leute, deren Beruf es ist, so was zu übernehmen«, sagt er. »Deren Firma wird doch eine Vertretung haben, die sich darum kümmern kann.«

»Scheinbar nicht.« Ich picke die Brösel mit den Fingern vom Teller. »Das nächste Mal einen Schuss mehr Rum.«

»Das sagst du nur, weil du deprimiert bist«, kontert Alex und legt den Ausdruck auf den Tisch. »Also wirklich. Das ist doch nicht dein Problem, wenn Elena krank ist!«

»Offenbar doch«, sage ich. »Diese Messe muss perfekt werden. Bevor auch nur ein Detail schiefgeht, kümmere ich mich lieber selbst darum.«

»Warum?«, fragt Alex verständnislos.

»Weil ich mich als Chef-Patissière des Hotels optimal präsentieren will. Die Messe im Hotel Elisabethhof soll unvergesslich werden!«

Und weil ich Daniel auf keinen Fall die Genugtuung gönne, hinterher sagen zu können, die Petit-Four-Messe sei ein Schmarrn gewesen. Er soll sich ärgern und zugeben, dass sie rentabel, ansehnlich und gut organisiert war. Und keine schrullige Ausstellung für kleine Bäckereien.

»Jedenfalls darfst du das Hotel doch nicht einfach so verlassen«, sagt Alex und tippt auf das Papier. »Aber für die Mehrheit dieser Aufgaben musst du außer Haus.«

»Ich weiß.«

Ich schnappe mir den Ausdruck und gehe hinauf in den vierten Stock zu Richard, um ihm das alles zu erklären.

Während er mir zuhört, überfliegt er den Ausdruck.

»Eine Menge zu tun«, murmelt er schließlich in seinen Bart und reibt sich das Kinn.

»Es sieht auf den ersten Blick nach viel aus«, gestehe ich und versuche, dennoch optimistisch zu klingen. Er soll nicht merken, wie sehr mich die Aufgaben einschüchtern. »Aber wenn Sie mir erlauben, die kommenden Tage außer Haus tätig zu sein, wird Alex sich mit bestem Wissen und Gewissen um die Patisserie kümmern. Sie werden gar nicht merken, dass ich fehle. Versprochen.«

»Ja, ja, nicht merken«, knurrt Richard grimmig und wirkt ein wenig beleidigt. »So wie bei dem Gugelhupf heute. Viel zu wenig Rum. Der Junge soll damit nicht sparen!«

Mit dem »Jungen« ist natürlich Alex gemeint, und obwohl ich ihm in puncto Rum recht gebe, bin ich erstaunt, dass er es wieder gemerkt hat. Der Gugelhupf schmeckte trotzdem wirklich gut.

»Also schön«, sagt Richard und legt seine Hände ineinander. »Natürlich dürfen Sie diesen Aufgaben nachgehen. Allerdings stelle ich Ihnen eine Hilfe zur Seite, damit Sie möglichst schnell wieder in der Küche stehen.«

Diese Idee finde ich gut. In den Büros gibt es laufend junge Praktikantinnen und Praktikanten. Warum soll mir keiner zur Verfügung gestellt werden? Alex wird Augen machen, wenn er mich mit einer Assistentin sieht. Innerlich lache ich mich schon schlapp über sein verdutztes Gesicht.

Richard greift zum Hörer und wählt eine Nummer.

»Haben Sie einen Moment Zeit? Ja, bitte kommen Sie in mein Büro.«

Hoffentlich ist es eine clevere Praktikantin! Ich

brauche kein Anhängsel, dem ich alles doppelt und dreifach erklären muss. Ihre erste Aufgabe wird es sein, Elenas Nachrichten zu beantworten. Diese Tätigkeit schiebe ich nur zu gerne ab.

Es klopft. Gespannt blicke ich zur Tür und rechne mit einer süßen Sechzehnjährigen mit blondem Pony und großer Kunststoffbrille.

Es tritt allerdings keine sechzehnjährige Praktikantin ein, sondern Daniel. Sein Blick wandert irritiert von Richard zu mir. Er kneift die Augen zusammen und zieht die Tür hinter sich zu.

»Gibt es ein Problem?«, fragt er.

Denkt der ernsthaft, ich hätte ihn bei Richard verpfiffen? Als würde ich das tun! Alleine der Gedanke bringt mein Blut zum Kochen. Vielleicht sollte ich Richard wirklich einen Hinweis geben, dass Daniel irgendetwas im Schilde führt. Das Gespräch in dem italienischen Café hätte unzweideutiger nicht sein können.

»Nein, kein Problem«, antwortet Richard unbekümmert. Er hat die Anspannung zwischen Daniel und mir nicht mitbekommen. »Daniel, ich bitte Sie, Charlie bei der Organisation der Petit-Four-Messe zu helfen.«

»Wie bitte?«, frage ich verblüfft und starre Richard entgeistert an. Mit einer Unterstützung meinte er Daniel? Den zukünftigen Hotelleiter?

»Das ist nicht notwendig«, sage ich schnell.

»Das sehe ich auch so«, pflichtet Daniel mir bei. Er streckt seine Hände in die Taschen seiner dunklen Stoffhose.

»Es gibt bestimmt Praktikanten, die mir helfen können«, schlage ich hoffnungsvoll vor. Von mir aus einen Lehrling oder Sissi oder sonst irgendjemanden. Aber sicher nicht Daniel!

»Ich halte das für eine gute Idee.«

Richard lässt sich von seinem Plan nicht abbringen. Stattdessen steht er auf und geht zum Fenster. Ich riskiere einen Blick zu Daniel, der mich vorwurfsvoll anstarrt. Mir ist das genauso unangenehm wie ihm. Das sollte er merken. Hoffentlich ereilt Elena eine wundersame Heilung, und sie kann morgen wieder alle Agenden selber übernehmen.

»Daniel, Sie kennen sich im Bereich der Organisation besser aus als Charlie«, erklärt Richard, ohne sich uns beiden zuzuwenden. »Sie wird einiges von Ihnen lernen können, und Sie von ihr.«

Ich bin mir nicht sicher, aber aus meinem Blickwinkel sieht es aus, als würde Richard schmunzeln.

»Außerdem haben Sie einen Dienstwagen, mit dem Sie Charlie zu den Terminen begleiten können«, fährt er fort.

»Oh, ich fahre gerne mit den Öffis!«, werfe ich schnell ein.

Richard beachtet meinen Einwand nicht.

»Daniel, das ist eine gute Gelegenheit für Sie, die Abläufe unseres Hotels näher kennenzulernen«, sagt er stattdessen munter.

Daniel beißt die Zähne zusammen und reckt sein Kinn in die Höhe. Er will sich von Richard eindeutig nicht herumkommandieren lassen. Es sieht wirklich so aus, als würde er diese Aufgabe nur sehr widerwillig übernehmen und hinter sich bringen wollen.

»Gut.«

Mehr sagt er nicht.

* * *

»Bitte!«

Daniel hält mir die Glastür zur Redaktion des Backmagazins auf und lässt mir den Vortritt. Die ganze Fahrt hierher herrschte eine eisige Stimmung in seinem Dienstwagen. Er muss nicht aussprechen, was er denkt. Ich weiß, dass er eigentlich Wichtigeres zu tun hat. Dennoch bleibt er professionell, verzieht keine Miene und begleitet mich stumm in das Foyer. An den Wänden hängen überdimensionale Abbildungen von alten Covern des Magazins. In der Ecke steht eine dunkelrote Couch, davor ein Beistelltisch, auf dem sich zahlreiche Zeitschriften stapeln.

Eine Empfangsdame leitet per Telefon weiter, dass wir eingetroffen sind. Kurze Zeit später kommt eine junge Frau mit einem flotten, blonden Kurzhaarschnitt und einer markanten roten Brille in die Eingangshalle. Sie stellt sich als Moni vor und schüttelt kräftig meine Hand.

»Sie müssen Charlotte Paul sein. Elena hat Sie angekündigt. Um ehrlich zu sein, Elena hatte schon befürchtet, Sie würden nicht kommen.«

Daniel lacht erheitert auf, wird jedoch sofort wieder ernst, als ich ihm einen strengen Blick zuwerfe.

»Sie dachte wohl, Sie würden einen Rückzieher machen«, sagt Moni.

Dann bemerkt sie Daniel, strafft ihre Schultern und streckt ihm ihren dünnen Arm entgegen, an dem mehrere bunte Armreife baumeln.

»Wer ist denn Ihre Begleitung?«, fragt sie und lächelt ihn entzückt an.

»Daniel Eppensteiner, ich gehöre zur Geschäftsleitung des Hotels Elisabethhof«, sagt er sachlich und schüttelt ihr die Hand.

Es gefällt mir nicht, wie Moni ihn ansieht. Da waren ein paar Augenaufschläge zu viel dabei. Und will sie seine Hand etwa gar nicht mehr loslassen?

»Wo findet das Interview statt?«, werfe ich ungeduldig ein und versuche damit, Monis Aufmerksamkeit wieder auf mich zu lenken. Die lässt sich jedoch nicht beirren und lächelt Daniel weiterhin entzückt an.

»Hier entlang, bitte.«

Als ich Moni folge, bemerke ich den kurzen Rock, den sie trägt. Ihre Hüften schwingen bei jedem Schritt elegant hin und her. Niemand kann mir weismachen, dass das eine natürliche Gangart ist. Zu gerne würde ich mich umdrehen und schauen, ob Daniel ihr auf den Hintern glotzt. Darauf hat sie es doch sicher abgesehen!

Der Seminarraum, in dem das Interview stattfinden soll, ist ganz anders als unser Seminarraum im Elisabethhof.

Farbenfrohe Gardinen zieren hier die großen Fenster. In der Mitte stehen fünf Ohrensessel in einer Art Kreis, mit bunten Stoffen im Patchwork-Stil bezogen. An der einen Wand hängt eine schwarze Tafel mit unzähligen Notizen in den verschiedensten Kreidefarben.

An der Seite befindet sich eine Bar, auf der Wasser-krüge und eine Espressomaschine stehen. Wenn Dani-el im Elisabethhof etwas umstrukturieren will, dann sollte er bei unseren Seminarräumen beginnen. Dieser hier ist beispielhaft!

»Bitte, setzen Sie sich.«

Moni deutet auf die Patchwork-Stühle und holt ein Diktiergerät, das auf einer Kommode liegt.

»Stört es Sie, wenn ich das Interview aufzeichne? Das erleichtert meine Arbeit ungemein.«

Fragend sehe ich Daniel an, der sein Okay gibt und mir einen Platz zuweist. Er setzt sich links neben mich. In diesen Sesseln sieht er mit seinem konserva-tiven Anzug und der schmalen Krawatte witzig aus. Zu ihm passen eher schwarze Ledersessel, aber keine pink- und türkisfarbenen Stoffe mit Blümchen und Streifen. Ich versuche, ein Grinsen zu unterdrücken.

»Wir sind landesweit das größte Koch- und Back-magazin und berichten wie jedes Jahr von der immer beliebter werdenden Petit-Four-Messe. Charlotte, wie lange sind Sie schon die Patissière im Hotel Elisabeth-hof?«

Moni schiebt die große rote Brille auf ihrer Nase hoch und legt grazil ein Bein über das andere. Ob-wohl sie mich anspricht, ist ihr Körper Daniel zuge-wandt. Daniel gefällt ihr. So viel weiß selbst ich über Körpersprache.

»Seit vier Jahren.«

Meine Antwort ist kurz und knapp. Ich merke, wie steif ich auf diesem eigentlich bequemen Polstersessel sitze. Ich muss mich entspannen. Ich schlage also ebenfalls meine Beine übereinander und lege die Arme auf den bunten Lehnen ab.

»Waren Sie schon einmal auf der Petit-Four-Messe?«

»Ja, seit Beginn bin ich jedes Jahr dort.«

»Und Sie, Herr Eppensteiner?«

Mit einem charmanten Lächeln wendet Moni sich Daniel zu.

Das war's schon? Dabei fielen mir unzählige Fragen ein, die sie mir stellen könnte. Gestern Abend lag ich lange wach und habe mir selbst Fragen gestellt, um heute die passenden Antworten parat zu haben. Welcher Aussteller hat mich am meisten beeindruckt? Welche Petits Fours sind dieses Jahr angesagt? Wie viele Kalorien hat ein Petit Four durchschnittlich? Ich wüsste auf alles eine Antwort.

»Bislang nicht«, lautet Daniels nüchterne Antwort, die er mit einem dezenten, aber höflichen Lächeln schmückt. Nichts, worauf Moni sich etwas einbilden kann.

»Sagen Sie, gehören Sie zu der Familie der Hotelkette Eppensteiner?«

Als wäre sie selbst beeindruckt von ihrem Wissen, lacht sie auf und wirft mit einer schwungvollen Handbewegung eine fransige blonde Strähne zur Seite.

Eppensteiner? Hotelkette? Jetzt, wo sie es sagt, kommt mir der Name plötzlich auch bekannt vor.

Daniel nickt.

»Ein Zufall, dass Sie im Elisabethhof tätig sind?«

In der Hoffnung, etwas Interessantes aus ihm herauszulocken, sieht Moni ihn mit gespitzten Lippen an. Oder versucht sie ihn zu verführen?

»Ich denke, das ist nicht das Thema, weswegen wir hier sind«, sagt Daniel trocken.

Diese Antwort macht ihn mir gleich viel sympathischer. Wenigstens geht er nicht auf ihre Avancen ein.

»Sie haben recht.«

Äußerst professionell steckt Moni diese Abweisung weg und setzt ein breites Lächeln auf, das ihre knallroten Lippen spannt.

»Herr Eppensteiner, was hat Sie dazu bewogen, die Petit-Four-Messe in Ihr Haus zu holen?«

Ihre Aufmerksamkeit gilt doch tatsächlich einzig und allein dem Mann, der diese Veranstaltung als nicht angemessen für den USP des Hotels erachtete, und nicht der langjährigen Patissière, der es zu verdanken ist, dass die Messe überhaupt im Elisabethhof stattfindet!

»An der Petit-Four-Messe nehmen jährlich namhafte Vertreter der besten Konditoreien des ganzen Landes teil. Für unser Hotel ist es eine große Ehre, sie in diesem Jahr bei uns begrüßen zu dürfen. Jede Veranstaltung ist eine Herausforderung für sich selbst. Als Businesshotel tragen wir viele Firmenevents aus, und die Petit-Four-Messe ist eine interessante Abwechslung.«

Entweder kann Daniel aus dem Stegreif wirklich gut reden, oder er hat sich ernsthaft Gedanken über die Messe gemacht.

»Ich kann es gar nicht erwarten, Ihr Hotel im Rahmen der Petit-Four-Messe zu besuchen«, sagt Moni.

Meine Finger trommeln auf dem bunten Stoff der Armlehne herum, zu leise, als dass Moni meine Ungeduld bemerkte. Immerhin bin ich die Expertin auf diesem Gebiet.

Nachdem sie Daniel drei weitere Fragen gestellt hat, die er nur einsilbig beantwortet hat, empfiehlt er ihr ganz nonchalant, sie solle sich an mich wenden. Ich sei die kompetente Ansprechpartnerin in dem Bereich, nicht nur durch profunde Kenntnis, sondern auch durch langjährige Erfahrung.

Damit habe ich nun nicht gerechnet! Überrumpelt setze ich mich in meinem Ohrensessel auf.

Wie erwartet, stellt sie mir die klassischen Fragen: Welcher Aussteller ist für Sie besonders interessant? Wo haben Sie gelernt? Welche Desserts bereiten Sie am liebsten zu? Zum Schluss ringt sie mir ein Rezept für Petits Fours ab, das die Leser des Magazins nachbacken können. Dann beendet Moni das Interview lustlos und geleitet uns ins Fotostudio nebenan.

Diese paar Fragen hätte ich ihr auch per E-Mail beantworten können, dann wäre Daniel und mir die Fahrerei erspart geblieben!

Im Fotostudio sind mehrere Scheinwerfer und eine weiße Leinwand angebracht. Vor dieser Kulisse steht ein Stativ. Seitlich hängt ein großer, beleuchteter Spiegel.

»Die Fotografin kommt gleich«, sagt Moni und beäugt mich dann kritisch.

»Charlotte, wollen Sie nicht Ihre Nase etwas nachpudern?«

Puh! Noch deutlicher konnte ihr Seitenhieb nicht sein. Sie schließt die Tür hinter sich und lässt mich mit Daniel alleine.

Ich warte darauf, dass er mir sagt, wie unnötig dieses Interview war. Womit er recht hätte. Ich beobachte ihn, wie er mit den Händen in den Hosentaschen durch den Raum schreitet und die Fotografien an den Wänden betrachtet. Sie zeigen herrlich drapiertes Essen wie Burger, Salate und Früchte, die perfekt ins Licht gesetzt sind und überaus schmackhaft aussehen. Vermutlich wurden sie in diesem Studio aufgenommen.

Ich gehe zu dem Spiegel und zupfe meine Haare zurecht. Sie sehen gut aus, und meine Nase auch.

Ich krame in meiner Handtasche nach einem Lippenpflegestift.

»Sie brauchen Ihre Nase nicht pudern«, sagt Daniel, als er mich in der Tasche wühlen sieht. »Sie sehen auch so gut aus. Hauptsache Sie setzen keine so hässliche, rote Brille auf.«

»Ich wollte bloß ...«, beginne ich.

»Ah!« Er nickt beiläufig und schlendert weiter.

Innerlich beginne ich zu jubeln. Er hat mir nicht nur ein Kompliment gemacht, sondern auch gesagt, dass er ihre Brille hässlich findet.

»Und all diese Fragen an mich.« Er verdreht die Augen. »Als ob ich die interessante Person in diesem Interview wäre.«

Er holt sein BlackBerry hervor.

Daniel bezeichnet mich als interessante Person? Das ist das Netteste, das er je in meiner Gegenwart gesagt hat.

»Ihre Antwort bezüglich der Wichtigkeit der Petit-Four-Messe hat mich beeindruckt«, sage ich. »Hat sich Ihre Meinung diesbezüglich geändert?«

Ich bin immer noch erstaunt über seine spontane und professionelle Stellungnahme.

Er sieht von seinem Handy auf und beginnt zu grinsen. »Ich habe Richard zitiert.«

»Aha.«

Die Tür fliegt schwungvoll auf, und eine kleine, rundliche Frau kommt herein.

»Einen schönen guten Morgen!«

Ohne uns anzusehen, huscht sie zum Stativ und befestigt darauf eine Kamera. Mit einer ungeduldigen Handbewegung bedeutet sie mir, mich vor die weiße Leinwand zu stellen.

»Sie auch!«

Mit dem Blick durch das Objektiv winkt sie Daniel herbei.

Dieser steht breitbeinig und mit verschränkten Armen da und sagt: »Oh, nein, ich bin nur …«

»Stellen Sie sich dazu. Ich habe nicht ewig Zeit.«

Von ihrem Kommandoton überrumpelt, kommt Daniel zu mir vor die Leinwand und sieht mich beinahe hilflos an. Ich zucke mit den Schultern und wundere mich ebenso wie er. Bestimmt weiß die Fotografin nicht, mit wem sie es hier zu tun hat, doch es kümmert sie auch nicht. Er ist ja nicht ihr Chef.

»Wir machen keine Verbrecherfotos. Mehr Pose, wenn ich bitten darf.«

Sie drückt zweimal den Auslöser und reißt mich mit dem Blitz aus meiner Erstarrung.

»Die waren für das Licht«, erklärt sie und betrachtet das geschossene Foto auf dem Display.

Hilfesuchend sehe ich Daniel an, der seine Arme

wieder verschränkt hat und jetzt ganz ernst in Richtung Kamera blickt.

»Sehr schön, Charlotte!«, ruft die Fotografin aus, während sie durch das Objektiv späht. »Sie ... Ach, ich habe Ihren Namen wieder vergessen, lächeln Sie!«

Sie wedelt mit ihrer Hand neben der Kamera.

»Mir ist nicht zum Lächeln«, knurrt Daniel und verharrt in seiner Pose.

»Wir sind hier bei einem Kochmagazin, nicht bei einem dieser Wirtschaftsblätter«, erwidert die Fotografin leicht unwirsch. »Etwas sympathischer zu wirken kann auch Ihnen nicht schaden.«

Daniel klappt vor Schreck der Mund auf.

»Sie haben gehört, was sie gesagt hat«, flüstere ich und grinse. »Kommen Sie schon. Zeigen Sie Ihren Charme. Das können Sie doch, oder?«

Er sieht mich verdattert an, gibt dann ein leises Stöhnen von sich und sagt endlich: »Also gut.«

Die Fotografin scheint mit uns zufrieden zu sein, denn sie schießt jetzt etliche Fotos hintereinander. »Andere Pose!«, sagt sie und: »Ja, sehr gut. Sehr gut.« Dann nimmt sie ihre Kamera ab und sieht sich die Aufnahmen auf dem Display an.

»Sie finden alleine hinaus?«, fragt sie und eilt, ohne eine Antwort abzuwarten, zur Tür hinaus.

Finster dreinschauend, lässt Daniel mir den Vortritt.

* * *

»Sagten Sie nicht, es handle sich um eine reine Routinebesichtigung?«

Nervös folge ich dem Herrn Sicherheitsinspektor

Ludwig Kraft. Akribisch inspiziert er jeden Winkel des Veranstaltungssaals und macht sich unleserliche Notizen auf einem Formular. Das Licht der Kristallleuchten spiegelt sich auf seiner hohen Stirn.

»Es gibt eine Genehmigung für das Ring-Renaissance-Hotel«, erklärt er, ohne mich anzusehen. »Ich muss prüfen, wie die Gegebenheiten in diesem Hotel sind. Eine Veranstaltung, bei der eine so große Besucherzahl erwartet wird, erfordert entsprechende Sicherheitsmaßnahmen.«

Meiner Meinung nach sucht dieser Ludwig Kraft penibel nach jeder Kleinigkeit, die er bekritteln kann. Schon jetzt hat er Auflagen genannt, die ich für überzogen halte. So etwa sollen wir fünf Ordner und einen Erste-Hilfe-Zuständigen für die Veranstaltung engagieren. Davon hat Elena mir allerdings nichts gesagt. Zudem muss ich mich um einen Brandschutzbeauftragten und mindestens fünf Feuerlöscher kümmern. Jedes Mal wenn ich frage, ob das wirklich notwendig sei, plädiert Kraft für die Sicherheit, die schließlich das Wichtigste sei. Womit er ja recht hat. Doch wenn es nach ihm ginge, sollte ich am besten jedem Besucher einen Feuerlöscher in die Hand geben.

»Die hintere Tür muss frei bleiben, um im Brandfall ein Entkommen zu ermöglichen.« Ludwig Kraft zeigt auf die zweite Flügeltür, die momentan mit Tischen verstellt ist. »Sie brauchen mehr Kennzeichnungen für die Fluchtwege. Und eine Notbeleuchtung. Haben Sie eine Notbeleuchtung, falls der Strom ausfällt?«

»Soweit ich weiß, hat das Hotel ein Notstromaggregat.«

Erstmals kann ich eine Antwort geben, die seiner Zufriedenheit entspricht. Dabei findet die Messe zwischen zehn Uhr vormittags und vier Uhr nachmittags statt. Selbst bei einem Stromausfall gäbe es ausreichend Tageslicht.

»Vergessen Sie nicht, alle ausgestellten Produkte zu kennzeichnen«, wirft Kraft beiläufig ein, während er gegen eine Wand klopft und das Material der Türen überprüft. »Heutzutage ist doch jeder gegen alles allergisch.«

Irritiert sehe ich ihn an. Als Patissière weiß ich über die Richtlinien Bescheid. Vor allem auch, weil es ein brisantes Thema bei uns in der Küche war, als die Kennzeichnung von Lebensmitteln gesetzlich vorgeschrieben wurde. Unser Küchenchef hat sich fürchterlich aufgeregt, weil er fand, dass diese Kennzeichnung seine neu designten Menükarten verunstaltete.

»Es reicht doch, die Besucher mündlich darüber aufzuklären«, sage ich. Leider klinge ich nicht so selbstsicher, wie ich gerne würde.

»Sie kennen doch die Menschen«, erwidert Kraft schulmeisterlich. »Sie greifen einfach nach etwas und stecken es in den Mund. Wollen Sie, dass jemand mit einer Nussallergie einen Erstickungstod erleidet, weil er nicht warten konnte, bis Sie ihn über die Inhaltsstoffe informiert haben?« Er sieht mich prüfend an.

Ich bin mir nicht sicher, ob er eine Antwort von mir erwartet, doch ich schüttle vorsichtshalber den Kopf.

»Als Hotel haben Sie einen Ruf zu verlieren, und Sie tragen die Verantwortung. Sagen Sie, mit welchem Material sind die Wände verkleidet?«

»Keine Ahnung.«

Meine Gedanken sind noch bei der Produktkennzeichnung. Ich kann mich nicht erinnern, sie auf den vorigen Messen schon mal gesehen zu haben.

»Hier ist viel aus Holz.« Er klopft erneut an die Wand. »Das ist beunruhigend. Ich habe gehört, es kommen auch Kamerateams?«

»Ähm, ja.«

Seine spontanen Themenwechsel überrumpeln mich jedes Mal.

»Ein geprüfter Elektriker muss die Anschlüsse und Kabel des Kamerateams kontrollieren«, erklärt der Inspektor. »Sie wollen doch nicht, dass es zu einem Kurzschluss kommt, nur weil ein minderbemittelter Lehrling des Fernsehteams falsche Anschlüsse verwendet. Bei diesem Holzverbau wäre das katastrophal. Sie wissen, die Sicherheit steht ganz oben.«

»Und im Ring-Renaissance-Hotel gab es diese Probleme nicht?«, frage ich vorsichtig. Ich hatte angenommen, der Elisabethhof entspricht den Standards ebenso, doch scheinbar ist er eine tickende Zeitbombe.

Der Sicherheitsinspektor gibt ein ironisches Lachen von sich und geht weiter.

»Ich hoffe, Sie haben feuersichere Mülleimer. Stellen Sie sich vor, jemand wirft eine glühende Zigarette hinein. Ansonsten stellen Sie lieber keine Mülleimer auf. Dann kann das nicht passieren. Sie brauchen mehr Rauchverbotsschilder. Haben Sie feuersichere Rauchernischen?«

Feuersichere Mülleimer? Rauchernischen? Ich schlucke und weiß nicht, was ich antworten soll. Im Moment fühle ich mich etwas überfordert.

»Stellen Sie sich mal vor, wir würden keine Mülleimer aufstellen.«

Überrascht drehe ich mich um. Da lehnt Daniel ganz lässig in der Tür. Ein gewaltiger Stein fällt mir vom Herzen. Er ist meine Rettung!

Ich hatte den Rundgang mit dem Sicherheitsinspektor unterschätzt und Daniel freigestellt, damit er in der Zwischenzeit seinen sonstigen Aufgaben nachkommen kann.

Daniel stößt sich vom Türrahmen ab, kommt auf uns zu und fährt an den Inspektor gewandt fort: »Die Gäste würden ihren Abfall auf den Boden werfen, darüber stolpern und sich womöglich ein Bein brechen.«

Der Inspektor strafft die Schultern.

»Und Sie sind?« Er sieht Daniel über den Rand seiner Brille hinweg misstrauisch an.

»Daniel Eppensteiner. Ich gehöre zur Geschäftsführung.«

»Aha.« Einen kurzen Moment fixiert der Sicherheitsinspektor Daniel, ehe er sich umdreht und, wenig beeindruckt, weitermacht, wo er aufgehört hat.

»Es muss ein Mindestabstand zwischen den Vorhängen und jeglichen Gefahrenzonen bestehen. Damit meine ich offene Feuer, Herde, Öfen und sämtliche elektronische Geräte.«

»Keine Sorge, darum kümmern wir uns«, sagt Daniel, wobei er mir von der Seite zuzwinkert.

»Gibt es sonst etwas, das nicht Ihren Ansprüchen entspricht?«, erkundigt er sich.

»Ihre Assistentin weiß Bescheid«, antwortet Kraft, ohne aufzusehen, und kritzelt etwas auf sein Papier.

Assistentin? Na warte …

»Wir brauchen einen Ordner pro 100 Teilnehmer und einen Erste-Hilfe-Zuständigen«, erkläre ich.

»Einen Erste-Hilfe-Zuständigen?«, wiederholt Daniel. »Ich denke nicht, dass das notwendig ist.«

Er verschränkt seine Arme vor der Brust und sieht Kraft herausfordernd an.

»Sobald 500 Teilnehmer eine Veranstaltung besuchen, ist es erforderlich, einen Zuständigen vor Ort zu haben«, sagt Kraft, wenig beeindruckt von Daniels Auftreten.

Ich komme mir langsam vor wie im Western, fehlt nur noch, dass Daniel Kautabak ausspuckt und die Helden ihre Revolver ziehen.

»Nach meinen Informationen verteilen sich diese 500 Teilnehmer auf zwei Tage.«

Na los, gib's ihm, denke ich und verkneife mir ein Grinsen.

»Darüber hat Ihre Assistentin mich nicht aufgeklärt«, erwidert der Sicherheitsinspektor, zögert einen Moment und streicht dann etwas von seiner Liste.

»Ich bin nicht seine Assistentin«, sage ich. Dass das schon mal klargestellt ist. »Außerdem muss ein Fluchtweg durch das Lager zum Lieferantenparkplatz freigehalten werden«, führe ich weiter aus.

»Wenn die Treppe zum Empfang brennt«, fügt Kraft mit wichtiger Miene hinzu.

»Ach ja, wenn die Treppe brennt.« Daniel nickt einsichtig, als würde das ständig passieren. Er tippt sich gespielt nachdenklich an sein Kinn. »Aber der Lieferantenparkplatz ist die Zufahrt für die Einsatzfahrzeuge«, sagt er dann. »Haben Sie das eh mitbedacht?«

»Immer noch besser, als die Gäste hier drinnen ihrem Schicksal zu überlassen«, gibt der Inspektor zurück.

»Für diese Fälle gibt es die Außentreppe«, meint Daniel beschwichtigend.

»Stellen Sie sich 250 Messebesucher vor, die gleichzeitig über diese Treppe hinauswollen ins Freie! Und dazu noch die Hotelgäste.« Kraft schüttelt den Kopf. »Die Treppe ist viel zu eng.«

»Die Treppe entspricht den Sicherheitsstandards, Herr Inspektor. Falls Sie Einsicht in die entsprechenden Unterlagen wünschen …«

Daniel lässt sich von Krafts Szenarien nicht einschüchtern, was ich bemerkenswert finde. Alle weiteren Einwände des Inspektors schmettert er ebenso gelassen ab. Wahrscheinlich kennt er die Richtlinien ohnehin genau. Jedenfalls tut er so.

Schneller als gehofft, verabschiedet Kraft sich und schüttelt nur mir im Vorbeigehen die Hand. Daniel würdigt er keines Blickes mehr.

»Ich lasse Ihnen das Sicherheitskonzept zukommen«, brummt er und verschwindet hinter der Flügeltür des Veranstaltungssaals.

Ich bin etwas verdattert über dieses abrupte Ende der Inspektion.

Daniel verdreht die Augen und lockert seinen Krawattenknopf.

»Manche Menschen nehmen sich und ihre Arbeit

viel zu wichtig«, sagt er. Seine Gesichtszüge entspannen sich. »Haben Sie Lust auf einen Drink?«

»In der Arbeitszeit?« Ich frage mich, ob das ein Test sein soll.

»Also bitte!«, antwortet Daniel, »wir werden schließlich keine Flasche Scotch trinken. Wir machen nur … Mittagspause.«

* * *

»Wussten Sie, dass das Café Schwarzenberg das älteste Kaffeehaus am Ring ist?«, frage ich und grinse in mich hinein. Hätte ich diese Information nicht bei meinem letzten Besuch hier in der Speisekarte gelesen, wüsste ich es ja selber nicht.

»Tatsächlich?« Daniel nickt mir anerkennend zu, während wir über den Schubertring zum Café gehen.

Der kleine Spaziergang tut gut nach diesem Vormittag, außerdem ist es endlich milder geworden. Im Schanigarten vor dem Café sitzen sogar schon ein paar mutige Gäste, doch wir beschließen hineinzugehen. Um draußen zu sitzen, ist es doch noch zu kühl.

Um diese Zeit ist es hier noch nicht voll. Wir wählen einen Tisch in einer der gemütlichen Fensternischen und nehmen Platz auf den gepolsterten Bänken. Kaffeeduft steigt mir in die Nase und verbreitet eine angenehme Atmosphäre. Ich sehe mich um. Die hohe gewölbte Decke ist mit kleinen Kacheln verfliest, und Art-déco-Luster erleuchten den Salon, der durch seine Holzvertäfelung eher dunkel wirkt. Marmortische mit halbrunden Ledersesseln sind in dem schmalen langen Raum in einer Reihe angeordnet.

»Hier war ich das letzte Mal vor ungefähr zehn Jahren«, sagt Daniel.

Er wirft einen Blick in die Speisekarte und fragt mich dann: »Was halten Sie von einem belegten Hausbrot und einem Bier?«

Ich weiß zwar nicht genau, warum, aber ich stimme zu. Dabei trinke ich gar kein Bier. Noch bevor ich das realisiere, hat Daniel bei dem Ober schon bestellt.

»Was haben Sie eigentlich gemacht, bevor Sie nach Wien kamen?«, erkundige ich mich. Ich bin neugierig. Ich weiß nicht viel über Daniel, außer dass er offenbar einer Familie angehört, die eine Hotelkette besitzt. Und ich bin noch nicht dazu gekommen, ihn zu googeln.

»Ich bin hier in Wien aufgewachsen«, sagt er. »Nach der Matura habe ich studiert, in London einen Master in Business Administration gemacht und anschließend in England, Schweden und Deutschland in der Hotelbranche gearbeitet.«

Kurz und knapp, dann sieht er durchs Fenster hinaus auf den Schwarzenbergplatz. Ich habe den Eindruck, dass er es dabei bewenden lassen will.

»Wow«, sage ich. Da kann ich mit meiner Lehre zur Konditorin und der Leitung der Patisserie im Elisabethhof nicht mithalten.

Der Ober bringt das Bier und die Hausbrote, belegt mit Schinken, Salami, Käse, Ei und Gurkerl, serviert mit Messer und Gabel. Niemand in meiner Familie würde auf die Idee kommen, Messer und Gabel zu benutzen, um ein Brot zu essen. Da ich auf Daniel jedoch einen kultivierten Eindruck machen möchte, nehme ich das Besteck zur Hand.

»Wie laufen eigentlich Ihre Hochzeitsvorbereitungen?«, fragt er, schneidet ein Stück vom Brot ab und schiebt es sich zwischen die Zähne.

Schlagartig vergeht mir der Appetit. An die Hochzeit habe ich gar nicht mehr gedacht, was vermutlich daran liegt, dass es keine gibt.

»Ach, wie das so ist«, antworte ich schnell, um durch zu langes Zögern nicht auffällig zu wirken. »Ein wenig stressig, aber das Meiste ist geregelt.«

Ich esse ebenfalls ein Stück von dem Brot in der Hoffnung, das Thema damit zu beenden.

»Sind Sie nervös?«, erkundigt Daniel sich und trinkt genüsslich einen Schluck Bier.

Ich wippe mit dem Kopf und versuche, den Bissen hinunterzuwürgen.

»Geht so.«

»Die meisten Bräute, die ich kenne, drehen kurz vor der Hochzeit am Rad.«

Er schiebt seine Augenbrauen in die Höhe. Für meinen Geschmack zu hoch. Glaubt er mir nicht? Muss ich erst hyperventilieren, damit ich den Eindruck einer zukünftigen Braut erwecke? Das hat meine Schwester Sarah vor ihrer Hochzeit getan. Ein Wunder, dass Bernd am Altar erschienen ist und Ja gesagt hat. Andere Männer hätten sicher vorher schon das Weite gesucht.

»Ich versuche, den Stress und die Nervosität nicht in die Arbeit mitzunehmen«, antworte ich und hätte mir für diese Ansage gerne selbst auf die Schulter geklopft. Das nennt man Professionalität, würde ich am liebsten hinzufügen.

Daniels erste Amtshandlung sollte ein Crashkurs zum Thema Professionalität am Arbeitsplatz für die gesamte Hotelbelegschaft sein. Unprofessionelles Verhalten gibt es im Hotel nämlich zuhauf. Linda zum Beispiel druckt die Flyer für das Café ihrer Schwester am hoteleigenen Drucker. Martha lässt die kubanischen Zigarren für ihren Mann ans Hotel liefern. Und dann all die Kollegen, die bei mir Torten für ihre privaten Feiern bestellen. Und das alles auf Kosten des Hotels natürlich.

Da er schweigt, rede ich weiter.

»Na ja und vorzubereiten sind ja nur noch Kleinigkeiten. Ansteckssträußchen für die Gäste, Tischkärtchen, Tischordnung und so weiter.«

Ich versuche so zu wirken, wie ich mir eine Braut in Vorfreude auf ihre Hochzeit vorstelle, während ich noch ein Stück von dem Brot abschneide. Und zwar so ungeschickt, dass der Belag runterrutscht. Wäre es nicht viel praktischer, einfach mit den Händen zu essen?

»Macht das denn nicht Ihre Hochzeitsplanerin?«

»Vollkommen richtig!«, antworte ich sofort.

Elena! Ich hatte sie ganz vergessen. Sie ist ja der Grund dafür, dass ich zu heiraten vorgebe. Was für eine idiotische Idee, jedenfalls im Nachhinein betrachtet.

»Aber das kennen Sie sicher, wenn man nicht auch selbst Hand anlegt, wird das nichts.«

Ich trinke von meinem Bier, angestrengt bemüht, das Gesicht nicht zu verziehen. Dieser herbe Geschmack ist einfach widerlich.

»Also, ich weiß nicht.« Daniel mustert mich mit

zusammengekniffenen Augen. »Sie machen auf mich nicht den Eindruck einer glücklichen Braut.«

Er glaubt mir nicht! Mein Puls beschleunigt sich, und ich spüre, dass ich rot werde. »Nicht?«, frage ich mit vollem Mund, mit vorgeblich erstaunt großen Augen.

Daniel zuckt mit den Schultern und wendet sich wieder seinem Brot zu. »Eine Hochzeit ist eine ernste Angelegenheit«, sagt er nachdenklich. »Viele Menschen nehmen die Ehe nicht mehr ernst.«

Um Himmels willen, ich will jetzt nicht mit Daniel über den Sinn der Ehe diskutieren! Oder will er mir ein schlechtes Gewissen machen? Weiß er längst, dass das alles gar nicht stimmt? Nervös rutsche ich auf dem Lederpolster herum.

»Der Beginn einer Beziehung«, fährt Daniel, ohne mich anzusehen, fort, »ist aufregend. Verliebtsein. Rosarote Brille … Wissen Sie, was ich meine?«

Ich nicke stumm und esse weiter.

»Viele Paare entscheiden sich zu schnell dafür, den Rest ihres Lebens miteinander zu verbringen. Mit der Ehe übernimmt man schließlich eine Verantwortung, die über das Verliebtsein hinausgeht. Für eine andere Person da sein, ihr in guten wie in schlechten Zeiten beistehen.«

»Finden Sie das noch zeitgemäß?« Eine Scheidung ist ja nun wirklich längst nichts Außergewöhnliches mehr.

»Das ist das Problem«, sagt Daniel und legt sein Besteck nieder. »Es wird Paaren zu leicht gemacht, die Ehe zu beenden. Früher war die Scheidung das letzte Mittel, wenn eine Ehe nicht zu retten war. Heute scheint es das erste zu sein.«

»Finden Sie, man sollte lieber sein ganzes Leben lang unglücklich in einer Ehe feststecken, die nicht funktioniert?«, frage ich zweifelnd.

Um ehrlich zu sein, habe ich mir noch nie ernsthafte Gedanken übers Heiraten gemacht. Wie sollte ich auch jetzt schon wissen, ob Eddie und ich in zehn oder zwanzig Jahren noch glücklich miteinander sind? So was lässt sich doch nicht vorausahnen!

»Nein, absolut nicht!«, pflichtet Daniel mir bei. »Ich finde nur, man sollte sich mehr Zeit nehmen und mal ein paar Jahre zusammenleben und erst dann entscheiden, ob eine Hochzeit der richtige Schritt ist. Wenn man es langsam und verantwortungsbewusst angeht, ist die Entscheidung nicht schwer.«

Demnach wären Eddie und ich also noch meilenweit entfernt von einer Hochzeit.

»Sind Sie geschieden?«, frage ich spontan, als ginge es mich etwas an. Eine völlig unangemessene Frage, die ich umgehend bedaure. »Es tut mir leid … Sie müssen nicht …«

»Nein, bin ich nicht.«

Er lächelt mich freundlich an und nimmt sein Besteck wieder in die Hand.

Mein Blick fällt auf seine Hände, an denen kein Ring steckt. Er hat schöne und für einen Mann außerordentlich gepflegte Hände, fällt mir auf.

»Ich bin auch nicht verheiratet«, bestätigt er grinsend, als er meinen Blick bemerkt. Er isst das letzte Stück Brot, trinkt sein Bier aus und fragt höflich: »Möchten Sie noch einen Kaffee?«

In der Absicht, mein restliches Bier einfach stehenzulassen, nicke ich. Kaffee und Bier kann man nicht gleichzeitig trinken.

Daniel winkt den Ober herbei und bestellt eine Melange und einen kleinen Schwarzen. Dann beginnt er E-Mails zu checken, die zwischenzeitlich auf seinem BlackBerry eingelangt sind. Ich verdrücke mein belegtes Brot und tupfe mir den Mund vornehm mit der Serviette ab.

Als der Kaffee kommt, steckt Daniel sein Handy weg und wendet sich mir wieder zu. »So, und was steht als Nächstes auf unserer Tagesordnung?«

»Ich muss Linda die Zimmerreservierungen für den Zeitraum der Messe geben«, erkläre ich und lege meine kalten Hände um die warme Tasse.

»Das ist schnell erledigt«, stellt Daniel fest und wartet auf weitere Anweisungen.

»Alex muss wegen eines Arztbesuchs früher gehen, deswegen muss ich noch mal in die Patisserie«, fahre ich fort. »Keine Sorge, da müssen Sie mir nicht helfen«, füge ich grinsend hinzu, als er mich etwas verunsichert ansieht.

»Gut«, sagt Daniel mit einem langgezogenen U nachdenklich. Dabei trommelt er mit den Fingern leicht auf die Marmorplatte.

Mein Grinsen wird breiter. »Sagen Sie bloß, ohne mich ist Ihnen fad. Ich kann Ihnen auch ein paar Backrezepte …«

»Nein, nein«, fällt er mir ins Wort und schüttelt

den Kopf, als hätte er Angst, ich könnte das womöglich ernst meinen. »Langweilig wird mir bestimmt nicht.«

* * *

»Das passt mit den Anschlüssen nicht«, sagt Daniel. Er dreht und wendet den Plan, den unser Haustechniker angefertigt hat. Bei der Wahl der Schauküche sollen wir uns daran orientieren. »Ist ein Wasseranschluss notwendig?« Er sieht mich fragend an.

»Natürlich kann man den Wasseranschluss auch abklemmen«, schlägt der Vertreter vor, mit dem Elena den Termin hier vereinbart hat.

Wir sind in einer Präsentationshalle am Stadtrand von Wien. Hier sind sämtliche Schauküchen aufgebaut, die man für Events mieten kann. Vom grellen Licht der unzähligen Halogenlampen tun mir schon die Augen weh. Der Vertreter, dessen Namen ich schon wieder vergessen habe, ein Mittvierziger mit einer zu stark gegelten Frisur, wird langsam ungeduldig. Ich lasse missmutig den Kopf hängen. Eine Schauküche ohne Wasseranschluss?

»Warum lassen wir den Strom nicht auch weg?«, frage ich genervt.

Die Platzmöglichkeiten im Veranstaltungsraum schränken die Auswahl stark ein.

»Dann bleibt nur die Metallküche«, seufzt der Vertreter.

Die einzige Küche, die sowohl von den Maßen her als auch mit den Anschlüssen in unseren Veranstaltungsraum passt, ist ein hässlicher Metallkasten.

Nicht nur die Spülen und Armaturen, sondern auch die Arbeitsflächen und Regale sind aus rostfreiem Stahl.

Ich betrachte diese Küche skeptisch. Möglicherweise lässt sie sich ja mit ein paar Accessoires aufpeppen? Ob eine hübsche Vase mit frischen Blumen den Hygienevorschriften entspricht?

»Was halten Sie von dieser hier?«

Daniel ist weitergegangen und steht vor einer weißen Hochglanzküche. Die Arbeitsinsel ist schräg geschnitten, und die Schränke haben keine Griffe. Der moderne Stil entspricht nicht unbedingt meiner Vorstellung.

»Wenn man die Messestände im hinteren Bereich zur Seite rückt, passt sie hinein.« Daniel hält mir den Entwurf unter die Nase, damit ich mir das vorstellen kann.

»Beeindruckt mich wenig«, antworte ich. Abgesehen davon will wohl keiner der Aussteller freiwillig Platz abtreten.

»Für eine Küche müssen Sie sich entscheiden«, sagt der gegelte Vertreter und wirft einen Blick auf seine Armbanduhr. »Soll ich die vordere für Sie reservieren? Die passt immerhin.«

»Die Metallküche? Da fühlt man sich wie in einem OP-Saal.«

Daniel und ich sehen uns ratlos an.

»Die Elemente können individuell kombiniert werden«, erklärt der Vertreter, ohne auf meinen Kommentar einzugehen. »So wie Sie es brauchen.«

Das hat er schon gefühlte hundert Mal wiederholt.

Ich kann mir nicht vorstellen, dass Elena mit einer Metallküche zufrieden ist. Sie wird mich bestimmt vorwurfsvoll fragen, warum ich nichts Ansehnlicheres genommen habe.

»Der Blitz!«, rufe ich und freue mich über meine plötzliche Eingebung. Die beiden Männer sehen mich irritiert an. »Der Fotograf hat mich gebeten, auf reflektierende Gegenstände zu verzichten. Spiegel und so. Sonst sind die Fotos überbelichtet.«

»Ich bin sicher, ein Fotograf kann das retuschieren«, sagt der Verkäufer und wirft einen sehnsüchtigen Blick Richtung Ausgang. Offenbar hat er nicht viel Zeit für uns eingeplant.

»Stimmt«, sagt Daniel. »Das passt nicht.«

Am liebsten würde ich ihm um den Hals fallen. Wenigstens er versteht mein Anliegen.

»Viel mehr wird Ihnen nicht übrig bleiben«, sagt der Vertreter.

Ich bin kurz davor, ihm eine der Suppenkellen aus der Schauküche an den Kopf zu knallen.

»Gibt es noch andere Anbieter, die Schauküchen verleihen?«, frage ich stattdessen.

»Nicht in dieser Gegend«, antwortet der Verkäufer zufrieden. Das erklärt zumindest seinen mangelnden Einsatz.

»Ich hätte da eine Idee«, sagt Daniel und zögert kurz, bevor er weiterspricht. »Was halten Sie davon, die Küche in den kleineren Veranstaltungsraum zu verlegen? Da ist ausreichend Platz für jede Küche, die Ihnen vorschwebt, und die Anschlüsse können entsprechend angebracht werden.«

»Sieht das nicht verloren aus? Eine Küche in einem separaten Saal?« Sein Vorschlag überzeugt mich nicht wirklich.

»Nein, das glaube ich nicht! Wir stellen ein paar Tische und Stühle auf, so können die Besucher sich dort ausruhen und einen Kaffee trinken. Dazu leise Hintergrundmusik. Wir schaffen eine authentische Wiener Kaffeehausatmosphäre!«

Seine Begeisterung steckt mich an.

Ich kann mich nicht erinnern, wann ich das letzte Mal vor Freude so gestrahlt habe. Wir gehen über den riesigen Parkplatz zurück zu Daniels Auto.

Sie ist wunderschön. Eine dunkel gesprenkelte Arbeitsplatte. Fronten aus heller Eiche. Eine riesige Arbeitsfläche. Ich könnte mich verlieben. Sie ist meine absolute Traumküche. Wenn ich den nötigen Platz und das Geld dazu hätte, würde ich mir diese Küche auch privat zulegen. Elena wird zufrieden sein und die Aussteller ebenso.

Daniel sieht mich von der Seite an. Es scheint ihn zu amüsieren, wie sehr ich mich über das Ergebnis dieser Besichtigung freue.

»Wie ein Kind im Eissalon«, murmelt er und aktiviert den Türöffner seines Wagens.

»Stellen Sie sich vor«, sage ich, noch immer euphorisch, »Richard lässt Sie einen neuen Dienstwagen aussuchen, und Sie können wählen zwischen einem Rolls-Royce und einem Maybach.«

Ich finde diesen Vergleich wahrlich treffend, doch Daniel zieht verwundert die Augenbrauen zusammen.

»Ich bin eher der Lamborghini-Typ«, sagt er und öffnet die Fahrertür.

»Hätte ich mir denken können. Sie kennen sich ja auch bei Küchen nicht aus.« Ich lasse mich elegant auf den Beifahrersitz gleiten.

Sein Blick ist unbezahlbar. Verblüfft, nein, entsetzt sieht er mich an.

»Sagen Sie bloß, Sie kennen sich mit Autos aus«, sagt er stirnrunzelnd, ehe er die Tür zuzieht und den Wagen startet.

»Ich bin vielseitig begabt«, antworte ich selbstbewusst. Dass ich mein Wissen von meinem Vater und meinem Bruder beziehe, muss er ja nicht wissen.

»Und was sagen Sie zu meinem Auto?«, fragt Daniel.

»Ist okay«, antworte ich unbeeindruckt.

Natürlich bin ich beeindruckt. Das Auto hat Stil, aber das muss ich ihm nicht auf die Nase binden.

»Kein Mercedes, aber okay.«

Mit dieser Antwort hat Daniel zu kämpfen. Er murmelt etwas Unverständliches und schießt auf die Straße hinaus.

Eine Weile sitzen wir schweigend nebeneinander, bis er plötzlich auf das Lenkrad schlägt. »Sie!«, ruft er und stößt einen triumphierenden Lacher aus. »Sie haben doch diesen kleinen, blauen Renault! Auch kein Mercedes, oder?«

»Ach so, nein, aber der gehört meinem Freund«, antworte ich leichthin.

»Und welches Auto fahren Sie?« Das Thema lässt ihn nicht los. Ich sollte ihm vielleicht doch sagen, dass sein Auto klasse ist. Ruhige Straßenlage, bequeme Sitze, todschickes Interieur.

»Gar keins«, antworte ich stattdessen. »In Wien brauche ich kein Auto. Ich habe eine Jahreskarte für die Öffis.«

Daniel lacht spöttisch und wirft mir an der Ampel einen Blick zu, den ich nicht deuten kann. Er hat wirklich schöne dunkle Augen. Man könnte sich in seinem Blick verlieren. Mir wird plötzlich ganz heiß, und mein Herz klopft schneller.

»Stört es Sie, wenn ich …«, frage ich und drücke den Knopf, um das Fenster zu öffnen. Die frische Luft wird meinen Puls wieder beruhigen. Es liegt nicht an ihm, rede ich mir ein. Er ist weder attraktiv noch unwiderstehlich. Ein arroganter Manager, der nur Rendite und USP im Kopf hat.

Ich stecke meine Nasenspitze aus dem offenen Fenster und atme die frische Luft ein. Plötzlich verlässt Daniel die Rechte Wienzeile und schlängelt sich durch mehrere Gassen. Ob das eine Abkürzung zum Hotel ist? Er entdeckt eine Lücke zwischen zwei Autos und parkt perfekt ein. Irritiert stelle ich fest, dass wir im sechsten Bezirk sind, in einer Gasse, die ich nicht kenne.

»Hier ist nicht das Hotel«, stelle ich geistreich fest.

»Ich weiß«, antwortet Daniel und steigt aus.

Ich tue es ihm gleich und sehe ihn über das Auto hinweg erwartungsvoll an. Habe ich etwas von unseren heute anstehenden Aufgaben vergessen? Müssen wir noch woandershin?

»Ich dachte, wir könnten den Weg nutzen, um etwas für Ihre Hochzeit zu erledigen.«

Ich schlucke nervös, als ich das höre. Was meint er damit? Habe ich mich bei irgendwas verplappert?

»Was denn erledigen?«, frage ich mit viel zu hoher Stimme. Ich laufe hinter ihm her über den Gehsteig und halte mir die Haare aus dem Gesicht, die der Wind in alle Richtungen fegt.

»Sie haben gesagt, dass Sie noch Anstecksträußchen brauchen«, antwortet er und läuft schnellen Schrittes voran.

Wir biegen um eine Ecke, und schlagartig weiß ich, wo wir sind. Auf der Mariahilfer Straße, der größten Einkaufsstraße Wiens. Wir erreichen einen Blumenladen, dessen Auslage frühlingshaft dekoriert ist.

»Dieser Laden gehört der Schwester eines Jugendfreundes«, erklärt Daniel. »Ich habe sie um ihre Hilfe gebeten. Kommen Sie!«

Er hält mir die Tür auf, und ein metallisches Klingeln ist zu hören.

»Klasse!«, japse ich und fühle das Blut aus meinem Gesicht weichen. Ich brauche keine Anstecksträußchen! Mit butterweichen Knien betrete ich das Geschäft, in dem es herrlich nach frischen Blüten duftet.

»Daniel!«

Eine Frau mit langen, braunen Haaren strahlt uns über die Theke hinweg an. Sie nimmt sofort ihre Schürze ab, hängt sie über einen Haken und kommt auf uns zugelaufen. Ich glaube, sie ist jünger als ich, vielleicht Anfang zwanzig. Mit einem herzlichen Lachen fällt sie Daniel um den Hals und gibt ihm ein Küsschen auf die Wange. Dann sieht sie mich an und schüttelt meine Hand.

»Und Sie müssen Charlotte sein.«

»Charlie.« Ich bemühe mich, entspannt zu wirken.

»Ich bin Rita. Freut mich, Sie kennenzulernen.« Sie legt ihre Hand auf meinen Rücken und führt mich durch den Verkaufsraum. Dahinter ist noch ein Raum, in dem ein Tisch und mehrere Stühle stehen. Rita bittet uns, Platz zu nehmen.

»Du bist also wieder in Wien?«, fragt sie Daniel. Er nickt.

»Was machst du? Wie geht es dir?« Die Art, wie sie ihn ansieht, wirkt, als würden sie einander schon lange kennen. Sie ist sehr hübsch und wirkt sympathisch. Ob Daniel früher einmal etwas mit ihr hatte? Aber ob sie ihn dann jetzt so freudestrahlend begrüßt hätte?

»Ich übernehme die Leitung des Hotels Elisabethhof in der Innenstadt«, erzählt er Rita und zeigt auf mich. »Und Charlotte ist die Patissière des Hauses.« Ich bin zu nervös, um ihn zu korrigieren, mich Charlie zu nennen. Das dumpfe Gefühl, gleich unnötigerweise Anstecksträußchen kaufen zu müssen, breitet sich in meiner Magengegend aus. Also gut, Augen zu und durch! Dann spiele ich eben eine werdende Braut. Damit habe ich früher oder später schon gerechnet.

»Tatsächlich?« Rita sieht mich an. »Um ehrlich zu sein, habe ich mir eine Patissière immer viel ... na ja, Sie wissen schon ... dicker vorgestellt. Wegen all der Torten und Kuchen. Essen Sie selbst nichts davon? Sie sehen jedenfalls überhaupt nicht danach aus.«

Geschmeichelt bedanke ich mich und werde ein bisschen rot. Als ich sehe, dass Daniel beifällig nickt, erröte ich noch mehr.

»Ich muss diszipliniert sein«, antworte ich mit einem kleinen Schulterzucken. »Mein Kleid ist schließlich schon gekauft.«

»Stimmt. Das Brautkleid. Sagen Sie, wofür haben Sie sich entschieden?«, fragt Rita mich. Sowohl sie als auch Daniel sehen mich gespannt an.

»Ein klassisches Prinzessinnenkleid«, sage ich und setze ein Lächeln auf, von dem ich annehme, dass es mir automatisch über die Lippen käme, wenn es wahr wäre.

»Trägerlos? Mit Schleier? Wie viel hat es gekostet, wenn ich fragen darf?«

Rita scheint ganz in ihrem Element zu sein.

»Trägerlos mit einem langen weißen Schleier um 3000 Euro«, antworte ich so selbstbewusst wie möglich. Am Wochenende habe ich aus Langeweile im Internet nach Brautkleidern gesucht. Wenn ich schon behaupte zu heiraten, will ich mich mit der Materie auskennen.

»3000 Euro?« Rita wirkt etwas bestürzt. Hat sie mit mehr oder mit weniger gerechnet? Habe ich das falsch geschätzt? In einem Brautforum war von diesem Betrag die Rede.

»Inklusive Schuhe und Täschchen«, füge ich etwas nervös hinzu und hoffe, das macht die Preisangabe plausibel.

»Unglaublich«, murmelt Rita beeindruckt. »Das wird bestimmt eine Traumhochzeit.«

»Und damit es diese Traumhochzeit wird«, wirft Daniel ein, »braucht Charlotte Anstecksträußchen für die Gäste.«

»Oh ja, natürlich!« Rita springt von ihrem Stuhl auf. »Ich finde, wir sollten auf Ihre Hochzeit anstoßen.«

Mit halb offenem Mund sehe ich Daniel an, der mir freundlich zunickt. Auch ohne unsere Zustimmung kommt Rita mit drei Gläsern und einer geöffneten Flasche Sekt zurück. Sie schenkt großzügig ein und strahlt mich an.

»Eine Hochzeit ist irgendwie etwas Magisches«, schwärmt sie.

Ich überlege, sie zu fragen, ob sie denn schon verheiratet sei. An ihren Händen steckt nirgendwo ein Ring, aber vielleicht legt sie ihn bei der Arbeit ab.

»Wann ist es denn so weit?«, fragt sie.

»Am 26. März«, antworte ich und stoße mit den beiden an, ehe ich einen Schluck Sekt trinke. Das ist eine Woche nach der Messe und, wie ich gestern auf dem Dienstplan gesehen habe, mein freier Tag.

»In zwei Wochen schon!« Rita nickt nachdenklich. »Gerade rechtzeitig, um sich für die Anstecksträußchen zu entscheiden. Wir haben sicher etwas Passendes. Haben Sie eine bestimmte Vorstellung?«

»Ähm, nun ja, nein, eigentlich nicht«, stammle ich verlegen.

Wie sieht so ein verdammtes Anstecksträußchen überhaupt aus? Ich habe keine Ahnung. Die einzige Hochzeit, auf der ich war, war Sarahs, und dort gab es keine.

»Okay. Wie sieht Ihr Brautstrauß aus? Lassen Sie mich raten! Rote und weiße Rosen in Wasserfall-Form? Nein, ich glaube, Sie sind eher der Lilien-Typ.« Gespannt sieht sie mich an.

»Nelken«, erkläre ich und denke an den letzten Blumenstrauß, den ich von Eddie bekommen habe. Es war ein hübscher Strauß, der mir in Erinnerung geblieben ist.

»Hoffentlich keine gelben«, platzt Rita erschrocken heraus. »Sie wissen, was man über gelbe Nelken sagt?«

Ich schüttle stumm den Kopf.

»Sie symbolisieren Antipathie und Abneigung«, erklärt Rita mit ernster Miene.

Wie bitte? Ich hatte keine Ahnung. Mir gefallen Nelken. Wer kam denn auf die bescheuerte Idee, ihnen so einen Ruf anzuhängen?

»N...nein, rote«, stottere ich und hoffe zu retten, was noch zu retten ist. Rita sieht aus, als bräuchte sie noch ein Gläschen Sekt, um das Gelb zu verkraften. Mit der Farbe Rot kann ich nichts falsch machen, oder?

»Rot ist okay«, sagt Rita da zum Glück beruhigt. »Kein Klassiker, aber ... ich kenne Ihr Kleid nicht. Es passt sicher gut.«

Sie holt eine Mappe herbei, schlägt sie auf und hält sie mir hin.

»Das sind Sträußchen, die ich schon angefertigt habe. Schauen wir mal, ob etwas Schönes für Sie und Ihre Gäste dabei ist.«

Ich blättere durch die Seiten mit Bildern von Sträußchen, die entzückend aussehen. Meistens weiße Rosen mit verspieltem Grünzeug. Dazu dünne Anstecknadeln, matte Perlen und seidene Schleifen.

»Alles wird mit einer dezenten Nadel angesteckt«, sagt Rita professionell und zeigt auf eines der Bilder.

»Sie werden nichts davon sehen. Die Nadeln sind so fein, dass sie keine Löcher hinterlassen.«

Meine Sorge bezüglich der Kleidung ist gering. Viel mehr rattert es in meinem Kopf, wie ich aus dieser Sache wieder rauskomme. Ich will keine Anstecksträußchen kaufen. Wozu auch?

* * *

Eine gefühlte Ewigkeit später sitze ich in Daniels Wagen und starre apathisch auf das Armaturenbrett.

Was habe ich mir da eingebrockt? Ich habe gerade 20 Anstecksträußchen für 150 Euro gekauft. Und zu allem Überfluss konnte ich Rita das Angebot nicht ausschlagen, mir einen klassischen Brautstrauß aus roten Rosen zu binden. Zum Freundschaftspreis von 250 Euro natürlich. »Du wirst noch froh sein, am Tag der Hochzeit die Wahl zu haben«, hat sie mit Nachdruck gemeint.

Aber was sind schon 400 Euro im Vergleich zu einem 3000-Euro-Kleid? Zukünftig muss ich aufpassen, was ich vor Daniel erwähne. Es war leichtsinnig, ihm von fehlenden Anstecksträußchen zu erzählen.

Ich kann es ihm nicht übel nehmen. Es war nett, mir seine Kontakte zur Verfügung zu stellen, um einen ordentlichen Preis zu bekommen. Dabei weiß ich noch nicht einmal, ob es ein ordentlicher Preis war.

»Der Strauß wird Ihnen sicher gefallen.« Daniel reißt mich aus meinen Grübeleien. »Die rote Rose gilt als die Königin der Blumen. Und Rita versteht etwas von ihrem Handwerk. So ähnlich wie Sie von Ihrem.«

»Super«, sage ich, wenig begeistert. Der Frust, 400 Euro für nichts und wieder nichts ausgegeben zu haben, sitzt tief.

»Ich muss mich bei Ihnen entschuldigen«, fährt Daniel ungeachtet meiner Stimmung fort. Sofort werde ich hellhörig. »Ehrlich gesagt, dachte ich, Sie würden gar nicht wirklich heiraten.«

»Tatsächlich?« Mit gespieltem Entsetzen fasse ich an mein Brustbein und ziehe scharf die Luft ein. Hoffentlich war das nicht zu dramatisch.

Er wirft mir ein reumütiges Lächeln von der Seite zu. Mein Herz beginnt bei dieser Genugtuung zu flattern. Daniel Eppensteiner entschuldigt sich bei mir. Bei mir!

»Ich dachte«, beginnt er zögernd, »Sie hätten das nur als Ausrede genutzt, um den Besuch dieser Frau im Hotel zu vertuschen. Ich war paranoid und glaubte, dass sie zu der Messeveranstaltung gehört. Es tut mir leid.«

Meine Finger krallen sich in den Lederbezug des Beifahrersitzes. Es wäre an der Zeit zu gestehen, wie recht er damit hat. Doch die Genugtuung, die seine Entschuldigung in mir ausgelöst hat, wirkt berauschend. Ich will sie noch einen Moment genießen. Schließlich habe ich gerade für 400 Euro Blumen gekauft. Es wäre peinlich, zehn Minuten später zu beichten, dass ich nicht heirate.

»Den meisten merkt man die Nervosität vor ihrer Hochzeit an«, sagt Daniel jetzt. »Sie hingegen sind gelassen und kaufen zwei Wochen vor dem Termin die Anstecksträußchen. Das wäre für viele in Ihrer Situation vermutlich eine Katastrophe.«

»Es ist nur eine Hochzeit«, sage ich leichthin. Frischer Wind würde mir guttun.

»Nehmen Sie meine Entschuldigung an?«, fragt Daniel.

Vor einer Ampel bleiben wir stehen. Ich sehe ihn verstohlen an, seine Nase im Profil, der Mund ... Am liebsten würde ich ihn in die Lippe beißen. Wie sie wohl schmeckt? Du lieber Himmel! Das kommt sicher vom Sekt. Mir wird heiß.

»Kein Problem«, antworte ich. Meine Stimme ist schrill vor Aufregung. »Wenn Sie wollen, kommen Sie doch auch. Dann können Sie sich selbst überzeugen.«

Was rede ich da? Stopp! Mund zu! Ich muss aufpassen, was ich sage. Ich kann doch nicht einfach meinen zugegeben unheimlich attraktiven Vorgesetzten zu meiner gar nicht stattfindenden Hochzeit einladen!

»Kann ich das Fenster einen Spalt öffnen?«, frage ich schnell.

Er nickt. Ich halte mein glühendes Gesicht in den Fahrtwind und schließe die Augen. Hoffentlich hat er meine Einladung nicht gehört!

»Vielen Dank für die Einladung, das ist nett«, antwortet er und räuspert sich. »Aber ich denke, es ist besser, wenn wir hier eine Grenze ziehen. Arbeit und Privates sollten getrennt bleiben.«

»Ja, klar, stimmt!«, pflichte ich ihm umgehend bei und nicke ihm überschwänglich zu. »Da haben Sie absolut recht!«

Ich atme erleichtert auf. Der frische Wind kühlt meine erhitzten Wangen. Ich habe mich wirklich in ein dummes Lügennetz verstrickt.

»Also ehrlich! Stinkt es in meinem Auto?«, fragt Daniel.

»Wie bitte?«

»Ich hatte den Wagen letzte Woche in der Werkstatt. Keine Ahnung, was die da gemacht haben. Wenn es aus den Lüftungen stinkt, dann ...«

»Um Himmels willen, nein!« Sofort lasse ich das Fenster wieder hoch. »Ich brauche nur ein bisschen frische Luft. Mir ist warm.«

Daniel dreht die Temperatur im Wagen auf 21 Grad hinunter. »Glauben Sie, Sie werden krank?«, fragt er besorgt. »Ich kann Sie nach Hause fahren, wenn Sie sich nicht wohlfühlen.«

Ich fühle mich nicht wohl, doch das liegt eher daran, dass ich verrückt werde. Oder schon bin. Kann man das selbst einschätzen?

»Es ist ... nur der Sekt, der macht mich immer ein wenig ... heiß.« Hoffentlich missversteht er mich nicht. Ich greife mir an den Kopf und hoffe, dass wir bald im Hotel sind. Der Sekt war keine besonders gute Idee.

»Sie haben schon auf der Hinfahrt das Fenster geöffnet«, sagt Daniel skeptisch.

»Ich hatte schon vorher Sekt getrunken. Im Hotel.« Ob diese Erklärung besser ist, wage ich zu bezweifeln. Ich hätte behaupten sollen, Fieber zu haben. Das wäre sinnvoller gewesen.

Daniel nickt kurz und fährt weiter in Richtung Hotel. »Sie leisten sich also ein 3000-Euro-Kleid und feiern mit nur zwanzig Gästen?«

*** Burgenländer Kipferl ***

... die Augen schließen und langsam im Mund zergehen lassen

für den Teig:
400 g Mehl
250 g weiche Butter
eine Prise Salz
1 Pck. Trockenhefe, 7 g
1/8 l kalte Milch
3 Eigelbe

Alle Zutaten rasch verkneten, in 4 Teile teilen und dünn zu Rechtecken ausrollen.

für die Füllung:
3 Eiklar
250 g Staubzucker
100 g geriebene Haselnüsse

Eiklar mit Staubzucker zu Schnee schlagen und auf die ausgerollten Teigstücke streichen. Die geriebenen Nüsse darüberstreuen und den Teig dünn einrollen wie einen Strudel. Mit einem Trinkglas Halbmonde ausstechen und bei 180°C ca. 20 Minuten backen. Vor dem Servieren mit Staubzucker bestäuben.

»Sind Sie bereit?«, frage ich mit dem Telefon am Ohr und bin wahrscheinlich genauso aufgeregt wie Daniel.

Der will erneut wissen, was ich vorhabe. Schon als ich meine Überraschung angekündigt habe, spürte ich seine Ungeduld.

»Das werden Sie gleich sehen.«

Ich lege auf und kann mir das Grinsen nicht verkneifen.

Nachdem wir die vergangenen beiden Tage alle wichtigen Punkte der Messeorganisation erledigen konnten, habe ich Daniel den heutigen Vormittag frei gegeben. Es war ein richtig gutes Gefühl, ihm das gestern Nachmittag mitzuteilen. Am besten war sein Blick, als er realisierte, dass ich mich ihm gegenüber wie eine Vorgesetzte verhielt.

»Glaubst du ernsthaft, das überzeugt ihn?«, fragt Alex mit einem Blick auf das Tablett, das ich vorbereitet habe. Darauf sind sechs verschiedene Petits Fours auf kleine Teller drapiert, die ich den Messegästen anbieten möchte. Daniel soll sie kosten und seine Meinung dazu sagen.

Zur Auswahl stehen Ischler Törtchen nach steirischer Art mit Kürbiskernen, mit Mokkabohnen belegte Sacher-Petits-Fours, Maronitaler, Schwarzwälder-Kirsch-Petits-Fours, Burgenländer Kipferl und Punschkrapferl. Auf die hat Alex bestanden und ein Rezept seiner Mutter mitgebracht, das wirklich fantastisch ist.

»Danach hat er einen Zuckerschock«, sagt Fridolin.

»Ach, ihr wollt mich doch nur ärgern.« Ich nehme das Tablett und mache mich auf den Weg. Ich finde meine Idee brillant!

Seit unserer ersten verkorksten Begegnung ist das Verhältnis zwischen Daniel und mir inzwischen deutlich entspannter geworden. Unsere Gespräche sind nicht mehr so distanziert und verkrampft, sondern im Gegenteil, wir können jetzt richtig locker miteinander reden. Bestimmt auch deshalb, weil wir uns durch die gemeinsame Arbeit einfach besser kennengelernt haben.

Vor der Tür zu dem provisorischen Büro – ein Seminarraum, den Daniel bezogen hat, bis Richard uns endgültig verlässt und sein Büro räumt – jongliere ich geschickt das Tablett und klopfe an. »Herein«, ruft er drinnen. Ich drücke mit dem Ellbogen vorsichtig die Tür auf, um mit dem Tablett nur ja nirgendwo anzustoßen.

»Was ist das?«, fragt Daniel überrascht, als er die vielen Tellerchen sieht. Er klappt den Laptop zu und steht lachend von seinem Bürostuhl auf. »Sagen Sie bloß, Sie haben das alles heute gemacht.«

»Ich hatte zwei nette Helfer«, antworte ich und platziere voller Stolz die kleinen Bäckereien auf dem langen Seminartisch.

»Aber Sie wissen doch, ich esse keine …«

»Doch!«, unterbreche ich ihn energisch. »Setzen Sie sich! Ich bringe Ihnen einen Kaffee. Einen kleinen Schwarzen?«

Einen Moment lang sieht Daniel mich prüfend an. Wartet er, dass ich einen Rückzieher mache und ihn doch nicht zwinge, jedes dieser sechs köstlichen Petits Fours zu probieren?

»Einen großen bitte.« Widerwillig setzt er sich und schiebt das Notebook zur Seite. »Muss ich wirklich alle kosten?«, fragt er und mustert die Süßspeisen.

»Ja, müssen Sie«, sage ich und reiche ihm den Kaffee.

Anschließend bringe ich mich neben dem Tablett in Stellung und deute darauf, als würde ich nun mit einer Produktpräsentation beginnen. Das habe ich den ganzen Vormittag geübt und vorhin im Aufzug noch einmal in Gedanken wiederholt. »Heute bieten wir Ihnen sechs verschiedene, einzigartige Petits Fours zur Kostprobe an. Sie dürfen sich die Reihenfolge selbst aussuchen, müssen sie jedoch alle sechs kosten.«

Daniel hat seine Augen ausschließlich auf mich gerichtet. Sein Grinsen wird immer breiter, bis er amüsiert loslacht. »Wollen Sie mich mästen?«

»Keineswegs«, sage ich ernst. »Sie müssen entscheiden, welche dieser Petits Fours auf der Messe angeboten werden sollen.«

»Ich soll das entscheiden?«, fragt Daniel überrascht und beugt sich vor. »Aber warum fragen Sie denn nicht Ihre beiden Kollegen? Die haben doch viel mehr Ahnung als ich.«

»Natürlich haben sie das«, stimme ich zu, denn das versteht sich schließlich von selbst. »Aber wenn eine dieser Kostproben Sie überzeugt, wird es allen anderen auch schmecken.«

»Aha!« Daniel nickt einsichtig und lehnt sich wieder zurück. Sein Blick ruht immer noch auf mir. »Ist Ihnen mein Urteil wirklich so viel wert?«

Ich nicke. Er hat ja keine Ahnung, wie aufgeregt ich bin. Seit unserer ersten holprigen Begegnung will ich nur eines von ihm: Anerkennung für meine Arbeit.

»Also gut«, sagt Daniel schließlich. »Aber nur, wenn Sie versprechen, das Präsentieren von nun an anderen zu überlassen.«

»War ich nicht überzeugend?«, frage ich und bin ein wenig beleidigt.

Daniel schüttelt zaghaft den Kopf.

»Es hat immerhin bewirkt, dass Sie mitmachen«, sage ich selbstbewusst. »Womit wollen Sie beginnen?«

»Bringen wir Schwarzwälder Kirsch hinter uns. Ich hasse den Geschmack von Kirschen.«

»Abwarten!«

Ich stelle den Teller neben seine Kaffeetasse.

Das Schwarzwälder-Kirsch-Petit-Four setzt sich zusammen aus einem dunklen Biskuitboden, einer Kirschfüllung und einer mit Kirschwasser getränkten zweiten Biskuitschicht. Das Ganze ist garniert mit einem Schlagobershäubchen, Schokoladenspänen und einer halben Kirsche.

»Mit den Fingern?«, fragt Daniel skeptisch und ziert sich, das kleine Stück Kuchen in die Hand zu nehmen.

»Natürlich, aber es gibt Servietten.«

Auf dem Tablett liegen kleine weiße Servietten, die wir sonst für unsere Gäste benutzen.

Daniel seufzt, nimmt die Cocktailkirsche von dem Schlagobershäubchen herunter und beißt schließlich in das Petit Four.

»Nicht schlecht, aber halt Kirsche.« Er zuckt mit den Schultern und schiebt den Teller mit dem restlichen Stück von sich.

»Sie müssen es aufessen!«, sage ich streng.

»Sie sagten kosten, nicht aufessen.«

»Sagte ich?«

Daniel nickt bestimmt. Er macht nicht den Eindruck, als würde er jetzt noch Kompromisse eingehen. »Als Nächstes nehme ich Punschkrapfen. Auch kein Favorit.« Er rümpft die Nase und trinkt einen Schluck Kaffee, als müsste er den schlechten Geschmack hinunterspülen.

»Versuchen Sie, die schlechten schnell hinter sich zu bringen?«, frage ich pikiert und reiche ihm den Teller. Der würfelförmige Kuchen ist mit einer altrosa Glasur überzogen und mit feinen Schokoladenspritzern verziert. In der Mitte liegt eine kleine kandierte Kirsche, die Daniel umgehend herunterzupft und auf den Tellerrand legt.

»Wenn Sie mich schon zwingen, sie alle zu probieren …«, verteidigt er sich.

»Ich bin gespannt, welches Sie sich für den Schluss aufheben.«

»Was halten Sie davon, wenn ich in Ruhe teste und erst dann ein Resümee ziehe?«

Das Burgenländer Kipferl steht ganz oben auf seiner Liste. Er hat die delikate, nussige Bäckerei als Krönung ausgesucht. Während er hineinbeißt, schließt er die Augen einen Moment und lässt das Kipferl langsam im Mund zergehen, sodass der Geschmack sich entfalten kann. Genau, wie es sein soll.

»Dann mal los.« Daniel reibt sich die Hände und sieht die Petits-Fours-Reste an, die vor ihm auf den Tellerchen liegen. Nur das Kipferl hat er aufgegessen. »Das Schwarzwälder-Kirsch-Petit-Four war gut«, beginnt er, »auch wenn es nicht meinen Geschmack trifft. Das Ischler Törtchen, die Maronitaler und das Burgenländer Kipferl sind hervorragend. Das Sacher-Petit-Four war etwas zu trocken und das Punschkrapferl zu süß.«

Ich sehe sicher aus wie eine verliebte Dreizehnjährige, die ihren Schwarm verträumt anstarrt. Daniel Eppensteiner, der attraktive Geschäftsmann, der sich vehement gegen Süßspeisen aller Art wehrt, lässt tatsächlich ein gutes Haar an meinen Petits Fours! Mein Herz überschlägt sich vor Freude.

»Lassen Sie mich raten. Sind Sie jetzt glücklich?«

Ich nicke stumm.

»Also gut«, fährt Daniel fort und schiebt seine leere Tasse beiseite. »Ich muss mich bei Ihnen entschuldigen.«

»Schon wieder?« Überrascht fahre ich in meinem Sitz hoch.

»Ja. Ich muss gestehen, dass ich Sie als Patissière unterschätzt habe. Jetzt, wo ich sehe, wie aufwendig und wie gut Ihre Arbeit ist, bin ich froh, eine Mitarbeiterin wie Sie im Hotel zu haben.«

Wow, das geht runter wie Öl! Diese Worte aus seinem Munde – ich platze innerlich vor Stolz. Ich will die Gunst des Augenblicks nutzen, um mich in ein noch positiveres Licht zu rücken.

»An Ihrem ersten Arbeitstag muss ich furchtbar auf Sie gewirkt haben. Ich hatte verschlafen, was mir sonst nie passiert, und Kati hatte mir am Vorabend die Haare mit Papilloten eingedreht.« Es sprudelt nur so aus mir heraus. »Außerdem hatte ich zu große Schuhe an, die hab ich irgendwann ausgezogen. Deshalb war ich barfuß. Und dann noch Ihr Parkplatz … Ich fahre normalerweise immer mit der Straßenbahn, aber an dem Morgen musste ich das Auto nehmen, weil ich ja verschlafen hatte und viel zu spät dran war. Ich dachte, der Parkplatz wäre frei, weil Richard ja nicht da war.«

Luft holen, Charlie … Oje, ich rede mich schon wieder um Kopf und Kragen. Doch Daniel hört mir aufmerksam zu, und auf einmal stelle ich fest, dass mir das alles viel weniger peinlich ist als noch vor ein paar Tagen.

»Jetzt müssen Sie mir nur noch eines verraten«, sagt er nach einer Weile, »diese Papillote, haben Sie mir die als Donut-Ausstecher verkauft?«

»Ja«, murmle ich und senke betreten den Blick. Ich weiß nicht, ob ich lachen oder weinen soll. »Sie haben sicher gedacht, dass da eine Verrückte in der Küche steht.«

»Ehrlich gesagt, trifft es ziemlich genau das, was ich dachte.«

»Dabei bin ich sonst nie so schusselig.«

Daniel sieht mich an. Er glaubt mir nicht.

»Zumindest nie so oft in Anwesenheit einer bestimmten Person«, räume ich ein. Das hört sich jetzt zwar leicht verschroben an, entspricht aber der Wahrheit. »Mein Auftritt im Fitnesscenter war eine Panikreaktion«, sage ich noch zu meiner Verteidigung.

»Ich habe Sie in Panik versetzt? Warum?« Daniel scheint verwundert zu sein.

»Weil Sie mein zukünftiger Vorgesetzter sind und ich Ihnen den Parkplatz weggenommen habe und wegen allem, was danach passiert ist. Im Fitnessstudio wollte ich Ihnen auf gar keinen Fall begegnen.«

»Was Sie äußerst elegant geschafft haben.« Daniel muss bei der Erinnerung an meinen Sprung hinter die Studiotheke laut lachen.

»Dazu kam, dass Sie die Messe gar nicht bei uns im Haus wollten, und dann haben Sie mich auch noch im Wellnessbereich getroffen. Ich schwöre, ich war noch nie vorher dort.« Schon wieder! Warum kann ich mich nicht einbremsen?

»Oh, ja richtig, das Spa!« Er nickt, als hätte er das bereits vergessen. »Haben Sie sich eigentlich arg verletzt, als Sie ausgerutscht sind?«, erkundigt er sich dann fürsorglich.

»Mein Hintern tat das ganze Wochenende höllisch weh«, sage ich zerknirscht. »Wussten Sie eigentlich, dass ich dort war?«

Daniel schüttelt den Kopf. »Wenn ich das gewusst hätte, wäre ich alleine gekommen.«

Ich erstarre. Flirtet er etwa gerade mit mir? Ich traue mich nicht, den Satz zu interpretieren. Immerhin bin ich offiziell verlobt, auch wenn Eddie gar nichts davon weiß.

Ich weiß nicht, wie lange wir einander so ansehen. Irgendwann räuspert Daniel sich und steht auf. »Möchten Sie einen Kaffee?«, fragt er und wendet sich von mir ab.

»Nein, danke.«

Es ist so weit. Wenn ich schon alles offen auf den Tisch lege, kann ich ihm auch gleich die fingierte Hochzeit beichten. Er wird es mit Fassung tragen, und ich wäre endlich all meine Sorgen los. Ich müsste endlich nicht mehr genau darauf achten, wann ich was sage, und ich müsste auch Eddie nichts davon erzählen.

Ich warte, bis Daniel sich wieder setzt. Dann fasse ich all meinen Mut zusammen. Du schaffst das, Charlie! Ich hole tief Luft.

»Eine Kleinigkeit möchte ich noch ansprechen und mich entschuldigen ...«, beginne ich.

»Lassen Sie es!«, sagt Daniel ganz ruhig. Er beugt sich zu mir und legt seine Hände auf meine. Sie sind sehr warm, was bestimmt daran liegt, dass meine vor Nervosität kalt sind.

Irgendetwas in mir warnt mich davor, jetzt einen Rückzieher zu machen.

»Aber ...«, versuche ich es noch einmal.

»Es ist okay«, unterbricht Daniel mich und blickt mir so tief in die Augen, dass ich glaube, hypnotisiert zu werden. »Sie sind nervös. Sie werden bald heiraten. Da passiert einem schon mal der ein oder andere Ausrutscher. Machen Sie sich keine Gedanken.«

Das Problem ist nur, dass ich gar nicht heiraten werde.

»Einer werdenden Braut verzeiht man gern«, ergänzt Daniel rücksichtsvoll. »Dieses Privileg haben sonst nur werdende Mütter, die der Macht der Hormone ausgeliefert sind. Aber das kennen Sie ja.«

»Ja, stimmt.« Ich lache gequält. »Meine Schwester steht kurz vor der Geburt, und ihre Hormone spielen wirklich verrückt.«

»Wie war das denn bei Ihnen?« Daniel lehnt sich zurück.

»Ich kann mich nicht erinnern, je schwanger gewesen zu sein«, antworte ich amüsiert. »Das würde mir gerade noch fehlen.«

Ich mag Kinder, und Ben mag ich ganz besonders, was aber noch lange nicht heißt, dass ich mir jetzt ein Kind wünschen würde.

»Und der Junge in dem Café?«, fragt Daniel verwundert.

»Ben? Sie dachten, er wäre mein Kind?« Ich muss lachen. »Ben ist mein Neffe«, kläre ich ihn auf, bevor womöglich noch mehr Missverständnisse entstehen. »Der Sohn meiner Schwester.«

»Er könnte Ihnen doch die Ringe bringen, wenn Sie heiraten«, schlägt Daniel begeistert vor. »Ist bestimmt toll, wenn ein Dreijähriger im Anzug die Ringe trägt.«

»Sie kennen Ben nicht«, sage ich. »Wenn er die Ringe nicht vorher aufisst, vergräbt er sie im Vorgarten und lässt den Hund draufpinkeln.«

»Sie haben einen Hund?«

»Nein. Aber Ben findet einen Hund, der das tut.«

Daniel grinst belustigt.

Eine Weile schweigen wir beide. Ich bin überrascht,

wie wenig unangenehm mir das ist. Wir sehen einander still an.

»Auf was freuen Sie sich am meisten?«, fragt Daniel irgendwann, ohne seinen Blick von mir abzuwenden. Seine tiefe, raue Stimme verursacht ein wohliges Kribbeln auf meiner Haut.

»Auf einen erfolgreichen Abschluss der Petit-Four-Messe«, antworte ich spontan.

»Nein. Ich meine Ihre Hochzeit.«

Eine berechtigte Frage. »Auf Eddies Gesicht, wenn er mich in dem Kleid sieht.« Für eine spontane Antwort sehr gelungen, finde ich.

»Für mich wäre es der erste Tanz«, sagt Daniel. »Wenn die große Aufregung vorbei ist, keiner mehr einen Rückzieher machen und nichts und niemand das Glück zerstören kann.«

Für so romantisch habe ich ihn gar nicht gehalten, stelle ich überrascht fest. Vor Kurzem noch hätte ich nicht mal im Traum daran gedacht, ihn überhaupt sympathisch finden zu können. Wie sehr man sich doch in jemandem täuschen kann. Ob es Daniel mit mir ähnlich geht?

»Haben Sie Ihren ersten Tanz eingeübt?«, fragt er.

»Oh, äh, nein!« Ich winke hastig ab. »Ich habe kein Taktgefühl.« Er hat doch gesehen, wie tollpatschig ich bin.

»Unsinn! Jeder kann Walzer tanzen. Es sind nur drei kleine Schritte. Kommen Sie, ich zeige es Ihnen.«

Er nimmt meine Hand und zieht mich schneller hoch, als ich mich zur Wehr setzen kann. Noch während ich Luft hole, um zu protestieren, hält er meinen rechten Arm hoch und legt meine linke Hand auf seine Schulter. Diese plötzliche Nähe zwischen uns macht mich nervös. Daniel will mir tatsächlich zeigen, wie man tanzt.

»Die Schrittfolge kennen Sie?«

»Ja. Nein. Eigentlich schon«, stammle ich und nehme wahr, wie nahe sich unsere Gesichter sind.

»Es ist ganz einfach. Ich führe Sie.«

Er führt mich? Mir wird schwindlig. Ich kann doch nicht mit meinem Vorgesetzten Walzer tanzen!

Doch, ich kann.

Dass es gut aussieht, wage ich zu bezweifeln. Wenigstens trete ich ihm nicht auf die Füße, auch wenn unsere Fußspitzen ein paar Mal aneinanderstoßen.

»Ihnen fehlt nur etwas Übung«, sagt Daniel. Es klingt zärtlich. Einen kitschigen Moment lang fühle ich mich wie die Prinzessin, die von dem Prinzen umgarnt wird.

Verlegen blinzle ich. Nicht zu fassen, was ich hier veranstalte. Daniels Hand auf meinem Rücken ist warm und drückt mich sanft. Es fühlt sich richtig und falsch zugleich an. Ich verfalle seinem Charme. Ich weiß nicht, ob ich das möchte. Es ist Eddie gegenüber nicht fair, auch wenn zwischen Eddie und mir im Moment alles offen ist.

Abrupt löse ich mich aus Daniels Armen.

»Wir ... sollten das nicht tun.«

Mein Herz rast. Ich starre meine Schuhe an. Daniel ist in Kürze mein Vorgesetzter. Mit dem Chef eine Affäre oder gar eine Beziehung anzufangen ist tabu. Außerdem sind Eddie und ich ja nicht getrennt. Ich liebe ihn. Und es würde mir das Herz zerreißen, wenn Eddie mit einer anderen Frau so eng tanzen würde.

»Ich sollte jetzt gehen«, murmle ich, wende mich der Tür zu und lasse das Tablett mit den Petits Fours einfach stehen.

»Charlotte ...«

Seine Stimme zuckt wie ein Blitz durch meinen Körper. Sie klingt flehend. Als wollte er mich bitten, bei ihm zu bleiben. Ich erstarre und schließe die Augen.

»Charlie. Nennen Sie mich bitte Charlie.«

* * *

Da ich die Samstagsschicht übernehme, ist Freitag mein freier Tag. In der Nacht habe ich kaum ein Auge zubekommen. Noch vor dem Frühstück melde ich mich bei Eddie. Zu meiner Überraschung ist er erfreut, von mir zu hören, und will am Abend mit mir ausgehen. Ich muss einfach mit ihm sprechen und wissen, wie es mit uns weitergeht.

Da Jasmin und Kati den ganzen Tag arbeiten, habe ich das Bad für mich alleine und kann mich in aller Ruhe aufbrezeln. Ich rasiere meine Beine, föhne meine Haare und probiere ein Dutzend Kleider an. Schließlich entscheide ich mich für ein schwarz-weißes Spitzenkleid, das ich aus Katis Kleiderschrank stibitze.

Gerade als ich die Wimperntusche ein weiteres Mal auftrage, höre ich die Wohnungstür ins Schloss fallen. Ich nehme meine schwarze Clutch und eile ins Vorzimmer. Jasmin und Kati sollen bestätigen, dass ich gut aussehe.

»Na, ein Date?«, fragt Jasmin, als sie mich sieht, und streift die Turnschuhe von den Füßen. Sie ist alleine gekommen.

»Mit Eddie. Wie sehe ich aus?«

Ich drehe mich im schmalen Vorraum und warte gespannt auf ein Kompliment.

»Nett.« Jasmins Blick streift mich nur kurz, dann sieht sie die Post durch, die sie auf dem Weg hinauf mitgenommen hat. »Nett« ist bei ihr durchaus als Kompliment zu verstehen.

»Eddie kommt gleich. Er holt mich um sechs Uhr ab«, sage ich aufgeregt und schlüpfe in die schwarzen Pumps, die ich mir ebenfalls von Kati leihe.

»Heute haben alle Dates«, sagt Jasmin beiläufig und geht weiter Richtung Küche.

»Wer denn noch?«, frage ich und folge ihr.

»Na, Kati. Sie geht mit Daniel aus.«

Sie dreht sich zu mir um. Als sie meinen überraschten Gesichtsausdruck bemerkt, räuspert sie sich. »Ach so, ich dachte, du wüsstest davon.«

Ich schüttle langsam den Kopf. Daniel hat nichts dergleichen erwähnt. Und Kati auch nicht. Natürlich wusste ich, dass sie ein Treffen planten, aber ich dachte, sie würden mir erzählen, wenn es so weit ist.

»War ja auch ganz spontan«, erklärt Jasmin mit einem Achselzucken. »Er hat sie heute erst gefragt.«

»Heute?« Hat es damit zu tun, was gestern passiert ist? Damit, dass ich Daniel abgewiesen habe? Ich schüttle den Kopf, als müsste ich die Gedanken loswerden. »Darum geht's doch gar nicht«, murmle ich.

Jasmin reagiert zum Glück nicht, sondern durchsucht währenddessen den Kühlschrank.

Es geht um Eddie und mich. Mit Eddie kann es eine Zukunft geben. Mit ihm wird es eine Zukunft geben. Immerhin ist er nicht mein Vorgesetzter.

»Also gut, ich muss los.«

* * *

»Willst du das Zeug haben?«, fragt Eddie und hält seinen Löffel hoch. Damit hat er sämtlichen Schnittlauch aus seiner Suppe gefischt. Er isst nämlich kein Gemüse, und weil Schnittlauch grün ist, ist er überzeugt davon, dass es sich dabei ebenfalls um Gemüse handelt.

Ich schüttle den Kopf und löffle meine Tomatensuppe weiter.

Das Lokal liegt direkt an der Donau und bietet durch eine breite Glaswand einen wunderschönen Ausblick auf das Wasser und die vielen Lichter am Ufer. Kati hat uns dieses Restaurant empfohlen, nachdem der Koch des Lokals bei ihr im Fitnessstudio trainiert hatte.

Bislang hat Eddie nur über seine Arbeit gesprochen. Im Moment laufen die Vorbereitungsarbeiten für eine neue Sendung über Gartengestaltung. Es ist, als hätte es die ganze letzte Woche nicht gegeben.

»Ich hätte eine Idee für deine Gartensendung«, sage ich und schiebe den leeren Teller ein Stück von mir. »Du kannst den Zuschauern die Blumensprache näherbringen.«

»Blumensprache?« Eddie sieht verwundert von seinem Tellerrand auf.

»Ja. Wusstest du zum Beispiel, dass gelbe Nelken für Abneigung stehen und es entsprechend unhöflich ist, sie zu verschenken.« Ich erinnere mich an Ritas Worte. Sie konnte zu jeder Blume nicht nur den lateinischen Namen sagen, sondern auch deren Bedeutung.

»Ich weiß nur, dass rote Rosen für die Liebe stehen«, sagt Eddie und schiebt mit gerümpfter Nase ein Stück Schnittlauch von seinem Löffel. »Mehr muss man als Mann nicht wissen.« Er lächelt mir selbstbewusst zu.

Ich erinnere mich an den letzten Blumenstrauß, den ich von ihm erhalten habe. Ein Strauß bunter Nelken. Gelb war ganz sicher auch dabei. Vielleicht sollte ich Rita fragen, was »bunt« in diesem Fall zu bedeuten hat.

»Jedenfalls habe ich auch viel über uns nachgedacht.« Eddie legt den Löffel auf den Teller und sieht mich über den Tisch hinweg ernst an. »Letzte Woche hast du mich mit deiner Hochzeitsvorstellung eiskalt erwischt.«

»Das war ein Missverständnis«, sage ich geknickt. »Ich dachte, wir hätten beide dasselbe gemeint.« Im Nachhinein betrachtet, ist es natürlich arg verfrüht, ans Heiraten zu denken, wenn wir noch nicht einmal zusammen wohnen.

Nachdem der Kellner abserviert hat, legt Eddie seine Hände über den Tisch und greift nach meinen. Zärtlich streichelt er mit seinen Daumen über meine Handrücken. Seine Lippen umspielt ein liebevolles Lächeln, das mich an viele wunderbare Momente erinnert.

»Charlie, ich weiß, du bist die richtige Frau für mich.« Seine Worte sind wie Balsam auf meiner Seele. »Bis vor ein paar Tagen habe ich mir noch keine Gedanken übers Heiraten gemacht. Aber jetzt ...«

Er stockt.

Jetzt ... was? Gierig hängt mein Blick an seiner Unterlippe, auf der er nervös kaut. Sprich doch weiter!

Eddie sieht auf, holt tief Luft und sagt: »Es wäre schön, dich für immer an meiner Seite zu wissen. Nicht nur als Freundin, sondern als Frau.«

Mein Herz macht unzählige Luftsprünge. Es tut so gut, das aus seinem Mund zu hören.

»Da wäre nur noch eine Sache.«

Eddie weicht meinem Blick erneut aus. Ich schlucke. Seine Miene lässt mich nichts Gutes ahnen. Es gibt eine andere. Eine Affäre. Vielleicht Magdalena? Mein Herz bleibt stehen. Um Himmels willen, sprich weiter!

»Ich habe ein Jobangebot bekommen.« Er presst die Lippen aufeinander und hält seine Hände fest um meine gelegt.

Ich atme leise aus. Das ist zwar überraschend, aber bei Weitem nicht so schlimm wie befürchtet!

»Ein Sender hat mir ein Angebot für eine unbefristete Stelle gemacht. Erst wollte ich absagen, aber jetzt überlege ich, sie doch anzunehmen. Sie ist in Köln.«

»In Köln?«

Eddie nickt und greift nach seinem Bier. »Ich habe noch zwei Wochen, um mich zu entscheiden.«

Mir läuft ein kalter Schauer über den Rücken. Das kommt so plötzlich, so unerwartet. Ich wusste ja nicht einmal, dass Eddie einen Senderwechsel in Erwägung zieht. Hat er sich schon entschieden, oder will er meine Meinung dazu hören? Könnte sie überhaupt etwas bewirken?

»Wie lange weißt du schon davon?«

Ich ziehe meine Hände vom Tisch. Das hat mir gerade noch gefehlt!

Ein junger Kellner mit hochgebundenem Zopf kommt zu uns und fragt: »Dürfen wir die Hauptspeise schon servieren?«

»Einen Moment noch«, sagt Eddie ungeduldig, ehe er sich wieder mir zuwendet.

Der Kellner verschwindet genauso schnell, wie er aufgetaucht ist.

»Ich wollte es dir schon letzten Montag erzählen. Aber dann kam das mit der Verlobung meiner Schwester dazwischen. Ich wollte mich nicht dazwischendrängen.«

»Du hättest es mir sagen können, als wir in deinem Zimmer waren, oder später im Auto.«

Stattdessen war er nur darauf aus gewesen, Sex mit mir zu haben. Wie konnte er das Thema nur so hinten angereiht lassen? Das ärgert mich!

»Ich war mir selbst nicht sicher, was ich davon halten soll«, sagt Eddie etwas kleinlaut. »Als du am Wochenende bei mir warst, wollte ich mit dir darüber sprechen, aber dann hast du mit dem Thema Hochzeit angefangen.«

Er seufzt, als wäre es nicht seine Schuld, dass er die Chance nicht nutzen konnte.

»Und jetzt bist du dir sicher?«, frage ich mit dem untrüglichen Gefühl im Bauch, die Antwort zu kennen. Er wird mich nicht um meine Meinung bitten. Eddie hat sich bereits entschieden.

»Ich weiß, was ich will«, sagt er und sieht mich unverwandt an. »Ich will mit dir nach Köln gehen. Ich will mir dir zusammenleben, und ich will dich heiraten. Vielleicht nicht sofort, aber früher oder später will ich mit dir zum Altar schreiten.«

Ein charmantes, hoffnungsfrohes Lächeln umspielt seine Lippen.

Mir bleibt die Spucke weg, als ich das höre. Es klingt nicht nach dem egoistischen Eddie, der sich und seinen Job über alles andere stellt. Sondern vielmehr nach einem Eddie, der sich Gedanken über unsere Zukunft gemacht hat. Er will nicht einfach nur seinen Willen durchsetzen, sondern auch auf mich Rücksicht nehmen. Das zu wissen tut gut und ermuntert mich, wieder an unsere Beziehung zu glauben.

»Da ist ja Kati«, sagt Eddie in dem Moment. »Dort, beim Eingang.« Er nickt mit dem Kinn Richtung Tür.

Sofort fahre ich herum, und es versetzt mir einen Stich ins Herz. Meine beste Freundin betritt in Begleitung von Daniel das Restaurant.

Rasch wende ich mich Eddie wieder zu.

»Wusstest du, dass sie kommt?«, fragt er mich misstrauisch.

Ich schüttle nur den Kopf.

Hoffentlich haben die zwei uns nicht gesehen. Nach dem gestrigen Nachmittag weiß ich nicht, wie ich mich Daniel gegenüber verhalten soll. Ich habe ihn einfach in seinem Büro stehen gelassen und bin gegangen. Ich denke an unseren Tanz und merke, dass ich rot werde.

»Hat Kati denn schon wieder einen Neuen?«

Eddies Frage klingt abwertend. Er hält nicht viel von Kati, weil sie selten eine längere Beziehung hat, sondern ständig mit neuen Männern ausgeht. Doch sie ist jung und ungebunden. Sie kann tun und lassen, wozu sie Lust hat.

»Scheint so«, antworte ich und behalte für mich, dass ich weiß, wer ihre Begleitung ist. Unauffällig sehe ich über meine Schulter und erkenne die beiden durch die Blätter eines Gummibaums. Ein Kellner führt sie an einen Tisch auf der anderen Seite des Lokals.

Eddie gibt unserem Kellner ein Zeichen, dass wir bereit für die Hauptspeise sind. Ich habe Fisch bestellt, während Eddie wie immer ein Steak gewählt hat. Medium rare, keinesfalls medium. Darauf legt er Wert.

Ich nippe an meinem Weißwein und überlege, ob Kati sich an meine erfundene Verlobung erinnert. Was, wenn nicht? Hastig krame ich mein Handy aus der Tasche und tippe ihr eine Nachricht:

Treffen uns bei den Toiletten. JETZT!!!

»Entschuldige mich kurz.«

Ich stehe auf und gehe Richtung Treppe, die zu den Klos hinunterführt. Unterwegs schaue ich um die Ecke zu Kati, die sich laut lachend über den Tisch beugt und an Daniels Sakko zupft. Warum fasst sie ihn an? Sie weiß doch, dass er ein Mann mit Klasse ist und es bestimmt nicht auf eine schnelle Nummer mit ihr abgesehen hat. Wenn sie etwas von ihm will, sollte sie einen Gang zurückschalten.

Offenbar hat sie nicht gesehen, dass ich ihr eine SMS geschickt habe. Bestimmt steckt ihr Handy in der Handtasche. Ich muss sie entweder persönlich vom Tisch abholen oder …

»Hey, Sie! Könnten Sie kurz herkommen?« Ich winke den Kellner mit dem kleinen Zopf herbei. »Haben Sie etwas zu schreiben?«

Er zögert einen Moment und grinst dann anzüglich. »Wenn Sie meine Nummer haben wollen, kann ich sie in Ihr Handy eintippen.« Er zwinkert mir zu.

Denkt der ernsthaft, ich verstecke mich hier vor meinem Freund, um heimlich an seine Telefonnummer zu kommen?

»Blödsinn.«

Ich verdrehe die Augen und ziehe ungefragt seinen Schreibblock aus der Halterung an seinem Gürtel. Darauf notiere ich eine Nachricht für Kati und falte sie zweimal zusammen.

»Bringen Sie das bitte der blonden Frau am letzten Tisch. Die in dem schwarzen Kleid.«

Ich drücke ihm das Stück Papier in die Hand, drehe ihn an den Schultern um und gebe ihm einen sanften Schubs in Richtung Kati.

* * *

»Charlie?«, quietscht Kati durch den Vorraum der Toiletten. Als hätten wir uns eine Ewigkeit nicht gesehen, stöckelt sie auf mich zu und fällt mir um den

Hals. »Du auch hier? Du errätst nie, mit wem ich hier bin!« Sie schiebt mich ein Stück von sich weg, um mein Gesicht zu sehen. Ich starre auf ihre rotgeschminkten Lippen, und das komische Gurren, das sie von sich gibt, gefällt mir gar nicht.

»Kati, ich weiß, mit wem du hier bist. Wieso hast du mir nichts davon erzählt?«

Am liebsten würde ich sie schütteln, damit sie zur Vernunft kommt. Ich habe ihr doch gesagt, wie wenig ich von einem Date mit ihr und Daniel halte.

»Ach, weißt, es war ganz spontan«, antwortet sie unbekümmert. »Daniel hat heute Nachmittag angerufen und mich zum Essen eingeladen. Er war sich wohl anfangs nicht sicher, ob das in Ordnung ist, weil wir beide befreundet sind, aber scheinbar hat er seine Meinung geändert.«

Ich kann ihre Begeisterung leider nicht teilen.

»Bitte vergiss nicht, dass er denkt, ich würde Eddie heiraten.«

Ich nehme ihre Hände und drücke sie fest.

»Ach ja, stimmt!«

Wie vermutet, hatte sie es vergessen.

»Hör mir gut zu! Am 26. März ist die Hochzeit. Das ist ein Freitag. Du und Jasmin, ihr seid meine Trauzeugen. Ich trage ein 3000-Euro-Prinzessinnenkleid ohne Träger und mit langem Schleier.«

»Sag mal, weiß Eddie denn jetzt davon?«

Hört sie mir überhaupt zu?

»Das ist doch vollkommen egal«, zische ich. »Hauptsache, du sagst Daniel nichts Falsches. Am besten vermeidest du das Thema einfach.«

Ich sehe sie an und warte auf eine Reaktion.

»Du glaubst doch nicht, wir reden bei unserem Date über dich«, sagt sie kichernd. Ich vermute, sie hat schon vor dem Treffen mit Daniel ein oder zwei Gläschen Sekt getrunken, um sich zu entspannen. Das hat sie sich angewöhnt, weil sie sonst bei Rendezvous immer so aufgeregt ist.

»Keine Sorge, ich werde dich nicht verraten«, sagt sie und nickt mir beruhigend zu.

Ich drücke ihr ein Küsschen auf die Wange und wünsche ihr noch viel Spaß.

Sie geht wieder hinauf, aber ich warte noch einen Moment. Daniel soll uns nicht zusammen sehen. Er soll mich gar nicht sehen. Ich fürchte, er geht heute Abend nur deshalb mit Kati aus, weil ich ihn gestern zurückgewiesen habe. Dabei weiß er doch, dass ich verlobt bin.

Während ich langsam die Stufen hochgehe, versuche ich mich einigermaßen zu sortieren.

Auch wenn es Momente gab, in denen es zwischen Daniel und mir geknistert hat, wäre es absurd und unangebracht, darüber hinaus weiterzuspinnen. Daniel ist bald ganz offiziell mein Vorgesetzter. Selbst wenn unser Verhältnis viel entspannter und sogar fast vertraut geworden ist, heißt das nicht, dass auch privat zwischen uns mehr läuft. Ich denke, Daniel sieht das ebenso, sonst hätte er Kati doch vermutlich nicht zum Essen eingeladen.

Vielleicht sollte ich die bevorstehenden Veränderungen im Hotel zum Anlass nehmen, mir auch über meine Zukunft Gedanken zu machen. In Bezug auf

Eddie und in Bezug auf meine berufliche Weiterentwicklung. Ich bin noch jung, und wenn ich weiter Erfahrungen als Patissière sammeln will, dann ist jetzt die richtige Zeit dafür.

»Alles in Ordnung?«, fragt Eddie, als ich zum Tisch zurückkomme.

Er hat schon angefangen, sein Steak zu essen. Das Gemüse hat er säuberlich zur Seite geschoben. Nur die frittierten Erdäpfel isst er zum Fleisch.

»Ja, ich wollte ihr nur viel Spaß mit ihrem Date wünschen«, antworte ich und setze ein unbeschwertes Lächeln auf.

Wenn ich mit Eddie nach Köln ziehe, bin ich nicht nur Hunderte Kilometer von meiner Familie entfernt, sondern auch nicht mehr bei Jasmin und Kati. Der Gedanke daran schnürt mir die Kehle zu. Andererseits wären wir aber auch weit weg von Eddies Familie und würden sie höchstens alle paar Monate sehen. Es wäre ein Neuanfang, der einzig und allein Eddie und mir gehört. Eine verlockende Vorstellung.

»Denkst du über Köln nach?«, fragt Eddie angesichts meines nachdenklichen Schweigens.

Ich nicke.

»Du musst dich ja nicht gleich entscheiden«, sagt er verständnisvoll. »Wir haben zwei Wochen Zeit. Wenn du willst, kannst du inzwischen auch bei mir wohnen. Vielleicht fällt dir die Entscheidung dann leichter.«

Seine liebevollen Worte lassen mich beruhigt durchatmen. So schnell könnte ich diese Entscheidung auch gar nicht treffen. Zu gravierend wirkt sie sich auf meine Zukunft aus. Doch ich will mich ebenso wenig davor verschließen. Denn es ist auch eine tolle Chance für mich.

»Willst du anschließend mit zu mir kommen?«, fragt Eddie und sieht mich an. Da wir schon länger nicht miteinander geschlafen haben, weiß ich, dass seine Absichten auch in diese Richtung gehen.

»Ich muss morgen arbeiten«, antworte ich, was nicht gelogen ist. »Abgesehen davon würde ich gerne ein paar Tage in Ruhe über alles nachdenken.«

*** Linzer Torte ***

... einem erfahrenen Chef kann man nichts vormachen

für den Teig:
250 g Mehl
100 g Haselnüsse, gerieben
150 g Mandeln, gerieben
150 g Zucker
1 ganzes Ei
250 g Butter
1/2 TL Zimt

für den Belag:
250 g Ribiselmarmelade
1 Eigelb

Die Zutaten für den Teig zu einem Mürbteig verkneten und 30 Minuten im Kühlschrank rasten lassen. Dann ¾ des Teiges ausrollen und eine eingefettete, bemehlte Springform damit auslegen. Mit der Ribiselmarmelade bestreichen. Den restlichen Teig in Streifen gitterförmig auflegen. Mit dem verquirlten Eigelb bestreichen und einer Handvoll gehobelter Mandeln belegen. Bei 170°C 50 Minuten backen.
Variante für die Weihnachtszeit:
Statt einem Gitter den restlichen Teig dünn ausrollen,
Sterne ausstechen und auflegen.

Je nach Belegung können Wochenenddienste durchaus entspannend sein. In klassischen Businesshotels wie unserem ist die Auslastung an Wochentagen am höchsten. Freitagabend checkt ein Großteil der Gäste aus, um das Wochenende zu Hause zu verbringen. Einzelne Geschäftsleute und Touristen bleiben auch Samstag und Sonntag im Elisabethhof. Der Bedarf an einem großen Kuchenbuffet ist entsprechend geringer und kann von Alex oder mir alleine bewältigt werden.

Samstag bin ich schon mittags mit dem Buffet für den Nachmittag fertig. Es gibt Zitronengugelhupf, Linzer Torte und – weil ich so gut vorankam – auch Pariser Spitz. Während ich die Backwerke auf eine Glas-Etagere platziere, werden in der Küche schon die Vorspeisen für das Abendessen zubereitet. An diese ruhigen Zeiten in der Küche könnte ich mich schnell gewöhnen. Aber spätestens Montag kehrt die gewohnte Hektik hierher zurück.

»Haben Sie einen Moment Zeit, Charlotte?«

Erschrocken blicke ich auf und sehe Daniel in der Tür stehen. Nachdem ich ihn gestern mit Kati im Restaurant gesehen habe, ist es komisch, ihm jetzt hier zu begegnen. Ich weiß nicht, ob ich ihn darauf ansprechen soll. Weiß er, dass ich ebenfalls in dem Lokal war? Gestern noch trug er ein Sakko, heute belässt er es bei einem hellen Hemd, dessen oberster Knopf offen ist. Da ich mich nicht rühre, gestikuliert er ungeduldig. Er will mich offenbar draußen auf dem Gang sprechen.

»Natürlich«, sage ich, platziere die letzten Pariser Spitz auf das Glas und stelle die Etagere in die Kühlvitrine.

Mit den Händen in den Hosentaschen begrüßt Daniel mich auf dem Gang. »Haben Sie Zeit für einen Kaffee?«, fragt er.

Ich zögere mit meiner Antwort. Bestimmt will er über sein gestriges Date sprechen. Die Neugierde zerfrisst mich innerlich. Ich muss wissen, wie es gelaufen ist. Nachdem Kati erst spät nach Hause kam und in der Früh noch schlief, konnte ich sie nicht ausfragen. Immerhin hat sie in ihrem eigenen Bett geschlafen und zwar, wie ich mich überzeugt habe, alleine.

»Ich weiß, dass Richard nichts gegen eine kleine Pause in der Dienstzeit hat«, antworte ich und gebe mich unentschlossen. »Aber ich weiß nicht, wie mein zukünftiger Chef dazu steht.«

Daniel lächelt mich erleichtert an.

»Ich denke, er wird ein Auge zudrücken. Kommen Sie!«

»Übrigens sollen Sie mich Charlie nennen«, sage ich, als wir den Gang entlanggehen.

»Oh, ich dachte, das gilt vielleicht nur unter uns. Ich wusste nicht, ob ...« Er wirkt verunsichert, was ich zum ersten Mal bei ihm feststelle.

»Schon gut.« Ich winke ab und zwinkere ihm zu.

Eigentlich hatte ich gehofft, dass wir in sein Büro gehen, doch Daniel führt mich in die Hotelbar. Leider fällt mir unterwegs auf, dass ich einen riesen Schokoladefleck von der Pariser Creme am Ärmel habe. Na toll! Daniel im schicken Hemd und ich in Kochjacke mit Schokoladenflecken ...

Am Tresen in der Bar diskutiert Linda mit dem Kellner. Sie ist so in ihrem Element, dass sie uns nicht bemerkt. Schnell will ich mich hinter ihr vorbeischleichen und an einem der hinteren Tische in Deckung bringen. Ihre schnöden Fragen, warum ich mit Daniel hier bin, erspare ich mir gerne.

Gerade als wir hinter ihr sind, beginnt Daniels BlackBerry zu läuten. Er wirft einen Blick darauf, entschuldigt sich und meint, ich solle doch schon mal Platz nehmen. Noch bevor ich reagieren kann, ist er aus der Bar verschwunden. Lindas Blick fällt auf mich.

»Das Entlassungsgespräch?«, fragt sie spöttisch und verschränkt die Arme vor der Brust. In ihrer Uniform mit dem schräg gebundenen Halstuch sieht sie aus wie eine Stewardess. Ihr rotblondes Haar ist an der Seite gescheitelt und mit einer Spange am Hinterkopf festgesteckt.

»Das hättest du wohl gerne«, sage ich gereizt. Warum muss ausgerechnet sie gemeinsam mit mir Wochenenddienst haben?

»Armer Daniel«, sagt sie, als ich weitergehen will.

Ich spüre, wie sich jede Faser meines Körpers anspannt. Ihre Stimme reicht, um meinen Puls in die Höhe schnellen zu lassen. Ich beiße die Zähne zusammen, um nichts zu sagen. Meine Kiefer sind so fest aneinandergepresst, dass es wehtut.

»Jetzt ist er doch tatsächlich gezwungen, diese unnötige Messe mit dir zu organisieren.« Sie schüttelt bedauernd den Kopf.

»Auch wenn du es nicht glaubst, aber wir sind nicht geschäftlich hier.«

Ich kann nicht anders. Ich muss es Linda einfach auf die Nase binden.

Sie verzieht das Gesicht, als fiele es ihr schwer, nicht laut loszulachen.

»Ach Charlie. Wenn du das wirklich glaubst ...«

»Spar dir deinen mitleidigen Blick«, sage ich und bleibe so cool ich kann. »Damit siehst du alt aus.«

Ich drehe mich auf dem Absatz um und lasse sie einfach stehen.

Als ich mich an einem der bequemen Holzstühle weiter hinten niederlasse, kommt Daniel schon zurück. Er steuert direkt auf mich zu.

»Hallo Daniel!«, flötet Linda, als er an ihr vorbeigeht, so laut, dass ich es hören muss.

»Einen kleinen Schwarzen und eine Melange bitte.«

Als hätte er Linda gar nicht gesehen, ruft Daniel dem Kellner über ihren Kopf hinweg seine Bestellung zu. Er weiß also noch, wie ich meinen Kaffee gerne trinke.

Kaum sitzt Daniel mir gegenüber, verspanne ich mich. Das letzte Mal habe ich ihm bei unserem Tanz in seinem Büro direkt in die Augen gesehen. Das von mir herbeigeführte abrupte Ende gibt mir das Gefühl, dass etwas zwischen uns steht.

Ihm scheint es in meiner Anwesenheit nicht so zu gehen. Er wirkt locker und sieht mich unbekümmert an. Ob er wegen Kati so gut gelaunt ist?

»Was machen Sie an einem Samstag im Hotel?«, frage ich, um irgendetwas zu sagen. Bestimmt muss er die Zeit nutzen, um die Angelegenheiten zu regeln, zu denen er wegen der Messeorganisation sonst nicht kommt.

»Sie haben hier ...« Ohne auf meine Frage einzugehen, streckt Daniel seine Hand aus und streicht sanft mit seinem Zeigefinger über meine Nasenspitze.

Ich traue mich nicht mehr zu atmen. Was tut er da?

Er betrachtet seinen Finger, an dem feines, weißes Pulver haftet. »Bloß Mehl. Ich hoffe, es ist Mehl.« Er grinst und wischt sich die Hände ab.

Ich fasse mir an die Nase und hoffe, es waren die einzigen Mehlreste. »Natürlich … nur Mehl.«

Das Schicksal einer Konditorin. Wenn man sie während der Arbeit aus der Küche holt, hat sie immer irgendwo Mehl, Schokolade oder Marmelade an sich kleben. Nicht besonders attraktiv.

»Sie verhalten sich auffällig, Charlie. In einem Polizeiverhör sollten Sie cooler sein.«

Dann nimmt er dankend den Espresso entgegen, den der Kellner bringt.

Ich lege meine flattrigen Finger um die Kaffeetasse und frage mich, ob ich nicht auf die Toilette gehen und mein Gesicht waschen sollte. Wenn ich mich beeile, könnte ich mich sogar umziehen.

»Kati hat Ihnen bestimmt von unserem Treffen erzählt, oder?«, beginnt Daniel plötzlich. Es klingt weniger wie eine Frage als wie eine Feststellung. Warum nennt er das Treffen? Es war doch eindeutig ein Date – so schick wie die beiden gekleidet waren!

Ich schüttle den Kopf. Das Thema ist mir ausgesprochen unangenehm.

»Wollen Sie etwas darüber wissen?«, fragt Daniel entgegenkommend und trinkt von seinem Kaffee.

»Warum sollte ich?«

Meine Frage verwundert ihn. Vielleicht liegt es

auch an dem rauen Ton, den ich nun angeschlagen habe.

»Weil wir …« Er unterbricht sich und richtet sich in seinem Sessel auf. »Weil wir in demselben Hotel arbeiten und das zu einem Interessenskonflikt führen kann.«

Darüber hätte er sich allerdings vorher Gedanken machen müssen. Er ist doch sonst so korrekt.

»Glauben Sie mir, wenn ich wollte, wüsste ich von Kati bereits alles.«

Vielleicht klinge ich jetzt unfreundlich und überheblich, doch wenn er mit meiner besten Freundin ausgeht, muss er damit rechnen.

»Falls doch, können Sie jederzeit …«

Er bricht ab, vermutlich weil ich ziemlich finster dreinschaue.

»Wenn Sie mich aus der Küche geholt haben, um über Ihr Date mit Kati zu sprechen«, beginne ich aufgebracht, werde in dem Moment jedoch durch eine Bewegung in meinem Rücken abgelenkt. Hoffentlich nicht Linda, die kommt und sich mal wieder einmischt! Irritiert drehe ich mich um.

»Da seid ihr ja!«

Es ist Richard, der sich schnellen Schrittes unserem Tisch nähert. »Ich habe nur kurz Zeit«, schießt er auch schon los und schiebt einen Stuhl vom Nebentisch zu uns herüber. »Ich habe vorhin mit dem Eigentümer des Elisabethhofs gesprochen. Der Termin für die Übergabe steht fest. Am Montag in einer Woche geben wir es unseren Mitarbeitern und Mitarbeiterinnen bekannt.«

»In einer Woche?«, wiederholt Daniel.

Ich weiß nicht, ob er positiv oder negativ überrascht ist.

»Ja, Daniel, dann können Sie sich jetzt auf die Messe konzentrieren, und sobald das alles vorbei ist, steht dem Leitungswechsel nichts mehr im Wege.«

Richard nickt Daniel zuversichtlich zu. Dann wirft er einen hastigen Blick auf seine Armbanduhr. »Ich muss los. Ein Termin mit meiner Frau.« Er korrigiert seinen Krawattenknopf. Dann wendet er sich mir zu.

»Die Linzer Torte von heute, war die von Ihnen?«

Ich nicke.

Richard verzieht enttäuscht das Gesicht. Hat sie ihm etwa nicht geschmeckt? Ich habe sie doch genauso gebacken wie sonst auch.

»Ich habe gehofft, Alex sei endlich so gut wie Sie.« Er seufzt und verlässt kopfschüttelnd die Bar.

Als er verschwunden ist, fragt Daniel verwundert: »Ist Alex so schlecht?«

»Alex backt ausgezeichnet«, antworte ich und meine das absolut ehrlich. Doch etwas anderes ist mir gerade wichtiger als Alex' Backkünste.

»In eineinhalb Wochen sind Sie also unser neuer Hotelleiter«, sage ich mehr zu mir selbst als zu Daniel. Unzählige Fragen stellen sich mir plötzlich, allen voran eine ganz bestimmte. Ich muss es einfach wissen, auch wenn Daniel sagen sollte, dass es mich nichts angeht.

»Was wollen Sie verändern?«

»Was sollte ich verändern wollen?« Daniel sieht mich an, als hätte er keine Ahnung, wovon ich spreche. Doch das nehme ich ihm nicht ab. Ich bin sicher, er weiß, was ich wissen will.

»Sie haben von Umstrukturierungen gesprochen«, erkläre ich so nonchalant wie möglich. Er soll nicht merken, wie sehr mich diese Sache verunsichert. »Und davon, dass Richard das nicht verstehen würde.«

Das Gespräch im Café habe ich noch genau im Ohr. Ich sehe, wie Daniel schluckt und mit einer Antwort zögert. Sicher hat er über kurz oder lang mit so einer Frage von mir gerechnet.

»Das ist nichts, was Sie belasten muss«, antwortet er ruhig.

»Es belastet mich aber.« Ich höre selber, dass ich wie ein trotziges Kind klinge. »Als Mitarbeiterin habe ich ein Recht darauf zu erfahren, was Sie vorhaben.«

Daniel schweigt und weicht meinem Blick aus. Dann trinkt er seinen Kaffee in einem Zug aus. Als er die Tasse zurückstellt, kippt sie beinahe um.

»Oder soll ich Richard danach fragen?«

Ich weiß, wie kindisch diese Drohung ist, doch es geht hier um meine Zukunft. Um meine und die meiner Kollegen. Wer weiß, welche Personalpläne Daniel vorschweben. Wenn er nach der Übergabe einem Teil der Mitarbeiter kündigen will, um Kosten einzusparen, kann es jeden treffen. Da ich scheinbar als Einzige davon weiß, fühle ich mich dafür verantwortlich, ihn zur Rede zu stellen.

»Sie wollten doch niemandem etwas sagen.«

»Sie wollten nicht, dass ich etwas sage.«

Ich fasse es nicht. Schon damals fand ich seine Forderung unverschämt.

»Charlie, beruhigen Sie sich.« Er greift nach meinem Arm, den ich jedoch wegziehe. »Glauben Sie mir, es gibt nichts, worüber Sie sich aufregen müssen.« Er ist zu ruhig, um meine Bedenken zerstreuen zu können.

»Erklären Sie es mir!«, fordere ich ihn auf. »Wollen Sie Mitarbeitern kündigen?«

»Nein.«

Seine Antwort ist kurz und knapp. Er lässt sich einfach nicht aus der Ruhe bringen, geschweige denn in die Karten schauen. Aber in seinen Augen flackert es nervös. Er verschweigt doch etwas.

»Daniel, ich bin nicht blöd.« Er soll mir die Wahrheit sagen. »Um was ging es in diesem Gespräch, und warum darf Richard nichts davon wissen?«

Er reibt sich das Kinn und sieht sich im Raum um. Es ist niemand in unserer Nähe, der uns hören kann. Ein paar Tische weiter sitzt ein Gast, der konzentriert Zeitung liest.

»Ich möchte das Hotel Elisabethhof in die Eppensteiner-Hotelkette eingliedern«, sagt er leise.

Reglos sitze ich ihm gegenüber und versuche zu begreifen, was das bedeutet. Vor einigen Tagen habe ich diese Hotelkette gegoogelt und weiß, dass Geschäftsleute mit gehobenen Ansprüchen ihre Zielgruppe sind. Nicht anders als der Elisabethhof, nur größer. Es gibt sie in mehreren europäischen Städten.

»Warum darf Richard es nicht wissen?«

Ich verstehe das Problem nicht. Wie ich Richard kenne, wäre er froh, sein geliebtes Hotel in einer finanzstarken Gruppe eingegliedert zu sehen. Es sichert

Arbeitsplätze und hebt uns von anderen Hotels in der Wiener Innenstadt ab.

»Richard würde glauben, dass das Personal gefährdet ist, wenn die Administration in die Zentrale ausgegliedert wird«, erklärt Daniel, was mir absolut logisch erscheint.

»Dann sagen Sie ihm doch, dass es nicht so ist.«

Bin ich die Einzige in diesem Hotel, die findet, dass die Kommunikation hier fragwürdig abläuft?

»Langfristig gesehen«, sagt Daniel und senkt den Blick, »wird es Änderungen geben.«

»Sie haben gesagt, es würde niemandem gekündigt.« Das war vor weniger als zwei Minuten. Wieso sagt er jetzt etwas anderes?

»Das werden wir nicht«, bestätigt Daniel seine Aussage. »Wir halten die natürliche Fluktuation innerhalb der nächsten Jahre für ausreichend. Abgänge durch Ruhestand und Kündigungen seitens des Arbeitnehmers werden dazu beitragen, die Angestelltenzahl auf das Optimum zu reduzieren. Außerdem bieten wir Versetzungen in andere Häuser der Hotelgruppe an.«

»Und was sagt der Eigentümer des Elisabethhofs dazu?«

Es leuchtet mir einfach nicht ein, warum Richard umgangen wird. Vermutlich kann er sich die Pläne von Daniel ohnehin denken.

»Der Eigentümer ist ein guter Freund meines Onkels, der wiederum Finanzvorstand der Eppensteiner-Kette ist. Er weiß von den Plänen und hält sie für vielversprechend. Im Gegenzug erhält er Firmenanteile an der Hotelkette.«

»Das heißt, alle wissen Bescheid, nur Richard nicht?«

Ich muss meinen langjährigen Chef verteidigen – so wie Richard es für uns alle getan hätte. Ich glaube nicht, dass es viele so mitarbeiternahe Vorgesetzte gibt wie ihn.

»Wir haben entschieden, mit der Eingliederung erst nach Richards Abgang zu beginnen«, erklärt Daniel weiter.

Ich sehe ihn mit offenem Mund an. Ich weiß nicht, was ich davon halten soll. Wie er es sagt, hört es sich an, als wäre es sowohl eine Herausforderung als auch eine Absicherung für die Mitarbeiter. Dennoch bin ich misstrauisch, und ich bin sicher, dass es meinen Kollegen damit nicht anders gehen wird.

»Sie können mir glauben, dass wir unsere soziale Verantwortung gegenüber den Mitarbeitern und Mitarbeiterinnen kennen und großen Wert darauf legen.« Es ist, als hätte Daniel meine Gedanken gehört. »Die tägliche Arbeit wird sich für niemanden von Ihnen ändern.«

»Werden Sie hier Hotelleiter bleiben?«

»Vorübergehend, ja.« Er lächelt mich an. Es wirkt, als sei er erleichtert über diese Frage. »Möchten Sie noch etwas wissen?«

Ich schüttle den Kopf. Die Details, die ich soeben erfahren habe, muss ich erst mal verarbeiten. Meine Verunsicherung kann er mir momentan ohnehin nicht nehmen. Die Entscheidung ist schon getroffen worden, und die Pläne zur Eingliederung sind fixiert. Für mich heißt es jetzt wohl nur noch abzuwarten, was die Zukunft bringt.

»Gut«, sagt Daniel zufrieden. »Dann ist das Thema ja erledigt. Eigentlich wollte ich diese Pause angenehmer für Sie und mich gestalten.«

Die Art, wie er das sagt, verursacht ein eigenartiges Ziehen in meinem Bauch. Ich starre verlegen meine Kaffeetasse an.

»Jetzt hätte ich noch eine Frage«, beginnt Daniel. »Backen Sie eigentlich Ihre Hochzeitstorte selbst?«

Erstaunt sehe ich wieder auf. Er will also nicht über das Hotel sprechen, auch nicht über die Messe oder über sein Rendezvous mit Kati, sondern über mich. Über meine privaten Angelegenheiten. Zu dumm, dass er immer noch nicht weiß, dass diese Hochzeit ein Fake ist. Ich bringe es aber nicht über mich, ihm die Wahrheit zu sagen.

»Was glauben Sie?«, frage ich interessiert und merke, dass meine Anspannung nachlässt.

Daniel reibt sich übers Kinn. »Sie haben mit den Vorbereitungen genug zu tun«, denkt er laut. »Außerdem … Wer ein so teures Kleid kauft, kann sich auch einen Konditor leisten. Daher nehme ich an, dass Sie die Torte backen lassen.«

Ich öffne den Mund, um etwas zu erwidern, doch Daniel hebt die Hand und fügt hinzu: »Allerdings würde Richard bestimmt darauf bestehen, dass nur Sie selber gut genug sind, Ihre Hochzeitstorte zu backen.«

»Richard ist voreingenommen.«

Ich muss lachen. Es tut gut zu hören, wie sehr meine Arbeit geschätzt wird.

»Also?«, drängt Daniel, der es unbedingt wissen will.

»Ich backe selbst«, antworte ich, weil ich es wohl so tun würde. Auf meine eigene Arbeit kann ich mich verlassen, und Torten zu backen ist für mich kein Aufwand, sondern eine angenehme Beschäftigung. Ich habe sozusagen mein Hobby zum Beruf gemacht.

»Welche wird es?« Daniel sieht mich ehrlich interessiert an. Er zweifelt keinesfalls mehr an meiner Hochzeit.

»Eine Mozarttorte.«

»Tatsächlich? Ich habe die klassische Sachertorte bevorzugt. Die mögen doch alle.«

»Sie haben?«, frage ich verwundert, und mein Herz setzt kurz aus. »Sie sagten doch, Sie wären noch nie verheiratet gewesen?«

Oder habe ich da etwas falsch verstanden?

Daniel räuspert sich. »Ich meine, ich würde«, korrigiert er sich dann wenig überzeugend. »Ich …«

»Nein, nein«, falle ich ihm ins Wort. »Sie haben in der Vergangenheit gesprochen!«

Daniel Eppensteiner macht keine Versprecher, da bin ich sicher. Diese faule Ausrede lasse ich nicht gelten. »Raus mit der Sprache!«

Daniel sieht mich aus zusammengekniffenen Augen an. Er scheint zu prüfen, ob ich meine Aufforderung ernst meine. Glaubt er, ich würde davon ablassen?

»Ich war verlobt«, sagt er schließlich mit gepresster Stimme.

Er wird doch nicht glauben, mich mit dieser knappen Information abspeisen zu können?

»Vor vier Jahren«, fährt er endlich fort. »Sie hat die Hochzeit platzen lassen, einen Tag vor dem Termin.«

Er versucht sich nicht anmerken zu lassen, wie sehr ihn die Erinnerung daran heute noch schmerzt.

»Viel mehr gibt's dazu nicht zu sagen.« Er zuckt mit den Schultern, als sei das alles, was es dazu zu sagen gibt.

»Aber warum? Warum hat sie die Hochzeit abgeblasen?«

Vielleicht hofft er, ich würde meine Frage zurücknehmen, weil mich das alles nichts angeht. Doch da hat er sich geschnitten. Jetzt will ich es wissen. Ganz genau.

»Sie lassen nicht locker, stimmt's?«, fragt er und seufzt leise.

Ich sehe ihn unverwandt an.

»Also gut. Ich habe meine damalige Verlobte mit meinem Trauzeugen in flagranti erwischt.«

»Wie bitte?« Ich zucke irritiert ein Stück zurück. »Ich dachte, Ihre Verlobte hätte die Hochzeit abgeblasen.«

»Hat sie auch. Sie wollte lieber mit ihm die Flitterwochen verbringen als mit mir.«

»Das hört man auch nicht oft«, sage ich leise und frage mich, wie wohl sein Trauzeuge aussehen mag. »Nun ja«, sage ich dann lauter, »besser einen Tag vor der Hochzeit als erst im Nachhinein von der Affäre erfahren.«

»Um ehrlich zu sein«, sagt Daniel, »habe ich die beiden schon einen Monat davor im Bett erwischt.«

Ich falle aus allen Wolken.

»Sie wussten es und wollten sie trotzdem noch heiraten?«

Wie schräg ist das denn?

Daniel nickt schwach.

»Und dann hat ...«, ich unterbreche mich, um nichts Falsches zu sagen, und fahre vorsichtig fort: »Dann hat Ihre Verlobte sich trotzdem für den anderen entschieden?«

Er nickt wieder.

»Für Ihren Trauzeugen?«

»Mein bester Freund. Damals. Heute nicht mehr.«

Ich starre Daniel ungläubig an.

»Wie in einem schlechten amerikanischen Film, oder?«

Das ist ja, als würde ich Eddie mit Kati oder Jasmin im Bett erwischen. Eine vollkommen absurde Vorstellung!

»Und was haben Sie getan, als Sie die beiden erwischt haben?« Ich muss es wissen. Man kann sich das nicht vorstellen, wenn man es nicht erlebt hat. »Haben Sie Ihrem Freund eine reingehauen?«

Daniel lacht auf, wird dann aber sofort wieder ernst. »Hätte ich das Ihrer Meinung nach tun sollen?«

»Sie haben nicht? Aber was denn dann? Eine Krisensitzung einberufen und Tee eingeschenkt? Bei mir wäre der Typ bis zur Hochzeit nicht mehr aus dem Krankenhaus gekommen.«

»Wenn es Sie beruhigt, ich habe ihn als Trauzeugen entlassen.«

»Ach so?«

Selbst meine pazifistische Erziehung hätte mich in einer solchen Situation wohl nicht davor bewahrt zuzuschlagen.

Als ich am späten Nachmittag zu Hause bin, geht mir noch immer durch den Kopf, was Daniel erzählt hat. Jetzt kann ich seine Vorbehalte einer übereilten Eheschließung gegenüber verstehen. Er ist ein gebranntes Kind.

Dennoch bin ich ganz aus dem Häuschen, weil Eddie mich heiraten will. Selbst wenn ich das Gefühl nicht loswerde, dass die Voraussetzung dafür ist, mit ihm nach Köln zu gehen.

»Hallo, Mama!« Ich lasse mich mit dem Telefon am Ohr auf die Couch fallen und lege die Beine hoch.

»Ach, Schätzchen, du rufst immer nur an, wenn du am Sonntag nicht kommen kannst«, stellt meine Mutter bedauernd fest.

»Ich habe Wochenenddienst«, entschuldige ich mich. Da die Bezahlung gut ist, will ich mich aber nicht beschweren.

»Dann hast du doch bestimmt Montag frei. Da kommt Tante Renate zu Besuch. Du könntest mit einem gedeckten Apfelkuchen vorbeischauen. Sie würde dich bestimmt gerne sehen.«

Tante Renate ist die Cousine meiner Großmutter. Schon als Kind war ich auf der Hut vor ihr. Ihre Kniffe in die Wangen und die hässlichen Mitbringsel waren unerträglich. Meine Mutter bestand trotzdem darauf, dass wir uns artig bei Tante Renate bedankten. Im Idealfall schenkte sie uns grässliche Porzellanhündchen – schlimmer als die Porzellankätzchen meiner Mutter –, die wir das ganze Jahr über in einer Schublade versteckten und nur zu Tante Renates

Besuchen herausholten. Am schlimmsten waren ihre selbst gestrickten Pullover, die sie jedes Jahr zu Weihnachten mitbrachte. Ungeachtet der schrecklichen Farben waren sie mit Porträts ihres Langhaar-Yorkshireterriers bestickt. Meine Mutter fand es schade, sie unbeachtet im Schrank vermotten zu lassen, deswegen mussten wir sie regelmäßig anziehen, sogar in der Schule. Zu meinem Pech erbte ich auch die Pullover meiner Schwester, während diese sie dank frühjährlicher Wachstumsschübe schnell loswurde.

»Montag kann ich leider auch nicht. Ich habe dir doch von der Petit-Four-Messe erzählt. Die spannt mich die ganze Woche ein.«

»Schätzchen, du darfst dich aber nicht übernehmen«, wirft meine Mutter besorgt ein. »Deine Cousine hatte einen Burn-out, da sie nur noch gearbeitet hat. So weit darfst du es nicht kommen lassen.«

»Keine Sorge, Mama«, beruhige ich sie. »Im Gegensatz zu ihr macht mir meine Arbeit Spaß.« Obwohl ich es nicht erwarten kann, die Messe hinter mich zu bringen. »Ihr kommt doch auch, oder?«

»Natürlich. Wenn Sarah bis dahin nicht ihr Kind bekommt. Dann müssen wir Ben ein paar Tage zu uns nehmen. Wie schön es doch wäre, wenn die beiden einen Cousin oder eine Cousine zum Spielen hätten!«

An diese Anspielungen meiner Mutter bin ich mittlerweile gewöhnt und kann sie entsprechend gelassen hinnehmen.

»Da werden sie sich gedulden müssen. Dafür haben Eddie und ich über eine Hochzeit gesprochen.«

»Hochzeit?« Die Stimme meiner Mutter schießt in die Höhe. »Karli, hast du das gehört? Charlie wird heiraten!«

Natürlich hat mein Vater das nicht gehört. Wie auch? Ein nicht definierbares Knurren ist im Hintergrund zu hören.

»Ach, Schätzchen, ich freue mich so für dich. Das muss ich gleich Sarah erzählen.«

»Ganz ruhig, Mama, noch ist es ja nicht so weit.«

Ich will ihr auch von Eddies Jobangebot erzählen, was mir wesentlich schwerer fällt. Doch sie sollte es wissen, ehe wir uns dafür entscheiden.

»Und, Mama, Eddie hat außerdem eine Stelle bei einem Sender in Köln angeboten bekommen.«

In der Leitung herrscht plötzlich Totenstille.

»Noch haben wir uns nicht entschieden«, füge ich rasch hinzu.

»Und … du würdest mit ihm gehen?«, fragt sie schließlich tonlos.

»Ich weiß es noch nicht.«

»Aber … du schließt es nicht aus?« Meine Mutter ringt nach Luft, und ich höre, wie sie sich hinsetzt. »Köln ist so doch viel zu weit weg. Da würde ich ja meine Enkelkinder nie sehen.«

»Mama, Köln ist nicht aus der Welt, und außerdem heißt es nicht, dass wir sofort Kinder bekommen, nur weil wir heiraten.«

Ich verdrehe die Augen und bin froh, dass sie es nicht sehen kann. Das Zufallen der Wohnungstür lässt mich hochschrecken. Jemand ist gekommen. Jasmin oder Kati.

»Mama, ich muss aufhören. Ich rufe dich wieder an. Hab dich lieb!«

Noch bevor sie etwas sagen kann, lege ich auf. Meine Freundinnen wissen noch nichts von unseren Plänen, und solange ich mich nicht entschieden habe, sollen sie noch nichts davon erfahren. Immerhin sind sie der wichtigste Grund, warum ich hierbleiben will. Ohne meine beiden besten Freundinnen fühle ich mich nicht komplett. Mit wem soll ich über alles reden, wenn sie nicht mehr in der Nähe sind? Per Telefon ist es einfach nicht dasselbe.

Ich eile ins Vorzimmer, und da steht Alex mit zwei Blumentöpfen auf dem blauweißen Flickenteppich. Er bringt den aufgepäppelten Elefantenfuß und das Zyperngras zurück, das er vor ein paar Wochen zur Obhut mitgenommen hatte.

»Hey, was machst du denn hier?«, frage ich und nehme ihm das Zyperngras ab.

»Eure Klingel funktioniert nicht«, sagt Alex. »Und da du mein Klopfen anscheinend nicht gehört hast, bin ich so reingekommen.«

Er hält den Schlüssel in die Höhe. Es klingt wie eine Entschuldigung, doch dafür hat er ihn ja schließlich.

»Stimmt, Jasmin hat die Kabel aus der Glocke gerissen, weil die Nachbarskinder ständig geläutet haben.« Das habe ich ganz vergessen.

Alex nickt kurz und trägt den Elefantenfuß in die Küche, wo er hinter der Mikrowelle seinen üblichen Platz bekommt.

»Ihr dürft ihn nicht so viel gießen«, sagt er und streicht über die Blätter.

»Ich gieße ihn bestenfalls ein bis zwei Mal im Monat«, verteidige ich mich.

»Das haben Kati und Jasmin auch gesagt. Ihr müsst euch absprechen, wer wann welche Pflanze gießt. Einige gießt ihr zu Tode, und andere vergesst ihr komplett.« Alex lehnt sich an die Küchentheke.

»Schon gut, schon gut«, winke ich ab. »Wir werden einen Pflanzen-Plan erstellen.«

Ich stelle das Zyperngras auf dem Tisch ab und hole zwei Flaschen Cola aus dem Kühlschrank.

»Willst du?«

Dankend nimmt Alex die Flasche entgegen, dreht die Verschlusskappe ab und nimmt einen kräftigen Schluck. Irgendetwas ist los, das spüre ich genau, es geht nicht wirklich ums Gießen.

»Ist alles in Ordnung?«, frage ich und setze mich auf die Küchenbank.

Alex trinkt noch einen Schluck Cola und zieht mit der Fußspitze imaginäre Kreise über den hellen PVC-Boden.

»Ich hab etwas von deinem Gespräch vorhin am Telefon mitgehört«, rückt er schließlich mit der Sprache heraus. »Du willst nach Köln gehen?«

Ich seufze. Eigentlich hätte auch er noch nichts davon wissen sollen.

»Eddie hat dort einen Job angeboten bekommen«, erkläre ich. »Aber es ist noch gar nichts entschieden.«

»Und ... ihr heiratet?«

Ich nicke.

Alex holt tief Luft und sagt: »Das geht ja echt schnell!«

»Meiner Mutter kann's gar nicht schnell genug gehen.« Ich drehe die Flasche nervös in meiner Hand.

»Aber du kannst nicht gehen!«, sagt Alex plötzlich aufgebracht. »Wer soll dann die Leitung in der Patisserie übernehmen?«

Er stellt die Flasche ab und stemmt seine Arme auf die Tischplatte.

»Na, wer wohl? Du natürlich!«

Ich kann ja schwer Fridolin diese Position übergeben. Egal was Richard behauptet, Alex hat dieselben Qualitäten wie ich.

»Unsinn! Das will ich doch gar nicht!«

Alex setzt sich mir gegenüber auf den rotlackierten Holzstuhl. »Das würde Richard ins Grab bringen.«

Offenbar weiß Alex, was Richard von seinen Backkünsten hält. Von mir weiß er das jedenfalls nicht.

»Alex, du bist allemal gut genug, um ohne mich die Patisserie zu leiten«, sage ich und meine es genau so, wie ich es sage. »Abgesehen davon werden wir Richard nicht mehr lange als Chef haben.«

»Ach? Ist dieser Eppensteiner schon fix?«, fragt er überrascht.

»Nächsten Montag ist die Übergabe«, antworte ich, auch wenn ich nicht weiß, ob das schon offiziell bekannt gegeben wurde.

»Dann dauert es bestimmt nicht mehr lange, bis der Name geändert wird«, sagt er. »Was meinst du damit?«, frage ich vorgeblich ahnungslos. Ich muss mit meinen Informationen hinter dem Berg halten. Die anderen werden es früh genug erfahren. Ich will niemanden verunsichern.

»Tu doch nicht so«, entgegnet Alex und verdreht die Augen. »Im ganzen Hotel spricht man schon von der Eingliederung in die Eppensteiner-Kette.«

»Tatsächlich?«

Diese Gerüchte sind spurlos an mir vorübergegangen, sicher wegen der Messeorganisation.

»Sissi war vor Jahren mit ihren Eltern in London in einem Eppensteiner-Hotel und kannte daher den Namen. Wir haben im Netz recherchiert und einen Artikel aus dem Vorjahr gefunden, wo angekündigt wurde, dass die Kette um weitere Hotels vergrößert werden soll. Konkretes wissen wir aber noch nicht.«

Alex schaut mich an.

»Hat er denn dir gegenüber nichts davon verlauten lassen?«, fragt er, als er meinen verdatterten Gesichtsausdruck sieht.

»Ich wusste bis Dienstag noch nicht einmal, dass es eine Eppensteiner-Hotelkette gibt.«

Wenn diese Moni das beim Interview nicht angesprochen hätte, wäre ich jetzt noch ahnungslos.

»Sie zählt nicht zu den großen Ketten, ist dafür aber sehr exklusiv«, erklärt Alex, der scheinbar mehr darüber weiß als ich. »Vielleicht gibt mir dieser Eppensteiner ja doch eine Chance, mich als Patisserie-Chef zu behaupten«, sagt Alex grinsend und trinkt den Rest Cola aus.

* * *

Laut niesend betritt Elena den Veranstaltungsraum, der von unserem Hoteltechniker Toni und seinem Lehrling bereits für die Messe vorbereitet wurde. Die

Tische sind zu Tischgruppen zusammengeschoben und die Stühle in den Nebenraum gebracht worden, wo auch die Schauküche aufgebaut wird.

Während Elena durch den Raum streift, um alles zu begutachten, schnäuzt sie sich pausenlos in ein Stofftaschentuch. Heute ist sie ganz in Schwarz gekleidet. Ihre platinblonden Haare bilden einen starken Kontrast dazu. Auf der rechten Seite hat sie eine violette Strähne im Haar, und ich frage mich, wann sie Zeit hatte, sich diese färben zu lassen. Am Freitag, als ich mit ihr telefonierte, klang sie noch sterbenskrank.

Um ein Treffen zwischen Elena und Daniel zu vermeiden, habe ich Daniel gesagt, dass ich den ganzen Morgen in der Küche gebraucht würde. Elena habe ich darum gebeten, früh zu kommen, damit sie auch möglichst früh wieder geht, bevor Daniel etwas mitbekommen kann.

»Ich habe die Küche gesehen«, sagt sie, als sie zu mir zurückkommt. »Eine tolle Wahl. Eine wirklich tolle Wahl. Morgen Nachmittag wird sie geliefert.« Mit geschwollenen Tränensäcken und roter Nase sieht sie mich dennoch strahlend an. »Und die Idee mit der Kaffeehausatmosphäre. Ganz wunderbar!«

Ich nicke und atme erleichtert auf. Obwohl Daniel und ich begeistert von der Idee waren, wussten wir natürlich nicht, was Elena davon halten würde. Als ich ihr am Telefon davon erzählte, hatte sie nur gemeint, sie würde sich das noch durch den Kopf gehen lassen. Offenbar hat sie die Idee also für gut befunden.

»Mittwoch um acht kommen die ersten Aussteller und beginnen mit den Vorbereitungen. Dann muss auf jeden Fall alles zugänglich sein.«

»Natürlich«, sage ich.

Beide Säle sind für die nächsten Tage reserviert, und alle betroffenen Kollegen und Kolleginnen wissen über den Ablauf Bescheid.

»Und an der Rezeption liegen die Liste der Aussteller und die Akkreditierungen bereit.«

Linda war nicht begeistert, dass ich ihr diese Aufgabe aufs Auge gedrückt habe. Als ich ihr noch sagte, sich bei Problemen an Daniel zu wenden, hat sie nur falsch gelächelt und mich ohne ein weiteres Wort stehen gelassen.

»Unser Haustechniker steht den Ausstellern mit seinem Team den ganzen Tag für technische Hilfe zur Verfügung«, füge ich hinzu und beobachte Elena, deren Gesichtszüge sich entspannen. Sie seufzt erleichtert. Ob sie gefürchtet hat, dass ich mit der Organisation scheitern würde? Sie sieht sich von der Tür aus den Raum noch einmal an. Dann fällt ihr Blick unter einen der Tische.

»Was ist das?«, fragt sie und zeigt auf einen Handfeuerlöscher, der griffbereit dort abgestellt wurde.

»Herr Kraft bestand penibel darauf, fünf Feuerlöscher im Raum zu verteilen«, erkläre ich schmunzelnd.

Elena lacht spöttisch. »Der nimmt sich viel zu wichtig, ich hätte Sie vorwarnen sollen. Hat er Ihnen auch eingeredet, dass zwei Sanitäter vor Ort sein müssen?«

»Wir konnten ihn zum Glück davon überzeugen, dass das nicht notwendig ist«, antworte ich.

»Jedenfalls, der da muss weg!« Elena flattert mit ihren Händen, als könnte sie den Feuerlöscher davonwehen lassen. »Das sieht ja furchtbar aus. Es reicht, wenn hinter der Schauküche einer steht!«

»Entschuldigen Sie meine Verspätung. Guten Morgen, die Damen.«

Mir gefriert das Blut in den Adern. Einen Moment schließe ich die Augen und hoffe, ich habe mir das nur eingebildet. Die dumpfen Schritte, die über den Holzboden auf uns zukommen, bestätigen jedoch meine Befürchtung.

»Und Sie sind?«

Elena wirft einen ungeduldigen Blick über meine Schulter hinweg in Richtung Tür.

Ich wage nicht mich umzudrehen. Was macht der denn hier? Ich dachte, er müsste dringend etwas für die Übergabe erledigen.

»Daniel Eppensteiner. Ich habe Charlotte ... Charlie bei der Organisation unterstützt.«

Er steht auf einmal direkt hinter mir.

»Elena Schreiber«, stellt Elena sich vor, »Organisatorin der Petit-Four-Messe. Ich habe die Messe sozusagen ins Leben gerufen.« Sie geht einen Schritt auf Daniel zu und schüttelt ihm die Hand. »Jetzt möchte ich mir den Nebenraum ansehen.«

Mit zittrigen Knien wende ich mich Daniel zu und bin auf alles gefasst.

»Einen schönen guten Morgen, Charlie.« Seine Stimme ist leise, aber freundlich. Zu freundlich, wie ich feststelle. Daniel weiß, was hier gespielt wurde. Er weiß, dass Elena nicht meine Hochzeitsplanerin ist.

Soll ich etwas sagen, um mich zu verteidigen? Oder mich entschuldigen? Meine Kehle ist wie zugeschnürt.

Daniel macht eine lockere Handbewegung in Richtung Tür. Wir folgen Elena in den Nebenraum, den sie schon mit Argusaugen inspiziert.

»Der Fotograf kommt am Mittwoch, um sich die Lichtverhältnisse hier anzuschauen«, sagt Elena. Sie wirft einen flüchtigen Blick auf ihre Armbanduhr.

»Damit hätten wir für heute alles. Ich muss jetzt weiter«, erklärt sie, »mein Arzt gibt mir eine Vitamininfusion, damit ich für die Messe wieder fit bin.«

»Gute Besserung«, sagt Daniel und schüttelt freundlich ihre Hand.

Elena dankt mir für alles, verabschiedet sich und verschwindet zur Tür hinaus. Wie gerne wäre ich mit ihr geflüchtet, statt mit Daniel alleine zurückzubleiben. Betreten wende ich mich ihm zu.

Mit ineinander verschränkten Armen steht er neben mir und starrt die Flügeltür an, durch die Elena gerade verschwunden ist.

»Was für eine Frau«, sagt er kopfschüttelnd. »So viel Arbeit mit der Petit-Four-Messe, und dann organisiert sie nebenbei auch noch Ihre Hochzeit.«

Als sein Blick mich trifft, zucke ich unweigerlich zusammen.

»Ich wusste nicht, wie ich es erklären soll«, sage ich kleinlaut. Ich fühle mich elend dabei, ihm in die Augen zu sehen. »Es ... tut mir leid.«

»Um ehrlich zu sein, habe ich das schon geahnt. Was ich aber nicht verstehe ...« Er tippt sich nachdenklich an sein Kinn. »Als ich Elena Schreiber das erste Mal hier gesehen habe, hatten Sie Richards Zustimmung noch nicht. Warum hatte ich den Eindruck, dass Elena davon nichts wusste?«

Ich merke, wie mir das Blut aus dem Gesicht weicht. Mir wird schwindelig. Ich darf nicht umkippen. Das stehe ich durch. Daniel ist auch nur ein Mensch und wird mir schon nicht den Kopf abreißen.

»Elena brauchte sofort eine Zusage«, erkläre ich mit zitternder Stimme.

Von Daniel erwarte ich immer mehr Professionalität, dabei bin ich diejenige, die sich unprofessionell verhält.

»Sie haben eine solche Entscheidung einfach alleine getroffen? Über meinen und auch Richards Kopf hinweg?«

Beschämt nicke ich.

»Das hätte ich Ihnen nicht zugetraut.«

Seine Worte sind wie ein Schlag in die Magengrube. Sein freundliches Lächeln und die netten Worte zur Begrüßung waren also tatsächlich nur eine Fassade.

Verbissen kämpfe ich gegen Tränen an. Es war falsch, die Zusage ohne Erlaubnis zu geben. Das ist nicht meine Aufgabe. Ich bin Patissière und nicht Veranstaltungsmanagerin. Mein Aufgabengebiet bezieht sich auf Eier trennen und Mehl abwiegen. Nicht auf die organisatorischen Entscheidungen des Hotels.

»Ich bin schwer enttäuscht von Ihnen.«

Mit diesen Worten geht Daniel hinaus und lässt mich alleine zurück.

* * *

Köln, ich komme! Lieber heute als morgen! Pfeif auf die Petit-Four-Messe. Elena soll den Rest der Organisation übernehmen, und Alex und Fridolin werden den Elisabethhof würdig vertreten. Immerhin haben die beiden meine Rezepte inklusive Anleitung. Auch wenn Richard das sicher bedauerlich fände – er ist ohnehin nicht mehr lange Hotelleiter. Alex' Talent wird Daniels Ansprüche weit übertreffen. Ich hingegen habe es vergeigt. Nie wieder kann ich mich bei Daniel blicken lassen.

Nachdem ich über eine halbe Stunde im Lager auf der Mitarbeitertoilette war und Rotz und Wasser geheult habe, bin ich heimgegangen. Alex und Fridolin werden den Rest auch ohne mich schaffen.

Mit einer Ladung chinesischer Spezialitäten, die eine ganze Schulklasse verköstigen könnte, mache ich mich auf den Weg zu Eddies Wohnung. Gestern hat er gesagt, dass er heute bis fünf arbeite und wir uns anschließend bei ihm treffen können. Es ist zwar erst halb vier, aber da ich seinen Wohnungsschlüssel habe, will ich dort auf ihn warten. Er soll der Erste sein, der von meiner Entscheidung erfährt. Ich werde mit ihm nach Köln gehen. Ein Neuanfang ist jetzt genau das Richtige für mich.

Mit den vielen Tüten in der Hand bekomme ich kaum die Tür auf. Ich lasse sie hinter mir offen und gehe direkt weiter in die Küche, um erst mal alles abzuladen.

Plötzlich höre ich ein dumpfes Poltern aus Eddies Schlafzimmer. Ist er also doch schon da? Erfreut stürme ich in das Zimmer.

Als hätte ein Blitz das Bett getroffen, springt Eddie in die Höhe, während sein Wohnungsschlüssel laut scheppernd aus meiner Hand auf das Parkett fällt.

Vor meinen Augen offenbart sich mein schlimmster Albtraum. Eine Angst, die ich verdrängt, die aber im letzten Winkel meines Herzens gelauert hatte.

»Charlie!«

Eddie schnappt hörbar nach Luft. Seine Stimme dringt kaum zu mir durch.

»Es ist nicht so, wie du denkst!«

Was Besseres fällt ihm nicht ein als dieser abgedroschene Satz? Den jeder sagt, der von seiner Freundin im Bett mit einer anderen erwischt wird? Wenn ich nicht so geschockt wäre, müsste ich jetzt laut loslachen.

Irritiert zieht eine hellblonde Frau das Bettlaken über ihren Körper und sieht erst ihn und dann mich an. Ihr Lippenstift ist verschmiert. Das muss sie sein. Die Beschreibung passt, und sie sieht aus wie auf dem Foto, das Heidi mir mal gezeigt hat. Ich bin sicher, dass sie es ist. Eddies Ex-Freundin Magdalena.

»Du solltest besser gehen«, sagt Eddie leise zu ihr.

Die Frau schwingt ihre langen Beine aus dem Bett, wickelt sich in das Laken und hebt umständlich eine Hose und eine rote Bluse vom Boden auf.

Als sie sich an mir vorbei aus dem Zimmer stiehlt, wendet sie gedemütigt ihr Gesicht ab.

Ich balle meine Hände zu Fäusten. Doch nein, ich darf wegen dieser Frau nicht den Grundsatz brechen, auf dem meine Erziehung fußte. Gewalt ist keine Lösung, selbst wenn sie manchmal als das beste Ventil erscheinen mag. Ich wüsste im Moment auch gar nicht, an wem von den beiden ich meine Wut lieber auslassen würde.

Nachdem die Wohnungstür ins Schloss gefallen ist, hebe ich den Kopf und sehe Eddie mit zum Zerreißen gespanntem Kiefer an. Er hat sich eine Jeans angezogen und sieht mich mit schuldbewusstem Blick an.

»Charlie ...«

Er macht Anstalten, auf mich zuzugehen, doch dann bleibt er stehen. Ich sehe Lippenstiftspuren in seinem Gesicht. Sowohl deren Anblick als auch die Vorstellung, wie sie dort hingekommen sind, widern mich an.

»Sag doch was!«

Etwas sagen? Ich?

»War sie das?«

Meine Hände sind immer noch zu Fäusten geballt. Überrascht stelle ich fest, dass nicht Enttäuschung und Entsetzen überwiegen, sondern es ist die blanke Wut. Nie, niemals hätte ich es für möglich gehalten, dass Eddie mich betrügen würde. Ich habe ihn für anständig gehalten, für jemanden mit guten Manieren, noch dazu aus »gutem Hause«. So jemand betrügt seine Freundin nicht. Aber wahrscheinlich würden seine Eltern es sogar gutheißen, wenn er mich durch sie ersetzen würde.

Langsam beginnt Eddie zu nicken.

»Das war Magdalena«, sagt er leise.

Der Name bohrt sich in meine Brust wie ein eiskalter Pickel. Allmählich weicht die Wut einem unerträglichen Schmerz. All meine Träume zerplatzen wie Seifenblasen. Die Pläne, die ich gerade erst geschmiedet, und die Hoffnungen, die ich daran geknüpft habe. Ich kann es nicht fassen.

»Glaub mir, ich wollte das nicht«, beteuert Eddie.

Er geht einen Schritt auf mich zu, doch ich weiche ebenso schnell zurück.

»Fass mich nicht an!«

Mein eigener Schrei gellt mir in den Ohren.

Es zerreißt mich fast, ihn so vor mir zu sehen. Sein zerzaustes Haar. Die Jeans auf halber Hüfte. Sein nackter Oberkörper, an den ich mich so gerne geschmiegt habe. Ich versuche, die Tränen, die aufschießen, zu unterdrücken. Nur jetzt keine Schwäche zeigen. Nicht vor ihm. Er soll sehen, dass ich stark bin. Dass ich mir das nicht gefallen lasse.

»Ich wusste nicht, dass du sie wieder triffst«, sage ich mit festerer Stimme, als ich mir zugetraut hatte.

»Sie hat sich bei mir gemeldet und mich auf einen Kaffee eingeladen. Sie hat von Australien erzählt und ich von meinem Job. Mehr war da nicht. Sie ist nur gekommen, um sich ein paar Sachen zu holen, die sie bei mir vergessen hatte.«

»Was hat sie denn vergessen? Das da?«

Ich zeige auf den Bund seiner Jeans. Was für eine lausige Erklärung!

»So war es nicht geplant«, verteidigt Eddie sich. »Sie ist verlobt. Sie wird im Herbst heiraten. Das zwischen uns … Es ist einfach passiert. Ach Charlie, ich … Es tut mir leid!«

»Und ich Idiotin wollte dir sagen, dass ich mit dir nach Köln komme.«

Wie konnte ich nur so dumm sein. Bestimmt will er nicht einmal ernsthaft, dass ich mitkomme. Eine unsichtbare Hand legt sich um meinen Hals und drückt zu. Ich bekomme keine Luft mehr.

»Du willst mit nach Köln?«, fragt er überrascht. Er klingt sogar erleichtert.

»Na, jetzt nicht mehr!«, stoße ich heiser hervor und wende mich ab. Ich muss weg. Hier gibt es nichts mehr, was mich noch hält. Unweigerlich schießen mir jetzt doch Tränen in die Augen. Ich habe keinen Boden mehr unter den Füßen. Mein Blickfeld verengt sich, alles beginnt zu verschwimmen und wird mir schwarz vor den Augen. Ich will mich irgendwo festhalten, doch ich greife ins Leere.

Als ich wieder zu mir komme, ist mein Körper taub. Hunderttausende feine Nadeln stechen in die Hautoberfläche. Es ist, als würde ich durch ein Eismeer schweben. Ich friere und zittere wie Espenlaub. Auf meiner Stirn spüre ich kalten Schweiß und an meiner Schläfe Eddies warmen Atem. Er hält mich fest in seinen Armen.

Langsam taucht die Umgebung wieder in meinem Blickfeld auf, wie wenn jemand einen Schleier vor den Augen wegzieht. Das Zimmer, das Bett. Das Bett, in dem … Mir wird sofort übel.

»Willst du etwas trinken?«

Eddies Stimme hört sich an wie aus weiter Ferne, als befinde sich eine Wand zwischen uns. Er schiebt meine Haare aus dem Gesicht und küsst mich auf den Kopf.

Ich ertrage seine Berührung, seine Nähe nicht und befreie mich, so gut es geht, aus seiner Umarmung. Ich rapple mich hoch wie in Trance und stütze mich kraftlos an der Wand ab.

»Du solltest dich hinsetzen«, sagt Eddie besorgt. »Du bist ganz blass.«

»Ich … muss gehen.«

Entschlossen taumle ich aus dem Zimmer. Im Vorraum liegt noch das Bettlaken, mit dem Magdalena sich umwickelt hatte. Ich bin kurz davor daraufzukotzen.

»Charlie, bitte …«

Aber ich höre nicht mehr zu, sondern stürze aus der Wohnung, schlage die Tür hinter mir zu und umklammere das Treppengeländer.

Ich muss so schnell wie möglich hier weg!

* * *

»Machen wir ein Spiel daraus.«

Jasmin kniet sich mit einem breiten Grinsen zu mir auf den Teppich und stellt drei Schnapsgläser auf den Couchtisch. »Jedes Mal, wenn der Name Eddie fällt, trinken wir einen Kurzen. Kati, hol den Tequila!«

Ich höre nicht richtig zu, sondern starre mit tränenverquollenen Augen auf die Reste eines Fotos von Eddie und mir. Die vielen Teile liegen zerstreut am Boden. Es tat gut, das Bild zu zerreißen. Eigentlich wollte ich es verbrennen, aber Kati hielt das für keine gute Idee. Wegen des Rauchmelders, nicht wegen der Erinnerungen.

»Ich kann es immer noch nicht glauben«, sagt Kati und öffnet die Tequilaflasche. Sie setzt sich gegenüber vom Couchtisch auf den Boden und schenkt uns großzügig ein.

»Weißt du, was ich witzig finde?«

Jasmin sieht mich mit ihren großen, dunkelbraunen Augen an.

»Du denkst an eine Hochzeit mit Eddie, und er knallt derweil seine Ex-Freundin.« Sie schüttelt den Kopf.

»Jasmin!«, zischt Kati und wirft ihr einen eindringlichen Blick zu, was heißen soll, sie möge bitte sensibler sein.

»War nur ein Spaß«, erklärt Jasmin und nimmt sich eines der Schnapsgläser. »Ich wollte einen Grund haben zu trinken.«

Kati und ich wechseln einen Blick, greifen dann ebenfalls zu den Gläsern und kippen den Tequila in unsere Kehlen. Ein Brennen füllt meinen Rachen, und ich spüre, wie es meinen Brustkorb heiß hinunterläuft. Kati verzieht das Gesicht und schüttelt sich, während Jasmin unbeeindruckt nachschenkt.

»Okay, du darfst es nicht absichtlich sagen«, mahnt Kati streng und bindet sich ihr Haar am Hinterkopf fest.

»Ich brauche das doch«, verteidigt sich Jasmin. »Erst jammerst du wegen diesem Typen rum, wie hieß er noch mal? Daniel? Und jetzt kommt sie und heult wegen Eddie.«

»Du hast seinen Namen erwähnt!«, ruft Kati schnell und zieht ihr Tequilaglas zu sich.

»Einmal noch, und du wirst aus dem Spiel ausgeschlossen!«, ermahne ich Jasmin und trinke mein Glas leer. Lange kann ich dieses Spiel nicht mitspielen. Ich habe seit dem Frühstück nichts mehr gegessen. Hoffentlich schafft es bald keine mehr, Eddies Namen auszusprechen. Mit einem Knall setze ich das Glas auf der Tischplatte ab und ziehe scharf Luft durch die Zähne. Dann wende ich mich an Kati.

»Was heißt, du jammerst wegen Daniel?«

»Ach, Blödsinn.«

Sie winkt ab und spielt nervös mit ihren Fingern.

»Sie ist sauer, weil er nicht mehr mit ihr ausgehen will«, erklärt Jasmin amüsiert und schwenkt die Tequilaflasche im Kreis.

»Er hat ein weiteres Date dankend abgelehnt.« Kati betont dabei das Wort »dankend«.

»Was ist denn passiert?«, frage ich. Mit dem Alkohol im Körper fällt es mir schwer, meine Neugierde zu verbergen. Eigentlich wollte ich so tun, als würde Daniel mich nicht interessieren. »Sag schon!«

»Ich habe ihn gefragt, ob er mich zu einer Party begleiten will«, erklärt Kati und seufzt theatralisch. Sie spricht nicht weiter, sondern starrt ihre Fingernägel an.

»Hat er keine Zeit?«, dränge ich ungeduldig, auch wenn ich das nicht annehme.

»Er hat um den heißen Brei herumgeredet«, antwortet sie und verdreht die Augen. »Soll er doch sagen, wenn er eine andere hat.«

Sie zuckt mit den Schultern, als würde es ihr nichts ausmachen, doch ich merke, wie gekränkt sie ist.

»Eine andere?«

Mein Magen krampft sich zusammen. Ob Daniel mit einer anderen ausgeht? Ich weiß nicht genau warum, aber der Gedanke daran gefällt mir nicht. Bestimmt liegt es am Tequila.

»Sag ihr, was du denkst«, sagt Jasmin. Aber noch bevor Kati antworten kann, fährt sie an mich gewandt fort: »Kati glaubt nämlich, er steht auf dich.«

»Bitte was?«

Ich muss mich verhört haben. Das ist doch vollkommener Blödsinn!

»Er hat viel über dich gesprochen«, erklärt Kati bedrückt. »Ich glaube, er mag dich.«

»Selbst wenn das der Fall gewesen sein sollte, jetzt ist es nicht mehr so. Garantiert.«

Ich schüttle vehement den Kopf, und alles um mich herum beginnt sich zu drehen.

»Er hat herausgefunden, dass ich mich über seinen Kopf hinweg für die Petit-Four-Messe entschieden habe.«

»Soll sich nicht so anstellen, der Schnösel!« Jasmin verzieht das Gesicht. »Männer wie der sind echt Kontrollfreaks!«

Obwohl sie ihn nur aus unseren Erzählungen kennt, trifft sie damit ins Schwarze. Aber es gehört zu seinem Beruf, Entscheidungen zu treffen und diese durchzusetzen. Da passt es ihm natürlich nicht, wenn sich jemand über ihn hinwegsetzt. Schon gar nicht eine Patissière, die ihm Papilloten als Donutausstecher verkaufen wollte.

»Dafür kannst du die Hochzeit mit Eddie jetzt offiziell abblasen«, wirft Kati geistreich ein.

Auch wenn mir der Gedanke daran einen schmerzhaften Stich in die Brust versetzt, muss ich ihr nickend zustimmen. Zumindest um dieses Problem brauche ich mich nicht mehr zu kümmern.

»Jetzt warst du es!« Jasmin hält ihren Zeigefinger ausgestreckt in die Höhe und schaut Kati vorwurfsvoll an, auch wenn ich mir sicher bin, dass sie sich freut, einen Grund für den nächsten Tequila zu haben. Entschlossen greift sie nach ihrem Schnapsglas.

Der dritte Tequila brennt nicht mehr so wie der erste. Ich entspanne mich und werde langsam müde. Das viele Weinen hat mich erschöpft.

Ich beschließe, ihnen nichts von Köln zu erzählen. Da nun ohnehin nichts draus wird, muss ich sie nicht unnötig in Aufregung versetzen.

»Wenn du willst, kann ich ihm eine kleine Abreibung verschaffen«, schlägt Jasmin plötzlich vor.

»Das halte ich für keinen guten Vorschlag.«

»Meinst du nicht, er hätte es verdient?«, fragt Kati, die die Idee anscheinend auch reizvoll findet.

»Doch, schon«, antworte ich zögernd, »aber ich würde nicht wollen, dass du wegen ihm im Knast landest.«

»Ach, wegen dem mache ich mir die Hände doch nicht schmutzig. Nein, ich kenne da so einen Typen, der ist Türsteher und trainiert bei uns. Ich hab noch was gut bei ihm.«

Kati und ich sehen sie gespannt an.

»Ich habe ihm mal ein Alibi verschafft, als er sich mit seiner Affäre getroffen hat«, erklärt Jasmin.

»Hat denn auf einmal jeder eine Affäre?«, schnaube ich wütend.

»Seine Frau dachte zuerst, ich sei die Affäre.« Jasmin verzieht angewidert das Gesicht und schüttelt sich. »Der Typ ist mindestens vierzig und hat ein Grübchen am Kinn.«

»Furchtbar«, sage ich und schneide eine Grimasse.

»Ich kann ihn anrufen. Er stattet Eddie bestimmt gerne einen Besuch ab.«

»Auf Eddie!«

Kati hebt ihr bereits gefülltes Glas und sieht uns grinsend an.

»Auf dieses miese Schwein.«

* * *

Der Protein-Shake, den Jasmin in der Früh gemixt hat, liegt mir schwer in Magen. Sie meinte, danach sei der Kater sofort weg, doch bislang spüre ich keine Wirkung. Im Gegenteil – jetzt ist mir erst recht übel.

»Du bist eben keine zwanzig mehr«, sagt Alex und lehnt sich lässig an die Kante der Arbeitsfläche.

»Hier hast du Saft«, sagt Fridolin und stellt mir fürsorglich ein Glas Orangensaft vor die Nase, doch nur von dem Geruch wird mir sofort noch übler. Wahrscheinlich hat Fridolin noch nie im Leben einen Kater gehabt, aber seine Geste ist lieb.

»Du hättest dir freinehmen sollen«, meint Alex in Anbetracht meines Zustands.

»Heute kommt die Schauküche«, seufze ich und lasse den Kopf auf meine Arme sinken. »Da muss ich dabei sein.«

»Dann hättest du eben weniger trinken sollen.«

Eine Meldung, die mir auch nicht weiterhilft.

»Keinen Orangensaft trinken!«

Nicki taucht hinter Alex auf und zieht das Glas weg.

»Das macht es nur schlimmer«, erklärt sie und stellt mir ein Glas Wasser hin, in das sie eine Brausetablette fallen lässt. »Trink das. Das hilft.«

»Was ist das?« Müde hebe ich den Kopf. Lasse ich mir jetzt von einer Siebzehnjährigen Tipps gegen einen Kater geben?

»Magnesium«, antwortet sie knapp. »Danach geht's dir besser.«

Alle drei sehen wir sie verdutzt an. Wir sollten den Lehrlingen etwas beibringen, nicht umgekehrt.

»So mach ich das immer«, sagt Nicki, späht zum Küchenchef hinüber und raunt dann: »Ich war gerade gestern nach einer durchzechten Nacht um sieben in der Früh hier.«

»Ja, nur ist Charlie nicht mehr siebzehn«, meint Alex spöttisch und klopft mir etwas zu fest auf die Schulter.

Ich nehme das Glas und versuche, das Magnesiumwasser zügig zu trinken.

»Gehst du öfters fort?«, fragt Fridolin und bekommt sofort glühend rote Wangen.

»Gelegentlich. Willst du mal mitkommen?« Nicki zwinkert ihm zu und streicht sich ihren fransigen Pony zur Seite.

Fridolin bekommt vor Schreck den Mund nicht auf. Der Arme. Damit hat er nicht gerechnet.

»Klar will er das!«, wirft Alex rettend ein und legt seinen Arm um Fridolins Schultern.

»Aber nicht unter der Woche«, mahne ich.

Dass Fridolin verkatert hier auftaucht, kann ich nicht gebrauchen.

»Das sagt genau die Richtige«, kichert Alex und stupst mir gegen den Oberarm. Ich wünschte, er wäre ein wenig sensibler.

»Wenn Fridolin herausfindet, dass er betrogen wird, werde ich ein Auge zudrücken«, sage ich.

Dazu muss er allerdings erst mal eine Freundin haben, was bei seiner Schüchternheit nicht so schnell der Fall sein wird.

»Eddie hat dich betrogen?«

Nicki sieht mich erstaunt an.

»Nicki, ich wüsste nicht, dass du jetzt Torten backen sollst!«, ruft der Küchenchef quer durch den Raum. »Und Charlie, du sollst in Eppensteiners Büro kommen!«

Ich reiße erschrocken die Augen auf. Meine Hände werden feucht und kalt.

»Ich will da nicht rauf«, sage ich voller Panik zu Alex.

»Deine Fahne riecht er ohnehin bis in den vierten Stock«, sagt der nur und grinst. »Du solltest auf Wodka umsteigen. Den riecht man nicht.«

»Ist es so schlimm?«, frage ich und halte mir die Hand vor den Mund. Was, wenn ich noch nach dem Erbrochenen der letzten Nacht rieche? Dabei habe ich mir zweimal die Zähne geputzt. Ich schäme mich, Daniel so gegenüberzutreten.

Alex dreht sich um und holt aus der Kühlvitrine die Mandelküsse, die er offenbar gestern zubereitet hat. Konfekte, die zwar etwas aufwendig in der

Herstellung, aber so köstlich sind, dass es die Mühe wert ist.

»Du bist blass. Iss ein paar davon. Der Zucker tut dir gut.«

Damit kann ich wenigstens den faden Geschmack des Magnesiums überdecken. Ich stopfe mir gleich zwei Stück in den Mund und nehme noch drei weitere mit auf den Weg.

Immer mehr Fragen gehen mir durch den Kopf. Will Daniel mir kündigen? Hat er schon die Befugnis dafür? Ich hätte wissen müssen, dass mein unprofessionelles Verhalten Konsequenzen nach sich zieht.

Wenn Daniel mir wirklich kündigt, ist das die mit Abstand schlimmste Woche meines Lebens. Erst verliere ich Eddie, dann meinen Job und dank der ekelerregenden Alkoholfahne auch noch meine Selbstachtung.

Vor Daniels Tür schiebe ich mir das letzte Mandelküsschen in den Mund. Was auch immer hinter dieser Tür passiert, ich bin gewappnet. Vielleicht ist es wirklich Zeit für einen Neuanfang. Ein radikaler Neuanfang. Neuer Job, neuer Beziehungsstatus, und am besten auch eine neue Stadt.

Unauffällig prüfe ich mit der Hand vor dem Mund meinen Atem. Ich rieche und schmecke nur Mandeln und den Amaretto, mit dem Alex glücklicherweise gespart hat. Wenn ich Daniel nicht zu nahe komme – und das werde ich nicht –, wird er nichts merken. Am besten setze ich mich an das andere Ende vom Tisch. Immerhin ist in diesem ehemaligen Konferenzraum ein meterlanger Tisch, der dazu regelrecht einlädt.

Mit erhobenem Kinn klopfe ich an und öffne die Tür. Daniel sitzt am Schreibtisch und telefoniert. Er gibt mir ein Zeichen, mich zu setzen.

Ich nehme den Stuhl am anderen Ende. Die massive, breite Tischplatte zwischen uns verschafft mir eine gewisse Sicherheit.

»Ich schicke Ihnen die Unterlagen heute noch zu«, sagt Daniel.

Er wirkt ernst und angespannt. Ob das an dem Telefonat oder an meinem Besuch liegt, weiß ich nicht. Dann ist das Gespräch zu Ende. Er legt das Handy auf den Tisch und sieht mich an. Ich rechne mit allem, von einer belanglosen Angelegenheit bezüglich der Messe bis hin zum Kündigungsschreiben.

»Wollen Sie sich nicht näher heransetzen?«

Das war keine Einladung, sondern eine Aufforderung.

»Ich bevorzuge diesen Platz«, sage ich förmlich.

Was habe ich schon zu verlieren? Er kann mich schließlich von jedem Platz aus feuern. Je mehr ich darüber nachdenke, desto weniger kümmert es mich.

Daniel sieht mich zwar etwas irritiert an, nickt jedoch dezent.

Ich wollte schon immer in einem großen Confiseriehaus in der Schweiz oder in Frankreich arbeiten. Wenn ich hier keinen Job und auch keine Beziehung mehr habe, bindet mich nichts an Wien. Dann spricht auch nichts dagegen, diesen Traum zu verwirklichen. Wenn nicht jetzt, wann dann?

»Jedenfalls danke, dass Sie gleich kommen konnten, Charlotte«, beginnt er und sieht auf seine Hände.

Raus mit der Sprache. Es kann doch nicht sein, dass ihm ein einfaches Kündigungsgespräch so schwer fällt. Mein Mund ist ganz trocken, was nicht nur an den Mandelküssen liegt. Ich weigere mich, etwas zu sagen. Ich habe ihn enttäuscht, doch ich habe mich dafür entschuldigt. Mehr kann ich nicht tun. Nach allem, was seitdem passiert ist, finde ich diesen Fehler nicht mehr gravierend. Es gibt Wichtigeres im Leben als den Job.

»Ich möchte noch einmal an das gestrige Gespräch anknüpfen.«

Daniel hebt den Kopf und sieht mich emotionslos an. Das schon fast freundschaftliche Verhältnis, das sich zwischen uns angebahnt hatte, ist dahin. Er ist mein Vorgesetzter, ich seine Patissière. So hätte es immer sein sollen.

»Wenn Sie mir kündigen wollen, tun Sie das einfach«, sage ich, verschränke die Arme vor der Brust und sehe ihn entschlossen an. Bringen wir es hinter uns. Hier noch länger zu sitzen macht für uns beide keinen Sinn. Ich kann seine Entscheidung nachvollziehen und werde sie akzeptieren.

»Sie denken, ich will Ihnen kündigen?«

Daniel verschluckt sich fast an seiner Frage. Er schiebt einen Finger in seinen Hemdkragen und zieht daran herum, als wolle er ihn lockern.

»Warum sonst zitieren Sie mich nach dem gestrigen Vorfall in Ihr Büro und nennen mich wieder Charlotte?«

»Charlie ... natürlich. Verzeihung! Ich habe das Gespräch übereilt abgebrochen, aber hinterher noch lange darüber nachgedacht«, erklärt er, bemüht um einen freundlicheren Ton. »Jeder macht Fehler, auch ich. Sie haben sich sehr für die Messe eingesetzt, ohne Sie würde sie nicht in diesem Hotel stattfinden.«

»Sie entspricht ohnehin nicht dem USP.«

Was auch immer dieser Begriff bedeutet, ich habe mir jedenfalls die Abkürzung gemerkt.

»Das war eine Fehleinschätzung von mir«, gesteht Daniel. Er holt tief Luft, doch es macht den Eindruck, als wüsste er nicht, was er sagen soll.

»Hören Sie«, sage ich ungeduldig und stütze mich mit den Ellbogen auf dem Tisch ab. »Sie müssen sich bei mir für nichts entschuldigen. Ich verspreche Ihnen, dass ich mich nach der Petit-Four-Messe in keine Veranstaltung mehr einmische.«

»Das ist schade. Ich finde, Sie machen das wirklich gut. Mal abgesehen davon, wie Sie die Petits Fours präsentieren.«

Das war witzig gemeint, doch es vermag mir nicht mal ein müdes Lächeln abzuringen. Ich bin heute einfach zu angeschlagen.

»Wenn das alles war, würde ich jetzt gerne wieder gehen.«

»Verdammt, Charlie, was ist los?«

Daniel erhebt sich und kommt auf mich zu.

»Los«, sagt er, »stehen Sie auf und sagen Sie mir ins Gesicht, was Sie stört!«

Verdattert starre ich ihn an.

»Los jetzt!«

Er nimmt meine Hand und zieht mich hoch.

»Was habe ich getan?«

»Es hat nichts mit Ihnen zu tun«, antworte ich in der Hoffnung, dann endlich gehen zu können. Als wäre der vergangene Tag nicht schon schlimm genug gewesen, und jetzt das!

»Sagen Sie es mir!«

Daniel lässt nicht locker.

»Ich halte das aus. Sagen Sie mir, wenn ich Sie gekränkt habe.«

Ich beiße mir auf die Lippe. Es ist egal. Wenn Alex es weiß, weiß es früher oder später sowieso das ganze Hotel.

»Ich habe Eddie mit seiner Ex im Bett erwischt.«

Daniel sieht mich erschrocken an. »Ihren Verlobten?«

Wen sonst? Bei keinem anderen würde es mir so auf den Magen schlagen. Ich nicke.

»Wie ... Ich meine, woher ...«

Daniel wirkt betreten. Mit einer solchen Antwort hat er natürlich nicht gerechnet.

»Ich wollte ihn gestern in seiner Wohnung überraschen«, sage ich. »Nun, er war überrascht, und ich auch. Und die Ex auch.«

»Scheiße«, sagt Daniel nur.

Ich nicke. Scheiße trifft die Situation auf den Punkt. Ich schlucke schwer. Um Himmels willen, ich will auf keinen Fall vor Daniel anfangen zu heulen. So erbärmlich darf ich mich nicht zeigen.

»Nicht doch!«, murmelt er und streicht mit seinem Daumen sanft eine Träne von meiner Wange. Dann zieht er mich an sich und legt seine Arme um mich.

Und ehe ich mich's versehe, liegt mein Kopf an seiner Brust. Der angenehme Duft nach frisch gewaschener Wäsche und dezentem Parfum dringt in meine Nase. Ich schließe die Augen. Am liebsten würde ich laut schluchzen und meine Hände in sein Hemd krallen.

Sein Herz klopft schnell und laut in mein Ohr.

Liebevoll streicht Daniel mit einer Hand über meinen Rücken. Er macht keine Anstalten, mich wieder loszulassen, und ich will das auch gar nicht. Ich will in seinen Armen bleiben, seinen Duft einatmen und seinen Herzschlag spüren. Wenn es jemanden gibt, der nachempfinden kann, wie furchtbar ich mich im Moment fühle, dann ist er es.

Vorsichtig hebe ich meine Hände und lege sie um seinen Rücken. Es fühlt sich so gut an, ihn zu spüren. Es ist so richtig, auch wenn es zugleich falsch ist. Bei niemandem sonst könnte ich mich in diesem Moment so geborgen fühlen. Weder bei Alex noch bei Jasmin oder Kati. Ich kann ihnen mein Herz ausschütten, und dafür liebe ich sie. Sie sind meine besten Freunde. Aber jetzt ist Daniel derjenige, der mich trösten kann.

Es klopft. Wir zucken beide erschrocken zusammen. Daniel lässt von mir ab, räuspert sich und streicht sein Hemd glatt.

»Ja, bitte?«

»Ihre Post.«

Eine junge Frau aus der Verwaltung kommt herein und legt einen Stapel auf den Tisch. Hat sie uns etwa gerade gesehen? Daniel lässt sich nichts anmerken, doch ich habe den Eindruck, dass über mir ein Schild prangt, das mich verrät. Die Frau nickt mir nur flüchtig zu und verschwindet so schnell, wie sie gekommen ist.

Daniel geht rasch die Zeitschriften und Briefe durch, zieht ein großes Kuvert aus dem Stapel und reißt es auf.

Ich stelle fest, dass er dabei unglaublich sexy aussieht. In meinem Bauch beginnt es zu kribbeln, ein Kribbeln, das sich in meinem ganzen Körper ausbreitet.

Ich beiße mir auf die Unterlippe und bin fast gekränkt, dass er mich jetzt ignoriert.

Plötzlich strahlt er mich an.

»Vielleicht kann Sie das hier aufheitern.«

Er hält mir eine aufgeschlagene Zeitschrift unter die Nase.

»Schauen Sie mal!«

Ich nehme sie ihm aus der Hand und sehe auf der Doppelseite ein großes Foto von uns beiden zu dem Interview, das wir dem Kochmagazin gegeben haben. Neugierig überfliege ich die Zeilen.

»Nett«, sage ich, als ich fertig bin.

Der Text ist gut geschrieben, auch wenn Daniels Name mehrmals vorkommt, obwohl er mit der Petit-Four-Messe nicht viel zu tun hat. Doch besonders gut gefällt mir das Foto. Daniel sieht sehr gut aus, wie er so ernst in die Kamera schaut, die Arme vor der Brust verschränkt und in seinem edlen Anzug. Obwohl er sich wenig Mühe für diese Pose gegeben hat, sticht er mich leicht aus.

»Ein schönes Foto«, sagt er, als hätte er meine Gedanken gehört. »Sie sehen fantastisch aus.«

Ich bedanke mich geschmeichelt und will ihm die Zeitschrift zurückgeben.

»Sie können sie behalten«, sagt er. »Das heißt, wenn Sie möchten.«

Verlegen streiche ich meine Haare hinters Ohr zurück.

»Ich sollte wieder …«

»Die Hochzeit ist also abgeblasen?«

Daniels Frage überrumpelt mich. Dies wäre der Moment, um ihm zu sagen, dass ich nie verlobt war. Doch warum Öl ins Feuer gießen, wenn die Hochzeit ohnehin ausfällt. Ich nicke.

»Sie sind Single?«, fragt Daniel weiter.

Seine Fragen machen mich nervös.

»Ähm, ja. Ich denke schon.«

Nach zwei Jahren bin ich also wieder Single. Ein eigenartiges Gefühl.

Da stößt sich Daniel vom Tisch ab und bewegt sich zielstrebig auf mich zu. Er legt seine Hände um mein Gesicht und zieht mich an sich. Noch bevor ich nach Luft schnappen kann, treffen sich unsere Lippen.

Es ist ein Abenteuer, und ich lasse mich darauf ein. Ich schließe die Augen und lasse mich in den Kuss fallen. Daniel schmeckt süß und rau zugleich. Wenn ich nicht noch immer die Zeitschrift in der Hand hätte, würde ich meine Arme um seinen Hals schlingen und ihn noch fester an mich ziehen.

Ohne jede Aufdringlichkeit wandern Daniels Hände über meinen Körper. Vom Hals abwärts über meine Schultern, die Wirbelsäule entlang über den Rücken. Am Bund meiner Hose verharrt er und drückt mich fest an sich. Das Ziehen in meinem Unterleib wird immer stärker, und das Verlangen, ihm noch näher zu kommen, immer größer. Ich habe kein Zeitgefühl mehr und wünsche mir, wir könnten ewig so weitermachen. Daniel nimmt seine Lippen von meinen und sieht mich an. Ich sehe seinen sinnlichen Mund an, der leicht offen ist, die geschwungenen Lippen …

»Sie schmecken nach Mandeln … und nach Alkohol«, sagt er da plötzlich. »Sie werden doch nicht in der Arbeit trinken, oder?«

Erschrocken lege ich eine Hand auf meinen Mund. Die Tequilafahne! Wie peinlich! Da helfen nicht einmal die Mandelküsse.

In dem Moment beginnt Daniels Handy über die glatte Tischplatte zu vibrieren.

»Das könnte wichtig sein«, murmelt Daniel.

Seine Hände liegen immer noch an meiner Hüfte.

Geh nicht dran, flehe ich stumm. Ich würde am liebsten die Zeit anhalten.

»Es ist vermutlich wegen der Hotelübergabe«, sagt Daniel bedauernd, als es nicht aufhört zu läuten.

Er seufzt und schließt die Augen. Sein warmer Atem streichelt mein Gesicht. Am liebsten würde ich das verdammte Handy aus dem Fenster werfen und mich wieder auf seine wundervollen weichen Lippen stürzen.

Ich nicke. Die Übergabe ist in weniger als einer Woche. Ab dann ist er offiziell der Leiter des Hotels und mein Vorgesetzter. Schlagartig bin ich nüchtern. Egal wie aufregend das gerade war, es ist nicht angebracht, mich in Daniels Armen zu verlieren. Ihn zu küssen. Erst recht nicht, mir vorzustellen …

Daniels Gesicht nährt sich meinem, als es endlich aufhört zu läuten. Doch bevor unsere Lippen sich berühren, wende ich mich ab und trete einen Schritt zurück.

»Charlie!« Seine leise Stimme bohrt sich tief in mein Herz.

»Es … ist nicht richtig«, stammle ich unentschlossen. »Ich … Ich muss gehen!«

Bevor er antworten kann, fliehe ich mit dem Kochmagazin in der Hand aus dem Büro.

*** Mandelküsse ***

... einfach unwiderstehlich

450 g Biskotten
150 g geriebene Mandeln
180 g geschmolzene Butter
110 ml Schlagobers
180 ml Amaretto
Kuvertüre zum Überziehen

Biskotten zerbröseln und mit Mandeln, Butter, Schlagobers und Amaretto vermengen. Aus der Masse kleine Kugeln formen und 1 Stunde kühl stellen. Anschließend mit geschmolzener Kuvertüre überziehen und mit gehackten Mandeln verzieren.

»Wo ist denn dieser nette junge Mann, der Ihnen neulich bei der Organisation geholfen hat?«

Elena zwinkert mir zu. Offenbar weiß sie nicht, mit wem sie es zu tun hatte.

»Ich weiß es nicht«, antworte ich knapp. »Vermutlich ist er verhindert.«

Zumindest wäre mir das nicht unrecht. Seit unserem Kuss sind wir uns nicht mehr begegnet. Ich weiß nicht, ob er dieselbe Strategie verfolgt, ich jedenfalls meide ihn, was in den letzten Tagen nicht schwer war. Wegen der Messe war ich ständig zwischen dem Veranstaltungssaal und der Patisserie unterwegs. Für alles andere war keine Zeit. Doch selbst wenn, hätte ich einen großen Bogen um Daniel gemacht. Ihn zu küssen war schön, und er ist ein interessanter Mann, aber in Kürze mein Chef. Wenn die Hotelbelegschaft davon erfährt, ist hier die Hölle los. Es wäre vermutlich anders, wenn wir gleichgestellt wären, doch wir befinden uns in einem Abhängigkeitsverhältnis. Jeder würde glauben, dass ich deshalb im Hotel bevorzugt behandelt werde. Allen voran Linda, für die das ein gefundenes Fressen wäre. Abgesehen davon würde ich wahrscheinlich aus sämtlichen Gesprächen ausgeschlossen, weil jeder Angst hätte, dass ich die Inhalte sofort dem Hotelleiter verrate.

»Er sollte sich das nicht entgehen lassen«, sagt Elena mit einem anerkennenden Blick durch den Raum. »Es ist perfekt. All die Besucher, die großen Patisseriehäuser. Oh, schauen Sie mal!«

Ein Kamerateam bahnt sich seinen Weg durch die Menge in den Raum. Neben der schick gekleideten

Moderatorin mit Mikrofon in der Hand trägt einer von ihnen die schwere Videokamera, ein anderer schultert das Equipment.

»Das Fernsehen ist also auch da. Großartig! Da muss ich gleich hin, die wollen bestimmt ein Interview!«, sagt Elena entzückt und stöckelt auf die Männer zu. Ihre Vitamininfusionen gegen die Grippe scheinen Wunder gewirkt zu haben. Sie sprüht nur so vor Vitalität und Energie.

In der hinteren Ecke des Saals ist unser Ausstellertisch. Alex und Fridolin kümmern sich um die Betreuung der Gäste.

Wir haben gestern gebacken und dekoriert, bis uns die Finger wehtaten. Vor allem die Punschkrapfen mit der klebrigen Glasur haben mehr Zeit in Anspruch genommen als gedacht. Doch Alex hat das hervorragend gemeistert, und Fridolin hat Unmengen Nüsse gehackt, Schokolade geschmolzen und Obers aufgeschlagen. Ich habe mich um die Teige gekümmert, alles gebacken, und am Ende haben wir gemeinsam die süßen Bäckereien dekoriert.

Meine Jungs tragen ihre weißen Kochjacken und passende Papierhütchen. Ich habe noch ein elegantes, dunkelbraunes Kleid an. Meine Kochjacke liegt griffbereit, damit ich sie überziehen kann, sobald wir in der Schauküche dran sind. Bis dahin begrüße ich Gäste und stehe Elena und den anderen Messeausstellern zur Verfügung.

Wie ich es bereits in den vergangenen beiden Tagen feststellen konnte, sind alle ausgesprochen nett. Obwohl sie eigentlich ja Konkurrenten sind, gab es freundliche Gespräche, jeder half dem anderen, wo er konnte, und es wurden sogar Rezepte ausgetauscht.

Alex bietet gerade zwei Damen unsere Petits Fours an, während Fridolin sich mit Nicki unterhält. Das weiße Hütchen hält seine roten Locken in Zaum. Niemals hätte ich gedacht, dass er bei Nicki eine Chance hat, doch wie es aussieht, scheint ihr etwas an ihm zu gefallen.

Nicki hat vom Küchenchef die Erlaubnis bekommen, uns während der Messe zu unterstützen. Denn wenn hier erst einmal viel los ist und sich die Gäste vor den Ständen drängeln, werden wir froh sein, eine helfende Hand mehr zu haben.

»Benehmt euch! Das Fernsehen ist da«, zische ich, als ich zu ihnen komme.

Fridolins Wangen werden beim Anblick der Kamera noch röter. Nicki zupft sich die Haare zurecht und wirft sich elegant in Pose.

»Sehr natürlich, Nicki«, sage ich und verdrehe die Augen.

»Man weiß nie, wann und wie man entdeckt wird«, entgegnet sie gelassen und setzt ein strahlendes Lächeln auf.

Ich wende mich Alex zu, der gerade Törtchen nachschlichtet.

»Wie läuft's?«

»Großartig!«, antwortet er begeistert. »Ich bin schon zweimal nach Visitenkarten gefragt worden. Eine Frau möchte, dass wir für ihre Hochzeit backen, und die andere war einfach nur scharf auf mich.«

»Bestimmt. Vergesst nicht, ab drei Uhr haben wir die Schauküche. Seht euch noch mal das Rezept für die Mandelküsse an.«

Ich habe kurzfristig beschlossen, statt der Burgenländer Kipferln die Mandelküsse vor dem Publikum zuzubereiten.

»Kein Problem!«, sagt Alex fröhlich. »Fridolin kennt die Mengenangaben auswendig und ich die Zubereitung.«

Ich nicke, auch wenn ich fürchte, dass Fridolin in Anbetracht der Aufmerksamkeit zu nervös sein und alles vergessen wird.

»Eine gelungene Ausstellung.«

Daniels Stimme lässt mich zusammenzucken. Er ist also doch gekommen.

Ich drehe mich um und versuche entspannt auszusehen. Mein Herz macht einen kurzen Aussetzer und beginnt dann wild zu pochen. Hoffentlich merkt er mir nicht an, was sein Erscheinen bei mir auslöst.

»Haben Sie einen Moment Zeit?«

Daniel macht einen unbekümmerten Eindruck, als wäre nichts zwischen uns vorgefallen. Sein Mundwinkel zuckt kurz nach oben. Er trägt einen perfekt gebügelten Anzug, die Hände lässig in den Hosentaschen. Mit diesem Outfit und dem entsprechenden Auftreten könnte er jedem männlichen Model Konkurrenz machen.

Ich folge ihm durch die Menschenmenge auf den Gang, wo mehr Platz ist. Dort lehnt er sich an das Geländer, das zur Lobby hinunterführt, und sieht mich an, ohne ein Wort zu sagen.

»Ich dachte, Sie kommen nicht«, sage ich. Nicht, dass er etwas in diese Richtung angedeutet hätte, aber da er die vergangenen beiden Tage kein Interesse an der Messe gezeigt und die Eröffnung verpasst hat, lag die Annahme nahe.

»Richard wollte noch Etliches mit mir besprechen«, erklärt Daniel, »aber wie Sie ihn kennen, musste alles schnell gehen, damit er endlich hierherkommen konnte.«

Ich habe Richard bis jetzt noch nicht gesehen, was bei den vielen Leuten kein Wunder ist.

»Jedenfalls will ich mit Ihnen über den Vorfall in meinem Büro sprechen«, fährt Daniel fort.

Den Vorfall? Als Bezeichnung für einen an sich sehr schönen Kuss finde ich das unpassend. Außerdem hatte ich gehofft, er würde bis nach der Messe warten, um das Thema noch einmal zur Sprache zu bringen.

»Ich weiß nicht, wie Sie das sehen«, beginnt er. »Durch unser berufliches Verhältnis ist es schwierig, wenn ...«

Er bricht mitten im Satz ab, räuspert sich und wartet, bis eine Gruppe von Besuchern an uns vorbeigegangen ist. Als ob die sich für unser Gespräch interessiert hätten ...

»Es ist okay«, falle ich ihm ins Wort. »Vergessen wir den Kuss. Mir ist natürlich bewusst, dass wir bei unserem Arbeitsverhältnis eine gewisse Distanz wahren sollten.«

Keine Ahnung, wie diese Worte in meinen Mund kommen, aber sie sind richtig. Gleichzeitig breitet sich ein fürchterliches Brennen in meiner Magengegend aus. Ich will nicht, doch ich muss vernünftig sein. Dieser Kuss war eine einmalige Angelegenheit und ist jetzt eine nette Erinnerung, aber nichts, was sich wiederholen darf. Dem Arbeitsklima zuliebe.

Daniel schaut mich verwundert an.

»Also um ehrlich zu sein«, er leckt sich kurz über die Lippen, »Ich würde Sie viel lieber …«

»Da ist sie ja!«, kreischt eine Stimme durch die Halle, die mir nur allzu bekannt ist.

Ich schließe die Augen. Das darf nicht wahr sein. Nicht jetzt!

Noch bevor ich die Augen wieder öffne, trifft Daniel und mich ein Blitz von der Seite. Irritiert sieht er zu meiner Mutter, die durch eine Kamera lugt und sofort noch ein Foto schießt. Hinter ihr kommt mein Vater mit einem halb aufgegessenen Petit Four in der Hand hergeschlendert. Das Timing meiner Eltern könnte nicht unpassender sein.

»Ach Engelchen, es ist großartig, was du hier gemacht hast!«

Meine Mutter fällt mir um den Hals und drückt mir einen Kuss auf die Wange. Hoffentlich färbt ihr knallroter Lippenstift nicht ab.

»Oh, wer ist das denn?«

Sie streckt Daniel ihren dünnen Arm entgegen, auf dem ein dicker Armreif baumelt. Warum muss sie ausgerechnet jetzt in unser Gespräch platzen? Ich glaube, dass Daniel im Begriff war, etwas Wichtiges zu sagen. Die Situation war gerade beinahe romantisch …

»Mama, das ist unser zukünftiger Hotelleiter, Daniel Eppensteiner. Daniel, das sind meine Eltern, Sonja und Karl.«

Meine Begeisterung hält sich in Grenzen. Sie begrüßen einander freundlich, doch ich habe den Eindruck, dass Daniel lieber noch einen Moment mit mir alleine gewesen wäre. Aber ich kann meine Eltern ja nicht einfach wegschicken.

»Was ist mit Sarah«, frage ich.

»Tja«, knurrt mein Vater. »Das Kind hält sie und uns in freudiger Erwartung.«

Er stopft sich das restliche Petit Four in den Mund und kaut genüsslich darauf herum.

»Charlie, kommst du kurz einmal mit mir?«, fragt meine Mutter, zieht mich zur Seite und schaut mich mit tragischem Ernst an. »Karl, leiste doch bitte Herrn Eppenheimer in der Zwischenzeit Gesellschaft!«

»Er heißt Eppensteiner, Mama«, korrigiere ich sie, doch das scheint sie nicht weiter zu interessieren.

Mein Vater sieht uns missmutig nach und wendet sich Daniel zu.

»Haben Sie ein Auto?«, höre ich ihn noch fragen, ehe wir außer Hörweite sind.

Meine Mutter schiebt mich hinter eine gigantische Topfpflanze und sieht mich eindringlich an.

»Engelchen«, beginnt sie, und ich höre den vorwurfsvollen Unterton sofort heraus, »ist er etwa der Grund, warum du mit Eddie Schluss gemacht hast?«

Das kommt also dabei raus, wenn ich meine Mutter nicht persönlich über Neuigkeiten unterrichte. Ich hatte Sarah am Telefon von unserer Trennung und dem Grund dafür erzählt und sie gebeten, es meiner Mutter weiterzusagen.

»Mama! Eddie hat mich betrogen!«, entgegne ich empört und hoffe, dass sie nun etwas mehr Mitgefühl zeigt.

»Ja und? Deswegen verlässt du ihn gleich?«
Sie starrt mich entgeistert an.

Ich bin fassungslos. Hat meine Mutter das gerade wirklich gesagt?

»Ich … soll einfach bei ihm bleiben?«, frage ich, noch immer überrumpelt von ihrer Frage. »Während er seine Ex …«

Ich unterbreche mich, denn ich sehe ihr an, dass sie weiß, was ich meine.

»Engelchen, manchmal muss man als Frau über die Fehler eines Mannes hinwegsehen können. Ansonsten findest du nie den Mann fürs Leben. Männer sind nun mal so und machen solche Fehler.«

Mir klappt vor Schreck der Mund auf. Noch nie zuvor habe ich sie so reden gehört. Ich bin schockiert über ihre Einstellung. Ich muss mir doch von einem Mann nicht alles gefallen lassen, nur weil ich eine Frau bin! Warum kann sie mich nicht einfach in den Arm nehmen und trösten, wie es sich für eine Mutter gehört?

»Tut es ihm leid?«, erkundigt sie sich gewissenhaft.
Ich schaue sie verständnislos an.

»Ob es ihm leid tut, Charlie«, wiederholt sie, »Eddie meine ich.«

»Keine Ahnung, wir haben seitdem nicht mehr miteinander gesprochen.«

»Dann sprich mit ihm!«

Ich mit ihm? Warum sagt sie mir das? Begreift sie nicht, dass ich wahnsinnig verletzt bin?

»Mama, ich will mit jemandem zusammen sein, der mich liebt und der mir treu ist.« Das ist doch nicht zu viel verlangt, oder?

»Du bist alt genug, Charlotte, um der Realität ins Auge blicken zu können«, sagt meine Mutter belehrend. »Männer sind unzuverlässig, was Treue angeht. Wenn Frauen ihnen schöne Augen machen, verlieren sie den Verstand. Aber wenn sie erst mal verheiratet sind, bessert sich das.«

»Das ist jetzt nicht dein Ernst, Mama!«

Fehlt nur noch, dass jetzt kommt, auch mein Vater gehöre zu der Sorte Mann. Wenn dem so sein sollte, will ich es gar nicht wissen. Ansonsten bekomme ich beim nächsten Sonntagskuchen keinen Bissen mehr hinunter.

»Ich will doch nur, dass du dir das noch einmal genau überlegst«, sagt meine Mutter, legt mir ihre Hände auf die Schultern und schüttelt mich leicht. »Du hast Eddie lange genug zappeln lassen. Früher oder später wird er angekrochen kommen, und dann solltest du deine Karten richtig ausspielen. Verstehst du?«

Ich nicke, aber nur, um das Thema zu beenden. Verstanden habe ich eigentlich nichts von dem, was sie gesagt hat. Ich finde nicht, dass alle Männer gleich sind, triebgesteuert und unzuverlässig. Ich weigere mich, so etwas zu denken. Und wenn sie mit lange genug zappeln lassen meint, ich sollte nach vier Tagen gefälligst nicht mehr verletzt sein darüber, dass Eddie mich betrogen hat, dann weiß ich auch nicht weiter.

»Vergiss nicht, du wirst auch nicht jünger.«

Meine Mutter drückt mir einen Kuss auf die Stirn.

»In deinem Alter war ich schon Mutter, und Sarah hatte Ben.«

Diese Argumentation höre ich seit einiger Zeit regelmäßig. Als wäre ich mit 26 eine tickende Zeitbombe!

Als wir wieder bei Daniel und meinem Vater stehen, wirft mir meine Mutter einen letzten vielsagenden Blick zu, dann hakt sie sich bei meinem Vater ein.

»Komm, Karli, wir drehen jetzt eine Runde. War nett, Sie kennenzulernen, Herr Eppstein.«

»Tut mir leid«, sage ich zu Daniel, als meine Eltern endlich im Ausstellungsraum verschwunden sind. Ich ahne, was er gerade durchmachen musste.

»Kein Problem.« Er winkt freundlich ab. »Ihr Vater meint, ich hätte ein gutes Auto. Keinen Mercedes, aber okay.«

Er blickt vermeintlich nachdenklich in die Luft und reibt sich am Kinn.

»Kommt mir bekannt vor«, sagt er dann.

Ich muss lachen und sage: »Jetzt wissen Sie, woher ich mein Wissen über Autos habe.«

Er sieht mich mit einem warmen Lächeln an und schüttelt den Kopf. Ich bin sicher, er denkt nicht mehr an die Unterhaltung mit meinem Vater oder meine Meinung zu Autos. Etwas anderes liegt ihm auf der Zunge, und ich brenne darauf, es zu erfahren.

»Sie wollten vorhin etwas sagen«, sage ich schließlich.

»Richtig ...«

»Hallo, Daniel!«

Als wäre ich Luft, drängt sich wie aus dem Nichts Moni, die Redakteurin des Backmagazins mit der knallroten Kunststoffbrille, zwischen uns und schüttelt Daniel die Hand. Es sieht aus, als wollte sie sie gar nicht mehr loslassen.

»Ich konnte es ja kaum erwarten, Sie hier wiederzusehen«, flötet sie, mich weiterhin ignorierend. »Vielleicht könnten Sie mich ein wenig herumführen?«

»Um ehrlich zu sein, nein, denn ich bin gerade mitten in einem Gespräch.«

Daniel zieht seine Hand zurück.

Moni schaut ihn etwas pikiert an, dann wendet sie sich mir zu.

»Sie auch hier? Wie nett.« Es hört sich allerdings nicht so an, als fände sie das wirklich nett. »Müssten Sie nicht bei den Ausstellern sein und Petits Fours servieren?«

»Das übernehmen meine Kollegen«, antworte ich kühl. Wenn ich mir nicht sicher wäre, wie wenig Daniel an ihr interessiert ist, würde es mir noch schwerer fallen, höflich zu bleiben.

»Jedenfalls würde ich gerne einen Artikel über die Messe schreiben.«

Sie wendet sich jetzt wieder an Daniel.

»Eine Nachberichterstattung. Sie können mir da sicher behilflich sein, Daniel.«

»Hey, Charlie«, höre ich plötzlich jemanden sagen.

Mir rutscht das Herz in die Hose. Hinter Daniel steht mit ein wenig Abstand zu uns Eddie.

Ist heute der Tag der unliebsamen Besucher?

»Kann ich mit dir reden?«

Eddie sieht aus, als hätte er die letzten Nächte kein Auge zugetan. So habe ich ihn noch nie erlebt. Unter seinen Augen sind tiefe dunkle Ringe.

»Eddie, ich ...«

»Eddie?«

Daniel dreht sich neugierig um und mustert meinen Ex-Freund, den er für meinen Ex-Verlobten hält. Mir ist nicht danach, die beiden einander vorzustellen. Hilfesuchend sehe ich Daniel an, doch der deutet meinen Blick falsch.

»Kommen Sie, Moni.«

Er macht eine einladende Geste und geht ihr voran in den Raum der Aussteller, wo auch meine Eltern verschwunden sind. »Ich zeige Ihnen alles.«

Lieber wäre mir gewesen, er hätte mich mitgenommen. Irgendwohin, wo wir ungestört sind. Am besten in sein Büro, die Tür versperrt und ein Regal davor geschoben.

Also gut, da muss ich jetzt durch. Ich hole tief Luft und gehe auf Eddie zu. Blitzartig taucht das Bild vor meinem inneren Auge auf, das sich mir in seinem Schlafzimmer bot. Es kommt mir so vor, als würde ich es jetzt viel schärfer und detaillierter sehen als am Montag. Magdalenas schlanker Fuß, den ein kleines Tattoo mit Sternen zierte. Eddies Hand, die sich in das Bettlaken krallte. Der blaue Spitzen-BH, der am Bettrand hing. Ich erinnere mich nicht daran, ob sie ihn mitgenommen hat. Das Laken, das die beiden nur spärlich bedeckte. Bei diesen Bildern wird mir schlecht.

»Trinken wir einen Kaffee?«

Seine Stimme reißt mich zum Glück aus den Gedanken. Er sieht verzweifelt und erschöpft aus, gar nicht der selbstbewusste Eddie, den ich kenne. Sein Anblick lässt einen Anflug von Mitleid in mir aufkommen, obwohl ich mir geschworen habe, mir nichts mehr nahegehen zu lassen, das mit ihm zu tun hat.

»Nur einen Kaffee«, sagt er leise und fast flehentlich.

Ich nicke und folge ihm in den Raum, vorbei an einem Aussteller, der gerade vorführt, wie man Pistazien-Nougat-Petits-Fours herstellt. Eine Menschentraube hat sich um die Schauküche versammelt und sieht den beiden Konditoren auf die Finger.

Eddie bestellt zweimal Melange, und wir setzen uns an einen freien Tisch am Rand des Saals. Er legt seine Hände auf den Tisch und presst sie so fest aneinander, dass die Knöchel weiß vortreten.

»Ich … fühle mich furchtbar«, beginnt er stockend. Er sucht meinen Blick in der Hoffnung, Verständnis für seine Reue darin zu finden. Das kann ich ihm jedoch nicht geben.

»Was war ich für ein Idiot.«

Warum spricht er in der Vergangenheitsform? Er ist ein Idiot. Er ist sogar ein Arsch. Ein Riesenarsch.

»Ich hätte dir das nicht antun dürfen.«

Sind das etwa Tränen in seinen Augen? Er wird doch hier nicht zu heulen beginnen! Diskret sehe ich mich um, ob uns jemand beobachtet, doch wir sind trotz der vielen Menschen ungestört. Hoffentlich kommt Eddie zu einem Ende, ehe meine Eltern wieder da sind.

»Wenn ich die Zeit zurückdrehen könnte, würde ich alles anders machen, Charlie, alles. Glaub mir, das mit Magdalena hat nichts zu bedeuten. Als du übers Heiraten gesprochen hast, war ich zuerst überrumpelt. Dann ist Magdalena gekommen und hat von ihrer Verlobung erzählt. Das hat etwas in mir ausgelöst.«

»Du willst also nur heiraten, weil sie heiratet?« Irritiert weiche ich ein wenig zurück.

»Nein, nein«, sagt er rasch. »Es war nur der Anstoß, mir darüber klar zu werden, was ich wirklich will.«

Sprachlos schüttle ich den Kopf. Seine Worte sind leer, sie bedeuten nichts und können niemals unvergessen machen, was passiert ist.

»Ich wäre nicht hier, wenn ich nicht zutiefst bereuen würde, was ich dir angetan habe«, fährt Eddie bitterernst fort. Als er nach meiner Hand greifen will, ziehe ich sie zurück. Das kann ich im Moment nicht ertragen. Ich will hart bleiben, wofür ich aber nicht garantieren kann, wenn er mich berührt.

Eine Kellnerin bringt uns den Kaffee. Ich bedanke mich und lege meine Hände um die warme Tasse. Vor lauter Aufregung habe ich ganz kalte Finger.

»Charlie, ich wünsche mir einen Neuanfang mit dir. Weg von unserem bisherigen Leben, von unseren Eltern und von diesem Ausrutscher.«

Er sieht mich erwartungsvoll an.

»Lass uns fortgehen. Nur wir beide.«

»Nach Köln?«, frage ich.

Wenn es ihm nur um seinen Job geht, kann er genauso gut ohne mich nach Köln ziehen.

»Egal wohin«, antwortet er. »Hauptsache, wir sind

zusammen. Du musst mir nur eine Chance geben. Ich bitte dich, Charlie, verzeih mir.«

Ich schließe die Augen. Selbst wenn ich seine Entschuldigung annehmen würde – ich glaube nicht, dass ich dieses Risiko eingehen will. Alles aufgeben für einen Mann, der mich gerade noch betrogen hat?

»Und wer garantiert mir, dass dann alles besser wird? Dass du nicht wieder mit einer anderen ins Bett gehst?«

Ich spüre, wie der Widerstand in mir schrumpft. Aber ich kann doch nach allem, was geschehen ist, nicht ernsthaft mit dem Gedanken spielen, mit Eddie nach Köln zu gehen! Was ist mit Daniel? Daniel, der in ein paar Tagen mein Chef wird … Nein, Daniel und ich, wie sollte das funktionieren? Eine Zukunft mit Eddie hingegen ist eine realistische Option, und ich werde, wie meine Mutter schon richtig gesagt hat, auch nicht jünger.

»Es ist egal, was ich sage«, sagt Eddie in dem Moment und erhebt sich aus seinem Sessel. »Ich kann es dir nur beweisen.«

Er zieht einen silbern glänzenden Ring aus seiner Tasche. Dann kniet er vor mir nieder und räuspert sich.

Die ersten Leute wenden sich uns interessiert zu und beobachten das Schauspiel.

Mir bleibt fast das Herz stehen. Ungläubig starre ich erst den Ring an, und dann den vor mir hockenden Eddie. Heißt das …?

»Charlie, willst du mich heiraten?« Er sieht mich entschlossen an. »Noch bevor wir von hier weggehen?«

Dann nimmt er meine Hand und schiebt den Ring auf meinen Finger. Seine Hände zittern genauso stark wie meine. Der Ring passt perfekt. Wie vom Donner gerührt, sitze ich da und betrachte den kleinen rosa Stein, der diesen Verlobungsring ziert.

Eddie steht auf, zieht mich zu sich hoch und sieht mich hoffnungsvoll an.

»Ich liebe dich, Charlie.«

Seine Stimme ist leise, doch für die begeisterten Menschen um uns herum, die gespannt auf eine Antwort warten, gut zu hören. »Lass uns heiraten und neu beginnen.«

»Ja«, hauche ich und nicke kraftlos.

Was für eine enorme Bedeutung sich doch hinter einem so kleinen Wort verbirgt. Es ist die Antwort auf die vergangenen zwei Jahre mit Eddie, auf unsere gemeinsame gute Zeit, die mehr Gewicht hat als die letzten paar Tage. Ich kann sie nicht einfach wegwerfen und vergessen wegen eines Fehlers, den er zutiefst bereut.

Ein Blitz von der Seite reißt mich aus meinem tranceartigen Zustand. Meine Mutter steht dort und fotografiert uns. Es folgen weitere Blitze.

»Endlich!«, kreischt sie und fällt meinem Vater um den Hals.

Eddie nimmt mich ungeachtet des Trubels in die Arme und drückt mir aufatmend einen Kuss auf den Mund. Unser Publikum applaudiert begeistert. Danach löst sich die Menschentraube langsam wieder auf.

An Eddies Schulter gelehnt schließe ich die Augen.

Trotz aller Vorbehalte bin ich sicher, dass es die richtige Entscheidung war, Ja zu sagen.

Dann zieht meine Mutter mich aus Eddies Umarmung und drückt mich an ihre mütterliche Brust. Verkrampft lege ich den Arm um sie und lasse mir von ihr auf die Schulter klopfen. Diese Umarmung hätte ich mir von ihr gewünscht, als ich unglücklich war wegen Eddies Seitensprung. Über ihre Schulter hinweg sehe ich plötzlich Daniel hinter den vorbeischlendernden Besuchern. Er schaut geradewegs in meine Richtung.

Mein Vater klopft indes Eddie fest auf die Schulter und gratuliert ihm zu diesem Schritt. Keine Ahnung, ob er weiß, was passiert ist, denn wie ich meine Mutter kenne, hat sie ihm nichts erzählt.

Auch Daniel hat sich inzwischen zu uns gesellt und lächelt freundlich in die Runde.

»Gratuliere.«

Er schüttelt erst meine und dann Eddies Hand.

Eddie bedankt sich knapp. Mir fällt erst jetzt auf, wie blass er ist.

»Seht nicht her!«, ruft meine Mutter in ihrem Fotorausch.

Sie ist ein paar Schritte zurückgetreten und fuchtelt hektisch mit der Hand, als alle irritiert zu ihr blicken. »Das soll nicht gestellt wirken. Hach, dafür werde ich ein eigenes Album anlegen!«

»Sie wollen also doch heiraten?«, fragt Daniel und sieht zwischen Eddie und mir hin und her.

»Na ja«, beginnt Eddie und lacht verlegen. »Als Charlie vor zwei Wochen zum ersten Mal davon sprach, war ich schon verblüfft, aber jetzt halte ich es für das Richtige.«

Meine Mutter drängt sich wieder zwischen uns und ruft plötzlich: »Champagner!«

Erst jetzt sehe ich den Kellner mit einem Tablett, auf dem etliche Sektgläser und eine geöffnete Flasche im Champagnerkühler stehen. Ich frage mich, wie meine Mutter das so schnell organisieren konnte. Ob sie etwa von Eddies Absichten gewusst hat? Oder ob sie den Heiratsantrag gar selber eingefädelt hat?

Ich sehe mich nach Daniel um, kann ihn jedoch nirgendwo mehr entdecken.

Meine Mutter teilt die Gläser aus und hält selbst eines mit vor Stolz gewölbter Brust hoch.

»Auf euch beide! Willkommen in der Familie, Eddie!«

Dann küsst sie ihn auf beide Wangen.

Ich stoße mit allen an und kippe den Champagner in einem Zug hinunter.

»Ich muss kurz weg«, sage ich ungeachtet der irritierten Blicke und drücke meinem Vater das leere Glas in die Hand.

Wie ein Footballspieler, der den Ball hinter die Linie bringen will, quetsche ich mich durch das Gedränge, remple rücksichtslos Gäste an und bahne mir trotz meiner Pumps eilig einen Weg durch die Menge.

Als ich endlich aus dem Veranstaltungsraum raus bin, sehe ich gerade noch, wie im offenen Obergeschoß die Tür zum Mitarbeiterbereich zufällt. Ich laufe dort hin und stoße sie wieder auf.

»Daniel?«

Ich höre weiter hinten das Glöckchen, das den Aufzug ankündigt, renne den Gang entlang, biege um die Ecke und weiter zum Lift, dessen Türen sich langsam schließen. Drinnen steht Daniel, der sich abwendet, als er mich sieht.

»Warten Sie!«, rufe ich und bin zum ersten Mal froh, dass die Türen sich so langsam schließen. Ohne lange nachzudenken, schiebe ich meinen Fuß zwischen den Spalt.

Daniel drückt innen auf die Stopptaste. Ruckelnd schieben sich die Türen wieder auf.

»Sind Sie verrückt?«, zischt Daniel erbost.

In seinem Blick lese ich die blanke Wut, aber ich glaube, sie rührt nicht daher, dass ich den Aufzug angehalten habe.

»Ja, vielleicht«, stammle ich und ziehe endlich meinen Fuß zurück.

»Ich muss los«, sagt Daniel kalt.

Ich zögere keine Sekunde und steige ein. Die Taste zur Garage leuchtet weiß umrandet. Will er jetzt etwa wegfahren?

»Was soll das?«, frage ich ihn außer Atem, während sich der Fahrstuhl in Bewegung setzt.

Daniel lacht auf. »Dasselbe kann ich Sie auch fragen.«

Dann richtet er seinen Zeigefinger auf mich und sieht mich durchdringend und finster an.

»Wie kommt es, dass Ihr Verlobter bis vor zwei Wochen gar nichts von einer Hochzeit wusste?«

»Weil er …«, beginne ich stotternd.

Daniels einschüchterndes Auftreten raubt mir die

Luft zum Atmen. Mal abgesehen von dem Sprint, den ich gerade hingelegt habe. »Es ergab sich keine Gelegenheit, das aufzuklären.«

»Keine Gelegenheit?«, ruft er zornig aus. »Sie hatten unzählige Gelegenheiten! Zum Beispiel, als Sie mir gestanden haben, wer Elena Schreiber wirklich ist. Charlie, Sie haben für 150 Euro Anstecksträußchen gekauft!«

Er schlägt sich mit der flachen Hand auf die Stirn.

Das Display des Fahrstuhls zeigt, dass wir gleich in der Garage ankommen. Panisch lege ich den Schalter um, der den Aufzug anhält. Mit einem Ruckeln bleibt der Lift zwischen den Stockwerken stehen.

»Sie haben es mir aber auch nicht leicht gemacht«, verteidige ich mich. »Sie waren am Anfang so überheblich, dass ich es kaum glauben konnte, als Sie mich endlich nett behandelt haben. Hätte ich zugegeben, dass alles ein Missverständnis ist, hätten Sie mich doch wieder nicht ernst genommen.«

»Ein Missverständnis?« Daniel stößt ein verächtliches Schnauben aus. »Schieben Sie mir jetzt bloß nicht den schwarzen Peter zu!«

»Den schwarzen Peter haben Sie sich selbst zugeschoben!«, widerspreche ich. »Wenn Sie mir nicht so eine Heidenangst eingejagt hätten, hätte ich Elena nicht als meine Hochzeitsplanerin ausgeben müssen.«

Wieder lacht Daniel herablassend, als ob meine Vorwürfe an den Haaren herbeigezogen wären.

»Haben Sie ernsthaft angenommen, Ihr Freund würde sich spontan dazu bereit erklären, Sie zu heiraten?«

»Kann ich ahnen, dass der Idiot fremdgeht?«

»Also bitte! Und was sollte das vorhin? Dieser Heiratsantrag, den Sie angenommen haben? Das kann doch wohl nicht Ihr Ernst sein!«

Ich merke, dass mir die Tränen kommen, und schlucke schwer.

»Wissen Sie, was das Schlimmste ist?«, frage ich. Meine Stimme zittert, weil ich so aufgebracht bin. »Sie sind der Einzige, der weiß, wie scheiße es einem geht, wenn man betrogen wird. Und ausgerechnet Sie machen mir Vorwürfe!«

»Schieben Sie mir nicht ständig eine Schuld zu. Ich habe nichts Falsches getan«, sagt Daniel und wendet sich von mir ab. Ich habe das Gefühl, als würde sich ein Dolch mitten in mein Herz bohren. Wenigstens betätigt er nicht den Schalter, der den Lift weiterfahren lässt.

»Selbst meine Mutter hat gesagt, ich solle mich nicht so anstellen«, sage ich mit erstickter Stimme. Ich kämpfe verzweifelt gegen die Tränen an. »Ich dachte, wenigstens Sie würden Mitgefühl zeigen.«

Ich fühle mich völlig überfordert von allem, was gerade passiert. Ich habe Eddies Seitensprung noch längst nicht verkraftet, und das Unverständnis meiner Mutter hat Salz in die Wunde gestreut. Und dann der Heiratsantrag. Niemand versteht, wie ich mich momentan fühle, bis auf Daniel. Zumindest müsste er es verstehen können.

»Warum wollen Sie ihn überhaupt heiraten?«, fragt Daniel auf einmal ganz ruhig.

Damit stellt er genau die Frage, die ich nicht hören will.

»Weil ich mir mit Eddie eine Zukunft vorstellen kann«, antworte ich und höre selber, wie pragmatisch das klingt. Aber es ist die Wahrheit.

Ein kaum wahrnehmbares Zucken huscht über Daniels Gesicht.

»Und … das können Sie sich mit keinem anderen Mann vorstellen?«

Ich beiße mir auf die Unterlippe und schüttle dann wie in Zeitlupe den Kopf. Eine andere Antwort kann ich ihm nicht geben.

Daniel sieht mich sekundenlang nur an.

Plötzlich kommt er näher und legt seine Hand an meine Wange. Sein Daumen streichelt über meine Haut, und ein Kribbeln fährt durch meinen Körper. Mit der freien Hand nimmt er meine, und unsere Finger verhaken sich ineinander. Meine Unterlippe beginnt zu zittern, und mein Atem wird flach. Ich lehne mich in seine Hand. Da beugt er sich zu mir, bis unsere Gesichter sich berühren, und legt seine weichen Lippen auf meine. Einfach so. Als seien wir ein Paar.

Und wir küssen uns, erst zärtlich, dann immer leidenschaftlicher.

Daniel drückt mich sanft an die Wand des Aufzugs. Es ist eine kleine Geste, doch in mir bricht ein Vulkan aus. Es gefällt mir, wie sein Körper sich an meinen presst. Ich würde ihm am liebsten auf der Stelle die Krawatte lockern, ihm das Sakko abstreifen und sein Hemd aufknöpfen. Ich will seine Küsse überall auf mir spüren.

»Oh Charlie, Charlie«, murmelt Daniel, »was machst du nur mit mir?«

Ich zucke zusammen. Schlagartig wird mir bewusst, was ich da mit ihm mache. Mit Daniel, meinem zukünftigen Chef! Ich bin gerade um keinen Deut besser als Eddie! Eddie, dessen Ring ich am Finger trage. Dem ich vor zehn Minuten mehr oder weniger mein Jawort gegeben habe. Der mit meinen Eltern gerade auf unsere Verlobung anstößt!

Daniel scheint zu spüren, dass ich mit den Gedanken woanders bin. Er rückt ein paar Millimeter von mir ab. Aber er hält meine Hand noch fest, als wären wir dadurch untrennbar miteinander verbunden.

»Kann es sein, dass Sie immer nach Alkohol schmecken, wenn ich Sie küsse?«

Ein Grinsen umspielt seine Lippen. Ich wünschte, er würde mich einfach weiterküssen.

»Es … der Champagner«, antworte ich, nach Luft schnappend. »Wegen der Verlobung.«

»Aber Sie sagen jetzt nicht, dass Sie ihn wirklich heiraten wollen, oder?«

Daniel rückt noch weiter von mir ab. Nur seine Hand ruht noch in meiner.

»Ich weiß nicht«, antworte ich unsicher. »Ich … Ich muss darüber nachdenken.«

Er darf mir diese Frage nicht stellen. Ich brauche Zeit. Um seinem Blick zu entkommen, drehe ich den Kopf zur Seite.

Daniel tritt einen Schritt zurück und legt den Schalter um, der den Fahrstuhl in Bewegung setzt. Sekunden später schieben sich die Türen auf.

»Es geht mir alles zu schnell«, sage ich leise.

Es klingt wie eine Entschuldigung. Am liebsten

würde ich ihn anflehen, mich nicht alleine zu lassen. Das ertrage ich jetzt nicht. Daniel hat etwas Ähnliches erlebt wie ich. Und er hat sich trotz eines vorangegangenen Desasters in der Situation auch für seine Verlobte entschieden. Wenn diese einen Tag vor ihrer Hochzeit nun keinen Rückzieher gemacht hätte, wäre er heute mit ihr verheiratet. Also muss Daniel doch als Erster verstehen, dass ich Eddie nicht einfach fallen lassen kann.

Daniel zieht seine Hand zurück. Es fühlt sich an, als würde er mir das Herz aus der Brust reißen. Als würde alles durchtrennt, was uns je miteinander verbunden hat.

Ein letzter Blick, dann wendet er sich ab und lässt mich in dem Lift stehen.

* * *

Freitag und Samstag tummelten sich noch Hunderte Besucher auf der Messe, viel mehr als erwartet. Die kleinen Papierschalen, auf denen die Petits Fours serviert wurden, verstopften die Mistkübel, und unzählige Brösel bedeckten den Boden. Heute, zwei Tage später, ist der Veranstaltungsraum wieder picobello und bereit für das nächste Event. Ein Event nicht für Gäste, sondern für das Hotelpersonal. Der Tag ist gekommen, an dem Richard die Leitung unseres Hotels an Daniel übergibt.

Ich stehe stocksteif in der Nähe des Ausgangs, jederzeit bereit zu entkommen.

Ich bin absichtlich zu spät gekommen, um hinten bleiben zu können, ohne dass es auffällt. Alex steht weiter vorne neben Linda und Sissi. Ich verstehe nicht, warum er sich freiwillig zu ihnen gesellt. Nichts gegen Sissi, aber Linda? Sie wird doch nicht die Frau sein, mit der Alex ausgeht ... Nein, das ist unmöglich. Ich verscheuche den Gedanken sofort wieder aus meinem Kopf.

An die Wand gelehnt, sehe ich zu, wie Daniel offiziell zum neuen Hotelleiter ernannt wird. Auch der Eigentümer, dem ich bislang erst einmal begegnet bin, ist anwesend. Er dankt Richard für seine jahrelange Arbeit und Mühe und überreicht ihm einen Präsentkorb. Anschließend richtet er ein paar warme Worte an Daniel und wünscht ihm alles Gute. Hände werden eifrig geschüttelt, ein symbolischer Vertrag unterschrieben sowie unzählige Fotos geschossen.

Jetzt steht Daniel mit dem Mikrofon in der Hand auf dem Podest und wendet sich zum ersten Mal als neuer Hotelleiter an die Angestellten. Er sieht blendend aus. Schicker dunkelgrauer Nadelstreifenanzug, grau-rote Krawatte, passendes Stecktuch. Ich frage mich, ob er sich seine Anzüge schneidern lässt. Sie schmiegen sich wie eine zweite Haut um seinen Körper ...

»... freue ich mich auf die Zusammenarbeit und die neuen Herausforderungen mit Ihnen. Ich lege großen Wert auf den Beitrag, den jede und jeder Einzelne von Ihnen leistet ...«

»Na, versteckst du dich?«, flüstert Alex, der sich zu mir nach hinten gedrängt hat.

»Nein. Ich habe nur keine Lust, in der ersten Reihe zu sitzen.«

Ich habe auch keine Lust, hier zu sein.

Nachdem Daniel am Freitag gegangen war, kam er am Samstag gar nicht. Richard teilte uns mit, sein Nachfolger fühle sich nicht wohl und lasse sich entschuldigen.

»Bist du sauer auf ihn?«, fragt Alex weiter.

»Auf wen?«

»Auf Daniel. Dein finsterer Ausdruck verrät dich.«

»Ach Unsinn!«

Ich versuche mich zu entspannen, straffe meine Schultern und wende mich Alex zu.

»Ich werde ihn heiraten.«

»Daniel?«

»Nein! Eddie!«

Alex starrt mich verblüfft an.

»Obwohl er dich betrogen hat?«

Ich nicke.

»Wann denn?«

»Freitag.«

»Freitag? Diesen?«

Das hat er so laut gefragt, dass sich einige aus der Kollegschaft verwundert zu uns umdrehen.

Ich warte, bis sie wieder wegsehen, dann nicke ich.

»Das ist ja wohl ein Scherz!« Alex sieht aus, als würde er mir am liebsten eine Ohrfeige verpassen, damit ich zur Vernunft komme.

Ich kann seine Vorbehalte ja verstehen, doch ich habe inzwischen viel nachgedacht und auch mit Eddie gesprochen. Ihm ist es mit dieser Hochzeit ebenso ernst wie mir, und seine Idee, in Köln gemeinsam neu anzufangen, halte ich für das Richtige. Es ist an der Zeit, etwas zu verändern. Daniel hat auf meine Entscheidung keinen Einfluss. Er war ein Flirt, der mich hat zögern lassen, doch das darf keine Auswirkungen auf meine Gefühle zu Eddie haben.

Der Applaus durchbricht meine Gedanken. Daniel hat seine Antrittsrede also zu Ende gehalten.

Es dauert nicht lange, und der Lärmpegel beginnt zu steigen. Alle reden aufgeregt durcheinander. Es gibt ein kleines Buffet mit Kaffee und Kuchen, und die meisten stürzen sich darauf, ehe sie an ihre Arbeit zurückmüssen.

»Gehen wir?«, schlägt Alex vor.

»Ich will Richard noch gratulieren.«

Das bin ich ihm schuldig. In den vergangenen vier Jahren war Richard der beste Vorgesetzte, den man sich nur wünschen kann, auch ohne sein unersättliches Verlangen nach meinen Mehlspeisen. Gerade kommt er vom Podest herunter und schüttelt mehrere Hände. Ich gehe ihm entgegen, und schon von Weitem lächelt er mir durch seinen weißen Vollbart freundlich zu.

Ein paar Meter weiter weg unterhält Daniel sich mit dem Eigentümer. Demnächst werden sie den Elisabethhof nun wohl in die Eppensteiner-Hotelkette eingliedern. Zwar wurde uns diese Entscheidung heute nicht offiziell mitgeteilt, doch die Gerüchte darüber kursieren seit Tagen in der gesamten Belegschaft.

»Charlie!«

Richard ergreift herzlich meine Hand und legt seine zweite darüber.

»Sie sind die wohl beste Personalentscheidung, die ich in meiner Amtszeit getroffen habe«, sagt er.

Das Kompliment lässt mich erröten.

»Ich werde Sie als Chef sehr vermissen«, antworte ich und meine es genau so, wie ich es sage. Kurz überlege ich, ihn zu umarmen.

»Haben Sie Zeit für einen kleinen Spaziergang?«, fragt er und macht eine einladende Geste.

»Sie wissen aber, dass es ein Kuchenbuffet gibt?«, erinnere ich ihn mit einem Nicken zu der Menschentraube, die sich darum drängt.

»Ich habe mir etwas beiseitelegen lassen«, sagt Richard und zwinkert mir zu. »Ich kenne doch unsere hungrige Meute.«

Ich folge ihm hinaus.

»Unglaublich, wie die Zeit vergeht«, sagt Richard und seufzt tief. »Es fällt schwer, nach so vielen Jahren die Verantwortung in die Hände eines anderen zu legen. Das Hotel ist wie mein Zuhause, und Sie alle wie meine Familie. Sie werden mir fehlen und die Arbeit auch.«

»Sie werden sich bestimmt schnell an Ihr neues Leben gewöhnen«, sage ich aufmunternd. »Und wir müssen uns ja auch umstellen.«

»Ich bin sicher, dass Daniel Ihnen ein guter Chef werden wird.«

Wir bleiben vor dem Geländer der Galerie stehen und sehen hinunter in die Empfangshalle. Dort steht unser Concierge Martin und hält die Stellung.

»Wissen Sie, als der Eigentümer mir Daniel als neuen Hotelleiter vorgeschlagen hat, war ich nicht begeistert.« Er macht eine kurze Pause. »Ich hielt ihn nicht für qualifiziert genug, und deswegen beschloss ich, ihn erst einmal in Kontakt mit den Menschen zu bringen, die hier arbeiten. Nur wer ihre Arbeitsbereiche, Sorgen und Fähigkeiten kennt, kann ein wirklich guter Chef sein.«

»Warum haben Sie ihn denn ausgerechnet zu mir geschickt?«, frage ich, nun doch neugierig geworden. Es gibt schließlich Bereiche, in denen er mehr Kontakt mit anderen gehabt hätte, zum Beispiel Administration oder Empfang.

Richard schmunzelt. Ich ahne schon, dass seine Wahl wohl überlegt war.

»Wissen Sie, als ich von meiner Geschäftsreise zurückkam, hat Daniel sich bei mir nach einer gewissen chaotischen und unzuverlässigen Angestellten erkundigt.«

Um Himmels willen, hat Daniel ihm wirklich von unserer ersten Begegnung erzählt? Richard sieht jedoch keineswegs verärgert aus, sondern amüsiert.

»Er legte nahe, das Hotel sollte sich im Rahmen der gesetzlichen Fristen so bald wie möglich von Ihnen trennen.«

Daniel wollte mir kündigen? Einfach so? Obwohl er mich viel zu wenig kannte, um sich ein solches Urteil zu erlauben? Meine Hände werden ganz kalt und feucht.

»Keine Sorge«, sagt Richard schnell, als er merkt, wie geschockt ich bin. »Ich hätte Sie niemals gehen lassen. Außerdem sollte seine erste Amtshandlung sicher keine Personalentscheidung sein.« Er legt beruhigend seine Hand auf meine Schulter, doch sie fühlt sich wie eine schwere Last an. »Ich dachte, wenn Daniel eine so schlechte Meinung von Ihnen hat, soll er Sie erst einmal richtig kennenlernen. Ich wusste, dass Sie ihn genauso verzaubern würden wie mich.«

Ich erwähne lieber nicht, wie schnell dieser Zauber verflogen ist. Daniel ist mittlerweile bestimmt froh zu hören, dass ich das Hotel verlassen werde. Noch weiß davon niemand etwas, außer Eddie und mir.

»Ich muss zurück, Charlie. Ich wünsche Ihnen alles erdenklich Gute.«

Er schüttelt mir noch einmal die Hand.

»Das wünsche ich Ihnen auch«, stammle ich, noch immer entsetzt über die Neuigkeiten. Ich wünschte, Richard hätte es mir nicht erzählt. Mit dem Wissen, dass ich gar nicht mehr da wäre, wenn es nach Daniel gegangen wäre, kann ich ihm nie wieder unbefangen begegnen.

* * *

»Und du meinst diesen Freitag?«

»Ja Mama«, antworte ich genervt.

»Woher willst du denn auf die Schnelle ein Brautkleid bekommen? Sarahs passt dir bestimmt nicht. Sie hat viel mehr Oberweite als du.«

Danke für das Kompliment, denke ich. »Jasmins Cousine borgt mir ihres. Es passt mir. Natürlich habe ich es anprobiert.«

Habe ich nicht, aber meine Mutter lässt mich nicht in Ruhe, bis ich das sage. Es ist alles durchdacht. Es wird keine Paradehochzeit, aber es braucht nicht mehr als Eddie und mich.

»Die Ringe!« Sie klingt, als stünde sie kurz vor einem Nervenzusammenbruch. »Woher wollt ihr in so kurzer Zeit noch Ringe bekommen?«

»Wir brauchen keine Ringe.« Ich versuche gelassen zu bleiben. »Im Hotel darf ich keine Ringe tragen, und Eddie mag ohnehin keine.«

Den Verlobungsring habe ich dennoch bislang nie abgelegt. Es ist ein schönes Gefühl, ihn zu tragen. Ich weiß gar nicht, wie oft am Tag ich ihn stolz ansehe und ihn hin und her drehe.

Eddie kommt aus der Küche und schaltet den Fernseher an. Er hat mich schon vor dem Telefonat gewarnt, dass bald ein Fußballspiel beginnt, das er sehen will. Dass das Gespräch mit meiner Mutter so lange dauern würde, konnte ich nicht wissen. Schnell schalte ich per Fernbedienung auf lautlos, woraufhin Eddie mich ärgerlich ansieht.

»Und was ist mit der Torte?«

»Mama, das ist so, als würdest du Papa fragen, wo er eine Zündkerze herbekommt«, antworte ich ungeduldig. Ich werde doch als Patissière zu meiner Hochzeit noch selbst eine Torte backen können!

»Ich muss deine Schwester anrufen und deine Tante. Sie werden mir zustimmen, dass das viel zu spontan ist. Lasst euch bis Sommer Zeit. Ich habe ein Kleid, das mir bis dahin perfekt passt.«

»Wir heiraten aber nicht im Sommer, sondern diese Woche. Also zieh etwas anderes an.« Eddie grinst und deutet neben sich auf die Couch. Ich lasse mich nieder.

»Habt ihr euch um einen Standesbeamten gekümmert? Die sind für Monate ausgebucht.«

»Mama, ich würde dir nicht für Freitag elf Uhr Bescheid geben, wenn das nicht alles geklärt wäre.«

Ich sehe Eddie verzweifelt an, und er legt seine Hand auf mein Knie.

»Der ganze Zauber einer Hochzeit geht verloren, wenn so halbherzig geheiratet wird.«

Wenn ich mich allerdings daran erinnere, wie sie sich in die Hochzeitsplanungen meiner Schwester eingemischt hat, bin ich heilfroh, die Angelegenheit möglichst schnell hinter mich zu bringen.

»Mama, ich muss jetzt aufhören, es hat an der Tür geklingelt. Ich melde mich morgen wieder.«

Bevor sie noch etwas sagen kann, lege ich auf und stopfe das Telefon zwischen zwei Kissen, als würde sie das davon abhalten, noch einmal anzurufen.

»Wir sollten durchbrennen«, sagt Eddie und dreht den Ton wieder auf. Das Match hat begonnen.

»Bin ich sofort dabei«, pflichte ich ihm bei.

Ich seufze. Das kann ich natürlich nicht tun, denn dann wären meine Eltern für den Rest ihres Lebens beleidigt. Jedenfalls meine Mutter. Mein Vater wäre höchstens froh, keine Rede halten zu müssen.

»Hast du mit deinen Eltern gesprochen?«

»Ja«, antwortet er, ohne das Spiel aus den Augen zu lassen. Nach einer kurzen Pause fügt er hinzu: »Sie waren überrascht.«

»Kommen sie?«

Nervös spiele ich mit meinen Haaren. Eine so plötzliche Hochzeit stimmt sie sicher nicht positiver in Bezug auf mich als Schwiegertochter.

»Bestimmt.«

Es scheint Eddie nichts auszumachen, dass seine Eltern ein Problem damit haben, mich in ihre Familie aufzunehmen.

»Ich fände es schlimm, wenn sie nicht kämen.«

Auch wenn ich sie nicht mag, vor allem Heidi nicht, sind sie immerhin Eddies Eltern. Und ich finde, dass Eltern zur Hochzeit ihrer Kinder einfach dazugehören. Schließlich habe ich ja schon Sträußchen für sie zum Anstecken.

»Sie werden sich schon damit abfinden«, meint Eddie leichthin. »Deine Mutter ist ja offenbar auch nicht gerade begeistert.«

»Oh doch, meine Mutter ist begeistert«, widerspreche ich. »Allerdings will sie, dass unsere Hochzeit größer und spektakulärer wird als die von Prinz William und Kate, und sie findet es bedauerlich, dass sich das nicht mehr ausgeht.«

»Und kein Geld.«

Eddie küsst mich auf die Wange.

»Glaubst du, wir übereilen das Ganze?«, frage ich.

Jetzt hat meine Mutter es also doch geschafft, mich zu verunsichern.

»Nein. Wir haben uns alles gut überlegt und sind uns einig darüber. Ich finde, das ist die Hauptsache.«

»Glaubst du nicht, wir bereuen es eines Tages, so schlicht geheiratet zu haben?«

»Nein. Ich halte sowieso nichts von dem ganzen Schnickschnack. Außerdem können wir das Geld, das der Spaß kosten würde, wirklich besser für andere Dinge ausgeben.«

Ich kuschle mich an ihn. Es bedeutet mir viel, dass

er mir trotz des Fußballspiels seine ganze Aufmerksamkeit widmet.

»Wir können uns in Köln eine schöne Wohnung kaufen«, meint er, »und ein neues Auto. Und sobald wir uns dort eingelebt haben, machen wir einen Traumurlaub. Auf die Malediven oder nach Bali. Na, was sagst du?«

»Perfekt«, seufze ich und schmiege mich noch enger an ihn.

Das Handy beginnt unter den Kissen zu schrillen. Meine Mutter! Sie kann es einfach nicht lassen, zu allem ihren Senf dazuzugeben!

»Was gibt's?«, frage ich grimmig, ohne aufs Display zu achten.

»Charlotte Paul?«, fragt eine freundliche fremde Frauenstimme am anderen Ende der Leitung.

»Ja, die bin ich«, antworte ich überrascht.

Ich stehe auf und verziehe mich ins Schlafzimmer, wo ich ungestört bin.

»Hier spricht Rosalie Lanz von der Confiserie Lanz in Zürich. Wir haben vor Kurzem die Petit-Four-Messe in Wien besucht und würden uns gern mit Ihnen über eine Stelle in unserem Haus unterhalten.«

* * *

»Noch fünf Minuten«, sagt Fridolin.

Er war beim Frisör und hat sich seine wilden, roten Locken kurz schneiden lassen. Wie ich vermute, hat Nicki ihre Finger im Spiel. Die beiden verbringen inzwischen jede freie Minute miteinander. Jedenfalls sieht er mit dem neuen Schnitt erwachsener aus.

»Das nächste Mal, wenn du zur Arbeit kommst, bist du verheiratet.«

Alex kann es immer noch nicht ganz glauben.

»Ja.«

Ich fühle mich ja selber eigenartig. Ich streiche über meinen Verlobungsring, als wäre er der einzige echte Beweis dafür, dass es nicht nur ein Traum ist. Er ist schön – ein wenig kitschig mit dem pinkfarbenen Stein, aber er gefällt mir.

»Wenn du uns schon nicht einlädst, nimm wenigstens ein Stück Kuchen mit«, sagt Alex vorwurfsvoll.

»Ich habe euch nicht eingeladen, weil ihr arbeiten müsst«, erwidere ich. »Außerdem ist es nur eine kleine Zeremonie. Nichts Besonderes. Es zahlt sich nicht aus, dass ihr euch dafür extra in einen Anzug quetscht.«

Auch wenn ich es nicht erwarten kann, bin ich froh, die Hochzeit nur im kleinen Kreis zu feiern. Der Großteil unserer Familie betrachtet unsere spontane Hochzeit mit äußerster Skepsis. Je weniger Leute wir also einladen, desto weniger Skepsis müssen wir ertragen.

»Ich fürchte, wenn ich keine Torte bekomme, muss ich kündigen«, sagt Alex.

»Das könnte ich nicht verantworten!«

Auch deshalb nicht, weil ich damit spekuliere, das Jobangebot der Confiserie Lanz anzunehmen. Es wäre eine einmalige Chance für mich, neue Erfahrungen zu sammeln. Ich habe noch nicht zugesagt, weil ich erst in Ruhe mit Eddie darüber sprechen will.

»Nicht vergessen, die letzten 24 Stunden vor der Hochzeit darfst du Eddie nicht sehen«, mahnt Alex.

»Keine Sorge, dazu habe ich eh keine Zeit.«

In einer knappen halben Stunde treffe ich mich mit Kati und Jasmin in einer Konditorei in der Innenstadt, um Tortenfiguren auszusuchen. Anschließend muss ich die Hochzeitstorte backen, mein Brautkleid anprobieren und mich auf den provisorischen Polterabend einstellen, den meine Freundinnen planen.

Es ist zwölf, und ich greife nach meiner Handtasche.

»Also, Jungs.«

Ich bin bereit für ein verlängertes Wochenende, das mein Leben verändern wird.

Alex und Fridolin grinsen einander an. Das kann nur bedeuten, dass sie etwas im Schilde führen. Und ehe ich mich's versehe, laufen sie mit ausgebreiteten Armen auf mich zu und umarmen mich von beiden Seiten.

»Ihr seid kindisch«, murmle ich in den Ärmel von Alex' Jacke. In Wirklichkeit kämpfe ich gegen die Tränen an, die meine Augen brennen lassen. Wie soll ich diese beiden großartigen Männer nur zurücklassen? Was wären meine täglichen Stunden in der Patisserie ohne sie?

»Wir wollen ein letztes Mal die ledige Charlotte Paul drücken«, erklärt Fridolin feierlich.

»Okay, okay, ich verspreche, euch ein Stück Torte mitzubringen.«

Wie könnte ich ihnen das nur ausschlagen? Ich entwinde mich ihrer Umarmung und lächle sie gerührt an.

»Haltet die Stellung! Ich muss los«, presse ich hervor.

»Ich wünsche dir eine schöne Hochzeit.«

Alex gibt mir einen freundschaftlichen Kuss auf die Wange. Dann zwinkert er mir zu.

»Ich muss jetzt auch los. Ich habe nämlich ein Date.«

»Hey, vergiss nicht, Linda zu fragen, für wann sie den Geburtstagskuchen braucht«, meint Fridolin.

»Also ist es doch Linda!«, spreche ich meine schlimmste Vermutung laut aus. Deswegen hatte Alex also nie ein Problem, zur Rezeption zu gehen! Und schließlich hat er mir ja selber erzählt, es sei jemand aus der Belegschaft. Ihn am Montag bei der Übergabe neben Linda stehen und lachen zu sehen, hat meinen Verdacht bestätigt. Du liebe Güte! Was findet er bloß an ihr?

»Ja, Linda braucht einen Kuchen für die Geburtstagsfeier ihrer Mutter«, erklärt Fridolin.

»Gehst du mit ihr aus?«, frage ich Alex. Es ist ein Albtraum! Mein bester Freund und die unsympathischste Rezeptionistin der Welt!

»Mit Linda!?« Alex beginnt so schallend zu lachen, dass man seine Grübchen sehen kann. »Nein. Mit Sissi. Ich dachte, das wüsstest du längst!«

Ich schüttle mit offenem Mund den Kopf. Sissi? Die unscheinbare kleine Sissi mit den großen Knopfaugen und der zierlichen Figur, die aussieht, als wäre sie noch keine achtzehn?

»Das ganze Hotel spricht schon davon«, sagt Alex und wirft einen Blick auf die Uhr. »Okay, ich muss los, sonst zieht Linda Sissi die Zeit von der Mittagspause ab.«

Er verabschiedet sich und eilt aus der Küche.

»Und du und Nicki?«, frage ich Fridolin jetzt unumwunden.

Wenn ich mich nicht erkundige, verpasse ich offenbar die wichtigsten Ereignisse in diesem Hotel.

Seine leuchtend roten Wangen genügen mir als Antwort.

Auch das hätte ich nie für möglich gehalten. Die flippige, selbstbewusste Nicki und unser schüchterner Fridolin! Hoffentlich bricht sie ihm nicht das Herz!

»Guter Fang«, sage ich anerkennend und klopfe ihm freundschaftlich auf die Schulter. »Wirklich guter Fang.«

Dann verabschiede auch ich mich.

Auf dem Gang kommt Nicki mir entgegen. Sie zieht ihre Kopfhörer aus den Ohren und lacht mich an.

»Viel Spaß morgen!«, ruft sie. »Und vergiss nicht, etwas Altes, Neues, Geliehenes und Blaues mitzunehmen!«

Als ich in die Lobby komme, sehe ich gerade noch, wie Alex und Sissi händchenhaltend das Hotel verlassen.

Die Glastüren der Eingangshalle öffnen sich vor mir, und die kühle Luft bläst mir ins Gesicht. Ich bleibe stehen und schließe für einen Moment die Augen.

»Charlotte? Charlie!«

Daniels Ruf hallt hinter mir durch die Eingangshalle und versetzt mir einen Stich ins Herz.

Als ich mich umdrehe, sehe ich, dass Linda sich über die Empfangstheke lehnt und mich neugierig beobachtet. Meine Finger klammern sich um den Träger meiner Tasche.

»Ich muss mit Ihnen sprechen!«, ruft Daniel außer Atem.

Er nimmt die letzten Stufen der Treppe in der Lobby, knöpft sein Sakko zu und fährt mit der Hand durch seine Haare, die auch danach noch zerzaust aussehen.

Wenn ich jetzt nicht losfahre, komme ich nicht rechtzeitig zu dem Treffpunkt.

»Wenn es nicht lange dauert«, sage ich leise. Hätte ich das Hotel nur eine Minute früher verlassen.

Linda beobachtet uns mit Argusaugen. Ich fühle mich unwohl.

»Danke«, sagt er und schlägt vor, in sein Büro zu gehen.

Er wirkt etwas unsicher, jedenfalls kommt es mir so vor. Wortlos folge ich ihm zum Aufzug, und wir fahren hinauf in den vierten Stock.

Daniel sieht mich an, als hätten wir uns eine Ewigkeit nicht gesehen. Es fühlt sich auch für mich wie eine Ewigkeit an.

Ich musste in den letzten Tagen immer wieder an unseren Kuss im Aufzug denken. Wie an einen guten Film, dessen Bilder einen auch am nächsten Tag noch begleiten. Als wäre ich gar nicht selbst beteiligt gewesen. Unvermittelt beginnt mein Herz zu flattern. Ich starre auf meine Schuhspitzen, um Daniel nicht anschauen zu müssen.

Auf dem langen Seminartisch in seinem Büro stehen etliche Kartons und Plastikboxen. Ordner und Büromaterial, die er für seinen Umzug vorbereitet hat, ragen daraus hervor.

»Entschuldigen Sie die Unordnung«, sagt er und schließt die Tür hinter sich. »Ich ziehe erst morgen in Richards Büro. Sie verlegen dort noch einen neuen Teppich. Wollen Sie einen Kaffee?«

Ich schüttle den Kopf und zupfe nervös am Träger meiner Handtasche herum. »Ich muss gleich noch einiges erledigen, deshalb habe ich nicht viel Zeit.«

»Dann stimmt es also, was erzählt wird?«

Er sieht plötzlich so erschüttert aus, als hätte ich ihm ins Gesicht geschlagen.

»Sie heiraten.«

Keine Frage, sondern eine Feststellung.

»Warum?«, fragt er.

Ohne eine Antwort abzuwarten, geht er ans Fenster und schaut hinunter auf die Straße.

»Nach allem, was passiert ist?«, höre ich ihn leise sagen, mehr zu sich selbst als zu mir.

Seine Worte versetzen mich in inneren Aufruhr. Auch wenn mir klar ist, dass ich mich vor Daniel nicht rechtfertigen muss, weil es einzig und allein meine private Entscheidung ist, fange ich an, mich zu verteidigen.

»Sie haben sich doch genauso verhalten. Jedenfalls hätten Sie Ihre Verlobte geheiratet, obwohl sie Sie betrogen hat!«

Und im Gegensatz zu ihm bringe ich Verständnis dafür auf. Man kann einen Menschen, der einem so wichtig ist, nicht einfach so aus seinem Leben streichen, auch wenn dieser Mensch einen sehr verletzt hat.

Daniel fährt herum und sieht mich eindringlich an. Plötzlich fällt mir auf, wie blass er ist.

»Machen Sie nicht den gleichen Fehler wie ich«, sagt er nur.

»Sie hatten Ihre Gründe, weshalb Sie die Hochzeit nicht abgeblasen haben, und ich habe meine«, erwidere ich, und es klingt härter als beabsichtigt.

Doch durch das Unverständnis, die Skepsis und die Kritik fast aller Menschen aus meinem Umfeld bezüglich Eddies und meiner Entscheidung zu diesem Schritt bin ich inzwischen abgebrüht.

Momentelang herrscht Schweigen zwischen uns.

»Es ist nur ...«, beginnt Daniel, doch dann bricht er ab.

»Was denn?«, frage ich ungeduldig.

Ich müsste längst in der Straßenbahn sitzen, aber vor allem will ich wissen, was er sagen will und warum es ihm so schwer fällt, es mir zu sagen.

»Ich hätte Sie niemals geküsst, wenn ich das gewusst hätte«, antwortet er.

Endlich ist es heraus. Ich spüre die Spannung, die sich zwischen uns aufbaut.

Es kommt mir so vor, als könnte ich in seinen Gedanken lesen: Lass dich in den Arm nehmen, überdenk deine Entscheidung, komm mit mir, ich würde dich nie so verletzen, wie ich verletzt worden bin ...

Und auf einmal wird mir klar, dass sich nichts an meinem Vorhaben ändert. Daniel lebt in einer anderen Welt als ich. Seiner Familie gehört eine exklusive Hotel-Kette, er reist von einer Stadt in die andere um seiner Karriere willen, er mag keine Mehlspeisen, sondern geht in seiner spärlichen Freizeit lieber ins Fitnessstudio ... Wie würde es ihm mit meiner Familie gehen? Was würde er sagen, wenn meine Mutter ihm ein Fotoalbum nach dem anderen unter die Nase hält und mein Vater über die neueste Technik eines V8-Motors monologisiert? Wie würde er auf den quirligen Ben reagieren, und auf ein schreiendes Baby? Das alles passt nicht zu Daniel. Er passt nicht zu mir.

Eddie ist es, der zu mir passt.

»Dieser Kuss ändert doch nichts«, sage ich und wundere mich nur, dass ich so heiser bin.

»Nicht?« Daniel zuckt unmerklich zusammen.

»Das zwischen uns ...« Ich zucke mit den Schultern. »Es hätte doch nie etwas daraus werden können.«

Er starrt mich an, als würde ich eine andere Sprache sprechen.

»Sie sind mein Vorgesetzter«, füge ich hinzu. Das allein sollte schließlich Grund genug sein.

»Warum haben Sie mich dann geküsst, wenn Sie doch diesen Eddie heiraten wollen?«, fragt Daniel mit schneidender Stimme.

»Sie haben doch mich geküsst!«, fahre ich wütend auf.

Ich will nicht mehr darüber sprechen. Warum kann nicht auch er damit aufhören?

»Bei allem Respekt, Charlie, aber tun Sie jetzt nicht so, als hätten Sie das nicht auch gewollt.«

»Um ehrlich zu sein, im Moment wünschte ich, es wäre nicht passiert.«

Um ehrlich zu sein? Ehrlich ist das nicht. Die Erinnerung an unseren Kuss lässt auf der Stelle mein

314

Herz schneller schlagen. Aber genau das will ich vermeiden.

»Ach, tatsächlich?«, fragt Daniel und sieht mich prüfend an, als würde er in meinem Gesicht den Beweis erkennen dafür, dass ich lüge.

Entschlossen nicke ich. Einen Moment lang stehen wir so einander gegenüber, schweigend und wie erstarrt.

»Ich muss los«, sage ich schließlich mit großer Überwindung.

Dann drehe ich mich um und gehe zur Tür.

»Heiraten Sie ihn nicht«, sagt Daniel da.

Ich bleibe, wie angewurzelt, stehen, die Türklinke schon in der Hand.

»Sie haben Besseres verdient.«

Etwas in mir will ihn fragen, was er damit meint. Doch wie auch immer seine Antwort lauten würde: Würde es etwas ändern? Nein! Ich werde jetzt Kati und Jasmin treffen, mein Brautkleid anprobieren und eine Hochzeitstorte backen.

Und morgen heirate ich Eddie.

*** Mozarttorte ***

... auch wenn dann doch alles anders kommt

für den Teig:
120 g Blockschokolade
120 g Margarine
6 Eigelbe
100 g Staubzucker
6 Eiklar
80 g Zucker
80 g Mehl
40 g Stärke

Schokolade und Margarine schmelzen. Eigelb mit Staubzucker schaumig rühren und abgekühlte Schokolade dazugeben. Eiklar mit Zucker steif schlagen. Abwechselnd Mehl mit Stärke und Eischnee in die Schokomasse unterheben. Bei 180°C 10 Minuten backen und weitere 50 Minuten bei 140°C fertig backen.

für die Füllung:
200 g Schlagobers
160 g Blockschokolade
200 g Marzipan
50 g gemahlene Pistazien
1 EL Rum

Für die Schokoladencreme das Schlagobers kurz aufkochen und Blockschokolade darin schmelzen.

Kalt stellen und vor dem Verarbeiten schaumig schlagen.

Marzipan mit Pistazien und Rum verkneten.

Torte horizontal durchschneiden und mit der Hälfte der Schokoladencreme bestreichen. Marzipanmasse dünn ausrollen und auf die Creme legen. Mit restlicher Creme bestreichen und den zweiten Tortenboden darauflegen.

Mit Schokolade überziehen und mit halbierten Mozartkugeln und gehackten Pistazien dekorieren.

»Du hast ihn einfach so stehen gelassen?«

Kati sieht mich fassungslos an. Weil sie Daniel persönlich kennt, kann sie das wohl weniger nachvollziehen als Jasmin.

»Er wird dir kündigen«, sagt diese trocken.

Sie hat eine Rührschüssel unter ihrem linken Arm eingeklemmt und schlägt ziemlich halbherzig die Pariser Creme für meine Hochzeitstorte auf.

»Sag das doch nicht.« Kati schüttelt den Kopf und schenkt uns Rotwein nach.

»Doch. Wenn das Hotel erst mal zur Eppensteiner-Kette gehört, kommt der Personalabbau«, erwidert Jasmin sachlich. »Der kommt immer. Und warum sollte Daniel nicht der Frau kündigen, die ihm einen Laufpass gegeben hat?« Sie zuckt mit den Schultern.

»Klingt logisch«, sage ich. »Er hat mir allerdings versichert, dass niemand von uns entlassen wird.«

Ich rolle die Pistazien-Marzipan-Masse für die Mozarttorte aus.

»Abgesehen davon bin ich nicht mehr lange im Elisabethhof«, füge ich hinzu.

»Waaas?«, fragen Jasmin und Kati wie aus einem Munde.

»Na ja, eine Confiserie in Zürich hat mir ein Jobangebot gemacht«, sage ich. Es war sowieso höchste Zeit, den beiden endlich davon zu erzählen.

»Aber ... du kannst nicht nach Zürich gehen!«, ruft Kati entsetzt aus und sieht hilfesuchend zu Jasmin.

»Meine Großtante lebt in Zürich«, sagt Jasmin. »Man braucht aber echt viel Kohle, um dort gut leben zu können.«

»Der Job ist gut bezahlt«, erkläre ich und schneide mit einer Form die Marzipanmasse rund aus.

»Aber hast du dich schon fest entschieden?«, fragt Kati jammernd. »Du wärst dann so weit weg, und wir würden uns kaum noch sehen.«

»Ich muss noch mit Eddie sprechen«, antworte ich, »das mache ich aber erst nach der Hochzeit. Er hat ein Jobangebot in Köln. Wir müssen eine Wahl treffen.«

Ich nehme Jasmin die Schüssel aus der Hand und teste die Pariser Creme. Da sie zu dünnflüssig ist, greife ich noch mal selbst zu dem Schneebesen.

»Wie auch immer … du gehst also wirklich weg«, fasst Jasmin zusammen. Es klingt bedrückt. Auch ihr geht es offenbar nahe.

Ich weiß nicht, was ich sagen soll. Es fällt mir schwer, die beiden zurückzulassen. Sie waren in den vergangenen Jahren der Anker in meinem Leben. Das Zusammenleben hat uns zusammengeschweißt.

»Es ist ja nicht für immer«, sage ich, obwohl ich noch nicht über die Zukunft nachgedacht habe. »Ich halte es einfach für den passenden Zeitpunkt.«

Nicht nur, weil sich ein Neuanfang mit Eddie richtig anfühlt, sondern auch, weil das Verhältnis zwischen Daniel und mir nie wieder so vertraut und ungezwungen wird, wie es war. Ich habe Kati und Jasmin alles erzählt, was zwischen uns passiert ist. Abgesehen von den Küssen. Und den Tanz in seinem Büro, den habe ich auch lieber unerwähnt gelassen.

»Vielleicht sind Daniels Worte ein Zeichen«, wirft Kati nachdenklich ein.

»Ein Zeichen wofür?«

»Dich für ihn zu entscheiden.«

»Dass Daniel ihr rät, Eddie nicht zu heiraten, ist noch lange keine Liebeserklärung«, meint Jasmin und spricht damit aus, was ich schon die längste Zeit denke.

Sie tunkt ihren Finger in die Schokoladencreme und leckt ihn genüsslich ab.

»Na, schmeckt's?«, frage ich und drehe mich mit der Schüssel von ihr weg. Die Masse ist exakt abgewogen, und ich brauche alles, damit die Torte perfekt wird.

»Mmm.« Ihre Augen leuchten, als hätte sie noch nie etwas Besseres gekostet.

»Hattest recht. Das gehört noch cremiger.«

»Kein Chef zitiert dich in sein Büro und sagt dir, du sollst nicht heiraten, bloß weil er nett sein will.« Kati will sich mit Jasmins Erklärung nicht abfinden. Sie schüttelt den Kopf. »Der will was von dir, Charlie. Ehrlich.«

»Und deswegen soll ich Eddie den Laufpass geben?«, frage ich.

Ich bin plötzlich verunsichert. Bis jetzt waren meine beiden Freundinnen die Einzigen weit und breit, die Verständnis für den spontanen Heiratsentschluss hatten und ihn nicht für eine Schnapsidee hielten. Sie dürfen mir jetzt nicht in den Rücken fallen.

Jasmin und Kati tauschen einen Blick, der mir verrät, dass sie über dieses Thema schon gesprochen haben.

»Niemand sagt, dass du ihm den Laufpass geben

sollst, Charlie«, sagt Jasmin mit Nachdruck. »Am wenigsten wir.«

»Es geht uns um dich. Wenn du dir sicher bist, dass du Eddie liebst und keinen anderen, dann ist alles gut«, fügt Kati hinzu.

Damit zerstreuen sie meine schlimmste Befürchtung. Ich lege viel Wert auf ihre Meinung, auch wenn wir nicht in allen Angelegenheiten dieselbe haben.

»Denkt ihr, zwei Jahre sind zu kurz, um sich für eine Ehe zu entscheiden?«, frage ich.

»Meine Großcousine hat ihren Mann neun Monate nach der ersten Begegnung geheiratet«, antwortet Jasmin gelassen.

»Und wie ging es aus?«, erkundige ich mich neugierig, während ich die Creme weiter luftig schlage.

»Sie sind geschieden, haben aber zwei süße, kleine Kinder.«

Das klingt nicht besonders beruhigend.

»Wollt ihr denn schon Kinder?«, fragt Kati und sieht mich mit großen Augen an.

»Nein, noch nicht«, antworte ich und reiche Jasmin den mit Pariser Creme beklebten Schneebesen. »Eddie will eher keine Kinder, aber wer weiß, das ändert sich vielleicht, wenn er älter wird. Und ich hab's auf keinen Fall eilig damit!«

Ich beginne jetzt, die Schokoladencreme auf den Tortenboden aufzutragen.

»Will Daniel Kinder?«, fragt Kati, während Jasmin hingebungsvoll den Schneebesen ableckt.

»Weiß ich doch nicht!« Ich runzle die Stirn. »Warum sollte mich das auch interessieren?«

»Ich mein ja nur«, verteidigt Kati sich. »Er hat gute Gene, ein schönes Gesicht und ist athletisch.«

»Eddie hat auch gute Gene«, sage ich etwas verschnupft und lege den ausgerollten Marzipan vorsichtig auf die Cremeschicht. Eddie ist intelligent, witzig und charmant und sieht obendrein klasse aus.

»Lass sie doch«, mischt Jasmin sich ein und befördert den Schneebesen mit einem geschickten Wurf in die Spüle. »Wenn Daniel wieder frei ist, kannst du es ja noch einmal probieren.«

»Zu spät«, sagt Kati, und ich sehe das Glänzen in ihren Augen. »Ich habe schon einen neuen.« Sie seufzt verliebt. »Der hat auch gute Gene.«

Auf meinen Tortenboden konzentriert, den ich mit der restlichen Pariser Creme bestreiche, erspare ich mir einen Kommentar. Früher hätte ich sofort gefragt, wie er ist und dass ich es nicht erwarten kann, ihn kennenzulernen. Da Kati sich jedoch alle paar Monate in einen anderen Typen verknallt und auf die große Liebe hofft, halte ich mich mit meiner Begeisterung zurück.

Ich lege den zweiten Tortenboden auf die Cremeschicht und schiebe die Torte in den Kühlschrank. Ich wische meine Hände an einem Geschirrtuch ab und sage: »Den Überzug mache ich später.«

»Das Kleid!«, ruft Jasmin aus und springt so schnell auf, dass sie ihren Rotwein über den Küchenboden verschüttet.

»Oh ja, das Kleid!«

Kati weicht geschickt den Flecken aus. Mit wildem Gepolter hantieren sie in Jasmins Zimmer, während ich die Weinflecken aufwische, bevor das Kleid noch schmutzig wird.

Als ich fertig bin, stehen Kati und Jasmin mit einem langen weißen Kleid im Türrahmen und strahlen mich an. Zum ersten Mal sehe ich es. Das Brautkleid, in dem ich Eddie morgen offiziell mein Jawort geben werde.

»Es ist traumhaft!«

Es ist mehr. Es ist atemberaubend. Zum ersten Mal überkommen mich romantische Gefühle, bis jetzt dachte ich eigentlich, dass es die nur in Filmen gibt. Es ist nicht das Prinzessinnenkleid, das ich für Daniel und Rita erfunden habe, aber es ist fantastisch.

»Meine Cousine ist ein Hippie, deshalb dieses Kleid«, erklärt Jasmin, als sie mein Gesicht sieht.

Doch sie missinterpretiert mich. Ich liebe dieses Kleid schon jetzt. Es hat Charakter und unterscheidet sich von den klassischen Kleidern, die man auf den Titelbildern unzähliger Hochzeitsmagazine sieht. Ich kann es kaum erwarten, diesen Traum in Weiß endlich anzuziehen.

»Ist das die Cousine, die den Bräutigam am Altar stehenließ, um mit dem Trauzeugen durchzubrennen?«, fragt Kati neugierig nach.

»Nein, das ist wieder eine andere. Und Charlie, das Wichtigste: Sie sind noch verheiratet.« Jasmin grinst mich an.

»Ich hab ganz vergessen, wie groß deine Familie ist«, sagt Kati und streicht über den feinen Stoff.

Ich bin wie gebannt von dem Kleid. Der Stoff ist aus feinster Spitze in einem verspielten Blumenmuster. Die Ärmel sind gerüscht, und um die Taille ist ein seidenes Band genäht.

»Ich flechte dir dazu einen romantischen Fischgrätenzopf«, schlägt Kati vor und zupft an meinen Haaren, die ich zu einem unordentlichen Zopf gebunden habe.

»Nein, nur leichte Wellen«, widerspricht Jasmin ihr vehement. »Und dazu ein goldenes Haarband.«

»Oder eine Blume.«

»Los, zieh es an!«

In Jasmins Zimmer gibt es den größten Spiegel unserer Wohnung. Mein Anblick verschlägt uns dreien die Sprache. Elegant wiege ich mich hin und her und lasse den Stoff wie eine Glocke um meine Beine schwingen.

Ich bin schon so gespannt auf Eddies Gesicht, wenn er mich das erste Mal darin sieht, und kann es nicht erwarten, mit strahlendem Lächeln auf ihn zuzuschreiten.

Jetzt sind auch meine letzten Zweifel ausgeräumt, und ich platze fast vor lauter Vorfreude.

»Bis du bereit für deine Geschenke?« Kati zieht eine kleine, runde Box hinter ihrem Rücken hervor.

»Welche Geschenke?«, frage ich verwirrt.

Ich habe ihnen versichert, dass sie sich darüber keine Gedanken machen müssen und dass das schönste Geschenk für mich ist, wenn sie mir als meine Trauzeuginnen zur Seite stehen.

»Es ist kein Hochzeitsgeschenk«, sagt Jasmin schnell. »Es ist zu deinem Polterabend.«

»Da du nicht in einem hässlichen Outfit betrunken durch die Innenstadt ziehen willst, haben wir uns etwas anderes überlegt«, erklärt Kati.

Ich bin gerührt und weiß einmal mehr, warum Kati und Jasmin meine allerbesten Freundinnen sind. Egal was sich in dieser Box verbirgt – ich liebe die beiden über alles.

»Mach schon auf!«, drängt Jasmin und späht über Katis Schulter, um nichts zu verpassen.

Mit zitternden Fingern hebe ich den Deckel. Die Box ist mit einem seidenen, weißen Stoff ausgelegt, und darin liegt ein Perlenarmband mit einem silbernen Anhänger. Auf dem Anhänger, einem flachen Kleeblatt, sind unsere drei Namen eingraviert.

»Ihr hättet doch nicht …« Ich beiße mir auf die Lippen, um nicht zu weinen. Das Armband ist wunderschön, und es wird perfekt zu meinem Brautkleid passen.

»Warte, ich lege es dir um.«

Jasmin drängt sich an Kati vorbei und verschließt die Kette um mein Handgelenk.

»Ihr seid … die Besten«, presse ich mit tränenerstickter Stimme hervor. Dann falle ich ihnen schluchzend in die Arme. Während Jasmin mir auf die Schulter klopft, heult Kati ebenfalls los. Ich bin so dankbar, die beiden zu haben. Mit ihnen kann morgen nichts schiefgehen.

Als wir einander endlich wieder loslassen, sagt Jasmin laut »Also« und sieht uns streng an, damit wir sofort aufhören zu heulen. »Damit, liebe Charlie, hast du etwas Neues.«

»Fehlt noch etwas Altes, Geliehenes und Blaues«, sagt Kati schniefend.

»Ihr hättet euch doch nicht so viel Mühe machen müssen.«

»Ach was.«

Jasmin greift in die hintere Hosentasche ihrer Jeans und holt ein hellblaues Strumpfband hervor, das sie von ihren Fingern baumeln lässt.

»Da du wie eine Schwester für mich bist«, sagt sie, »lasse ich dich an einer Tradition meiner Familie teilhaben. Dieses Strumpfband ist seit gut zwanzig Jahren im Besitz meiner Familie. Es wird von einer Braut zur nächsten gereicht und dient als Glücksbringer.«

»Es ist geborgt«, fügt Kati hinzu. »Und zugleich alt und blau.« Sie sieht mich erwartungsvoll an.

Ich nehme das Strumpfband entgegen und halte es wie eine dreckige Socke zwischen den Fingern.

»Das heißt, unzählige Frauen haben das getragen und genauso viele Männer mit den Zähnen gelöst?«, frage ich kichernd.

»Nicht genauso viele Männer«, korrigiert Kati mich. »Jasmins Cousine hat ihren Verlobten doch vorm Altar stehen gelassen.«

»Vermutlich hat das der Trauzeuge übernommen, mit dem sie durchgebrannt ist«, sagt Jasmin. »Aber keine Sorge, Charlie, es wird jedes Mal gewaschen.«

* * *

»Ganz ruhig.«

Jasmin fächert mir mit ihrer Handtasche Luft ins Gesicht. In ihrem hautengen, pfirsichfarbenen Kleid sieht sie aus wie ein Topmodel. Ihre langen, schlanken Beine und die bronzefarbene Haut sind ein echter Hingucker. Ihr Haar hat sie mit einer glitzernden Schleife zurückgebunden.

»Jede Braut bekommt vor der Trauung kalte Füße«, sagt Kati altklug. »Eddie geht es sicher nicht anders.«

Zu dritt haben wir uns in den Warteraum des Standesamts verzogen. Das Standesamt ist nur zwei Gassen von meiner Wohnung entfernt. Ich konnte mich in aller Ruhe zu Hause herrichten und zu Fuß hierherkommen.

Trotz der bequemen Stühle kann ich keine Minute ruhig sitzen. Die Räume kommen mir total überheizt vor, aber Kati meint, das sei nur die Aufregung.

Um mich zu beruhigen, schaue ich aus dem Fenster. Vor dem Amtsgebäude befindet sich ein Platz. Er besteht aus vier Grünflächen und einem Brunnen in der Mitte. Den Brunnen dekoriert eine Frauenfigur, aus deren Sockel Wasser plätschert. Obwohl ich schon unzählige Male hier vorbeigekommen bin, ist mir dieser Platz noch nie aufgefallen. Jetzt würde ich mich am liebsten auf die Parkbank dort unten setzen und den beiden Krähen zusehen, die zwischen den kahlen Bäumen hin und her hüpfen.

Eddie begrüßt jetzt in der Ankunftshalle die Gäste und informiert sie über den Ablauf der Trauung und das anschließende Essen. Unter dem Vorwand, sie möge schauen, wie er gekleidet ist, habe ich Jasmin zu ihm geschickt. In Wirklichkeit wollte ich wissen, ob er auch wirklich gekommen ist. Sie hat mir versichert, dass er nicht nur hier ist, sondern auch blendend aussieht.

»Gegenüber gibt es ein Lokal. Wenn du willst, hole ich Tequila«, schlägt Jasmin in Anbetracht meiner Nervosität vor.

»Nein, keinen Tequila!«, sage ich. Die Erinnerung an die Folgen unseres letzten Tequila-Abends schreckt mich ab. Außerdem spüre ich noch die drei Gläser Rotwein von gestern. Im angeheiterten Zustand ist mir die Tortenglasur nicht hundertprozentig gelungen. Heute Morgen habe ich mit einem Föhn alles nachbearbeiten und zu meiner Zufriedenheit glätten können. Das Brautpaar aus Porzellan steht in einem makellosen Schokoladenbett.

»Was, wenn er nicht der Richtige ist?«, platzt es plötzlich aus mir heraus. Ich starre auf das dunkle Fischgrätparkett. »Was, wenn er nicht nach Zürich will? Wenn er niemals Kinder haben will? Wenn er wieder eine Affäre hat?«

Jasmin und Kati sehen mich an, als würde ein Zug auf sie zurasen, und sie könnten nicht rechtzeitig zur Seite springen. Sie sind sichtlich überfordert.

»Soll ich deine Schwester holen?«, schlägt Kati verunsichert vor. »Sie hat da mehr Ahnung als wir.«

»Lieber nicht«, wirft Jasmin ein. »Als ich vorhin unten war, hat sie Bernd verflucht, weil er sie geschwängert und sie deswegen Wasser in den Beinen hat. Wenn Charlies Vater und Simon nicht dazwischengegangen wären, hätte sie Bernd wohl eine gescheuert.«

»Echt?«

Kati hebt die Augenbrauen. Sie sieht aus, als wäre sie gerne dabei gewesen.

»Keine Sorge, Charlies Mutter hat alles fotografiert.«

Sarahs Sorgen sind mir im Moment herzlich egal.

»Ich muss mit Eddie sprechen, bevor wir ...«

Ich fuchtle nervös mit der Hand herum und reiße Ritas zierlichem Blumenstrauß versehentlich ein paar grüne Blätter ab. Kati nimmt mir den Strauß aus der Hand und legt ihn zur Seite, ehe er noch mehr beschädigt wird.

»Du kannst ihn jetzt nicht mehr sehen«, sagt sie entschlossen. »Das bringt Unglück.«

Auch Jasmin schüttelt den Kopf. Sie verschränkt die Arme, als sei sie ein Türsteher, der mich nicht in den Club lassen will.

»Aber ich muss mit ihm reden«, japse ich. Ich stehe kurz vor einem Nervenzusammenbruch. »Sonst bringt das noch mehr Unglück.«

»Wir könnten etwas zwischen ihnen aufstellen«, sagt Kati zu Jasmin. »Dann können sie sich nicht sehen, aber miteinander sprechen. Zum Beispiel die Vorhänge da.«

Sie zeigt auf die schweren roten Samtvorhänge, die an goldenen Stangen hängen.

»Würde das reichen?«, fragt Jasmin, und ich nicke aufgeregt. Hauptsache, ich kann mit Eddie sprechen.

»Okay, aber wir lassen euch nicht alleine«, sagt sie streng. »Eine von uns bleibt hier und passt auf.«

»Dann nehme ich Kati«, sage ich spontan. Als mich Jasmins gekränkter Blick trifft, habe ich sofort ein schlechtes Gewissen. »Sie ist sensibler als du«, sage ich kleinlaut. »Vor dir habe ich ... Angst.«

Kati tut zwar so, als ginge sie dieses Gespräch nichts an, doch sie unterdrückt nur mit Mühe ein Kichern.

»Angst?«, wiederholt Jasmin.

Sie lässt das kurz auf sich wirken, dann geht sie zur Tür und verlässt kopfschüttelnd den Raum.

Als die Tür ins Schloss fällt, sagt Kati: »Pass bloß auf, sonst musst du noch Liegestütze in diesem Kleid machen.«

»Bestimmt hat Jasmin nur Gnade mit mir, weil heute mein Hochzeitstag ist«, seufze ich.

»Wenn ich nicht wüsste, dass ich zehn Kilo mehr stemmen kann als sie, hätte ich auch Angst«, meint Kati.

Ich stehe auf und schaue wieder aus dem Fenster auf den Platz hinunter. Vor dem Brunnen versammelt sich gerade eine Hochzeitsgesellschaft. Ein Mann in Jeans und Sakko arrangiert sie fürs Gruppenbild und fotografiert mit einer überdimensionalen Spiegelreflexkamera. Das Brautpaar ist deutlich älter als wir. Die Frau trägt ein goldenes Kostüm, der Mann ein dunkles Jackett. Sie wirken glücklich, und alle anderen um sie herum sehen aus, als würden sie sich für die beiden mitfreuen.

Ich stelle mir vor, wie Eddie und ich ebenso glücklich sind und unsere Familien dieses Glück mit uns teilen. Das Klopfen an der Tür holt mich zurück in die Wirklichkeit.

»Los jetzt, hinter den Vorhang mit dir!«

Kati schiebt mich mit ihren kräftigen Armen hinter den Samtvorhang und hält das Ende zur Seite, damit ich nicht vorbeilugen kann.

»Okay, geht schon!«, ruft sie dann.

Ich höre die Scharniere quietschen, die schwere Tür

wieder ins Schloss fallen und jemanden auf uns zukommen. Instinktiv halte ich die Luft an.

»Also. Ihr dürft euch nicht sehen. Das bringt Unglück«, erklärt Kati streng.

»Du wolltest mit mir sprechen?«

Eddies Stimme klingt so nah, als würde er direkt vor dem Vorhang stehen.

»Ja, ich …«, stottere ich und weiß nicht, wie ich das Gespräch beginnen soll. Hilfesuchend schaue ich Kati an, die ratlos zurückschaut.

»Sind schon alle da?«, frage ich schließlich.

»Ja. Deine Mutter macht gerade von allen Porträtfotos. Fürs Album.«

Seine Begeisterung hält sich hörbar in Grenzen.

»Und wie geht es deinen Eltern?«

Wir haben nicht mehr über sie gesprochen. Ich hoffe, ihre Einstellung hat sich geändert. Ich könnte es nicht ertragen, wenn sie mich nicht in ihre Familie aufnehmen würden.

Eddie zögert.

»Um ehrlich zu sein«, antwortet er dann betreten, »sie sind nicht gekommen.«

»Waaas?«

Ich will auf der Stelle den Vorhang zur Seite reißen, doch Kati gibt mir einen Klaps auf die Finger und hält den Stoff fest.

»Sie meinen, wir wollen Cordula und Benedikt die Show stehlen. Aber mach dir keine Sorgen. Wichtig ist doch, was wir wollen.«

»Und was wollen wir?«

Ich muss mich zusammenreißen und darf jetzt nur

nicht anfangen zu heulen, das zerstört mein von Kati perfekt aufgetragenes Make-up.

»Ich will mit dir für den Rest meines Lebens verheiratet sein.«

Es klingt, als hätte Eddie diese Worte auswendig gelernt. Sie überzeugen mich nicht wirklich.

»Eddie, ich muss dir etwas sagen.«

Jetzt bin ich froh, hinter dem dicken Stoff zu stehen.

»Ich habe ein Jobangebot bekommen. In Zürich.«

»Zürich?«, fragt Eddie. »Ich dachte, wir hätten uns für Köln entschieden.«

»Wir wollten noch darüber reden. Das Angebot aus Zürich kam erst diese Woche.«

Kati beobachtet uns und bewegt ihren Kopf wie bei einem Tennismatch hin und her.

»Könntest du dir vorstellen, mit mir mitzukommen?«, frage ich vorsichtig.

»Nach Zürich?«

Es erstaunt ihn also, dass ich diese Option in Betracht ziehe.

»Du kannst doch auch in Köln als Konditorin arbeiten«, meint er dann.

Seine Antwort ist wie ein Schlag ins Gesicht. Will er denn nicht einmal darüber nachdenken? Ich soll meine Wünsche für seine hintanstellen, doch er denkt nicht daran, dasselbe für mich zu tun?

»Wieso fängst du überhaupt jetzt damit an?«, fragt er vorwurfsvoll. »Hättest du mir das nicht eher sagen können? Damit wir nicht zehn Minuten vor dieser Hochzeit darüber diskutieren?«

Ich öffne den Mund, um mich zu verteidigen, doch

seine schroffe Reaktion nimmt mir die Luft zum Sprechen.

»Ich habe Köln schon zugesagt«, fügt er hinzu. Sein Ton lässt mich wissen, dass er nicht bereit ist, weiter darüber zu diskutieren. Seine Entscheidung steht fest, und ich soll mich dem fügen.

»Ich weiß nicht, ob ich das will«, presse ich mit tränenerstickter Stimme hervor. Mein Blick verliert sich tränenverschwommen im roten Samt des Vorhangs. Scheiß auf das Make-up.

»Nach Köln zu gehen?«

»Nein. Alles.«

Ich greife nach dem Vorhang, und Kati lässt ihn betroffen los.

Vor mir steht Eddie. Er hat Ringe unter den Augen und sieht so fertig aus wie an dem Tag auf der Messe, als er mir den Heiratsantrag gemacht hat.

Wir werden nicht Hand in Hand aus dem Standesamt schreiten. Es wird keine glücklichen Erinnerungsfotos geben und keinen gemeinsamen Tortenanschnitt. Ich werde nicht mit ihm tanzen, und es wird keinen romantischen Kuss zweier frisch Vermählter geben. In seinen Augen sehe ich, dass er dasselbe denkt.

»Geh nach Köln«, sage ich und sehe, wie die Erleichterung seine Gesichtszüge weicher werden lässt. Ich trete vor und umarme ihn. Innig und vertraut, aber mit dem klaren Wissen, dass es ein Abschied ist.

Eddie legt seine Arme um mich und streicht sanft über meinen Rücken.

Ich löse mich aus der Umarmung und sehe ihm ein

letztes Mal tief in die Augen. Etwas in mir wird diese verträumten blauen Augen vermissen.

Ich habe Eddie zwei Jahre lang geliebt. Es war eine aufregende und schöne Zeit, in der wir viel gemeinsam erlebt und gelacht haben. Doch die vergangenen Wochen haben gezeigt, dass sich unsere Leben auseinanderentwickeln. Das ist okay. Wir sind jung und wollen im Leben weiterkommen, aber nicht mehr gemeinsam.

»Ich wünsche dir alles Gute«, flüstert er und streichelt mir übers Gesicht. Nie wieder werde ich seine Hand an meiner Wange fühlen oder seine schöne tiefe Stimme hören.

»Das wünsche ich dir auch.«

Es fällt mir so unfassbar leicht, diese Worte zu sagen. Ich wünsche es ihm von ganzem Herzen. Es ist gut so, und es ist das Richtige für uns beide. Erstmals an diesem Tag fühle ich mich so befreit wie schon lange nicht mehr.

»Halt, halt, halt!«

In diesem Moment stürmt meine Mutter herein und steuert direkt auf uns zu.

»Jasmin sagt, es gibt Probleme? Wieso seht ihr euch? Das bringt Unglück! Der Standesbeamte wartet schon. Los jetzt!«

Mit den Händen in die Hüften gestemmt sieht sie uns erbarmungslos an.

»Mama, wir werden nicht heiraten«, erkläre ich und spüre, wie eine Freudenträne meine Wange hinunterkullert.

»Ihr … was? Aber … Seht euch an!« Meine Mutter zeigt hektisch auf unsere Kleidung. »Ihr könnt euch doch nicht so herausputzen und dann eure Hochzeit absagen. Deine Schwester hat sich extra ein Kleid gekauft, in das sie mit ihrem Babybauch hineinpasst!«

Sie wendet sich an Eddie und sagt: »Sie ist nervös. Nimm sie nicht ernst. Sie wird dich heiraten.«

Dann wirft sie mir einen strengen Blick zu.

»Wir haben uns beide dazu entschieden«, sagt Eddie und lächelt sie entspannt an. Dann legt er seine Hand auf meine Schulter – freundschaftlich, nicht wie jemand, der den Rest seines Lebens mit mir verbringen will.

»Kati! Sag doch was!«, kreischt meine Mutter mit kreidebleichem Gesicht.

»Eddie geht nach Köln und Charlie nach Zürich, und übrigens ist sie in ihren Chef verknallt«, fasst Kati die Sachlage zusammen.

»Wie bitte?«

Plötzlich reden wir alle gleichzeitig, meine Mutter, Eddie und ich.

»Eddie, nimm's ihr nicht übel«, unterbricht Kati uns. »Ich glaube, Charlie weiß es selbst noch nicht. Sie hat es deinetwegen bislang verdrängt.«

»Aber das stimmt doch gar nicht«, protestiere ich und spüre, wie meine Wangen rot werden. Wie kann sie das jetzt vor Eddie behaupten?

»Wie auch immer«, sagt meine Mutter und stellt sich zwischen Kati und mich. Dann hebt sie ihre Kamera hoch und weist Eddie und mich an, uns zusammen aufzustellen. »Ich will ein Erinnerungsfoto. Wer weiß, wann ich meine Tochter wieder in einem

Brautkleid sehe. Du siehst übrigens entzückend aus, Liebling.«

»Danke, Mama.«

Auch wenn ich die Idee, eine Hochzeit, die gar nicht stattgefunden hat, auf Fotos zu verewigen, etwas sonderbar finde, stelle ich mich neben Eddie. Liebevoll legt er seinen Arm um meine Taille und zieht mich an sich.

Meine Mutter lässt es sich nicht nehmen, gefühlte hundert Fotos zu schießen. Hochkant. Querformat. Porträt. Ganzkörperaufnahme.

»Stellt euch dort hinüber, da ist ein besseres Licht.«

Sie schubst Kati achtlos zu Seite und lugt durch ihr Objektiv. So schöne Bilder hätte es wahrscheinlich nicht gegeben, wenn wir diese Hochzeit tatsächlich durchgezogen hätten.

»Okay, das reicht jetzt«, sage ich schließlich und winde mich aus Eddies Arm, der umgehend seine Krawatte lockert. »Ich muss jetzt los.«

»Wo willst du denn hin?«, fragt meine Mutter entsetzt. Sie hat wohl noch nicht realisiert, dass die Hochzeit abgeblasen ist, und sich schon auf das gemeinsame Essen gefreut. Das können sie gerne haben, aber ohne mich.

»Herausfinden, ob Kati recht hat«, antworte ich, kremple mein Kleid hoch und wende mich Eddie zu. »Würde es dir etwas ausmachen, den Gästen Bescheid zu sagen?«

»Und du haust heimlich ab?«, knurrt er, wenig begeistert über meine Bitte, und beginnt nervös von einem Bein aufs andere zu wippen.

»Ich sag Jasmin Bescheid«, rettet uns Kati. »Sie übernimmt das bestimmt gerne.«

»Alles klar. Du bist die Beste! Kann ich dein Auto haben?«

Ohne eine Sekunde zu zögern, greift Kati in ihre kleine Handtasche und kramt einen schwarzen Autoschlüssel hervor. Mit einem glatten Wurf lässt sie ihn mir zufliegen, doch obwohl ich mich redlich bemühe, ihn zu schnappen, landet er zwischen meinen Füßen.

Kati schnalzt mit der Zunge und frohlockt: »Das werden wir noch üben!«

* * *

Der Freitagmittagsverkehr in der Wiener Innenstadt ist der reinste Horror. Entsprechend lange brauche ich für die Fahrt bis zum Hotel. Die Ringstraße ist komplett verstopft. Sämtliche Autos vor mir, die bei Grün nicht schnell genug losfahren, hupe ich ungeduldig an. Mit Katis wendigem Mini Cooper schlängle ich mich durch den Verkehr und biege irgendwann erleichtert in die Parkgarage des Hotels ein. Mit quietschenden Reifen presche ich durch die Parkebenen. Schon von fern erkenne ich, dass der Parkplatz der Hotelleitung frei ist. Daniel ist anscheinend nicht mehr im Haus. Von der Aufregung und Hektik ist mir ganz schlecht. Ich zwinge mich, ruhig zu atmen. Es gibt Schlimmeres, sage ich mir. Ich werde ihn wiedersehen, auch wenn es erst am Montag ist. Oder vielleicht ist ja auch nur sein Auto nicht da, er selber aber schon. Ich gebe die Hoffnung noch nicht auf.

Mein Puls rast, als ich Katis Mini auf Daniels Parkplatz abstelle und aus dem Auto springe. Mit dem hochgerafften Kleid renne ich, so schnell ich kann, durch die Gänge. Als ich feststelle, dass der Mitarbeiteraufzug im dritten Stock ist, nehme ich kurzerhand die Treppe. So bin ich schneller, und außerdem halten meine Nerven es nicht aus, hier vor dem Fahrstuhl zu warten.

Im Erdgeschoss kommt Alex mir entgegen. Er traut seinen Augen nicht. »Charlie? Was machst du denn hier?«

»Keine Zeit!«, hechle ich nur und nehme trotz meiner hochhackigen Schuhe jede zweite Stufe. Bestimmt sieht das nicht besonders elegant aus.

»Darf man schon anstoßen?«, ruft er mir hinterher, doch ich stürme weiter die Stufen hinauf.

Im dritten Stock kommt unser Haustechniker mir entgegen und sieht mich neugierig an. Mein Gekeuche muss mich schon angekündigt haben.

»Neue Dienstkleidung?«, fragt er grinsend, als ich an ihm vorbeihaste.

»Ja. Ab sofort, und zwar für alle«, gebe ich den Schmäh atemlos zurück.

Schnaufend, als hätte ich den Kilimandscharo erklommen, komme ich endlich im vierten Stock an. Alle, die mich den Gang entlangrennen sehen, starren mich verwundert an. Sollen sie doch. Es ist mir so was von egal.

Ohne anzuklopfen, platze ich in Daniels Übergangsbüro hinein. Der Raum ist leer. Keine Umzugskartons mehr, kein sonstiges Arbeitsmaterial, nichts. Die Tische stehen fein säuberlich für die nächste Besprechung bereit. Dass hier wochenlang ein attraktiver Hotelleiter seine Arbeit verrichtet hat, ist nicht zu erkennen.

Drei Türen weiter ist Richards altes Büro. An der Wand hängt ein Schild, auf dem Daniels Name steht. Mein Herz schlägt höher. Ich bete, dass er da ist. Ohne zu klopfen, öffne ich die Tür. Der Geruch nach neuen Möbeln, frisch gestrichenen Wänden und Teppichkleber steigt mir in die Nase. Sowohl der Schreibtisch als auch die Kommode, auf der eine Kaffeemaschine steht, sind ordentlich aufgeräumt. Es wirkt wie in dem Ausstellungsraum eines Möbelhauses. Von Daniel ist weit und breit keine Spur zu sehen.

Ich höre Schritte hinter mir und fahre herum. Eine Büroangestellte kommt den Gang entlang und starrt mich irritiert von oben bis unten an. Erst jetzt fällt mir wieder ein, dass ich ja ein Brautkleid anhabe. Kein Wunder, dass ich einen merkwürdigen Eindruck mache.

»Wissen Sie, ob Herr Eppensteiner noch im Haus ist?«, frage ich.

»Keine Ahnung.« Sie zuckt mit den Schultern. »Tut mir leid.«

Dann eilt sie weiter.

Aus einem der Großraumbüros kommen zwei weitere Angestellte mit Kaffeetassen in der Hand auf dem Weg zum Pausenraum.

»Haben Sie Herrn Eppensteiner gesehen?«, rufe ich ihnen zu.

Erst jetzt werden sie auf mich aufmerksam und sehen mich genauso verdattert an wie alle anderen. Haben die alle noch nie eine Braut gesehen?

»Ist der nicht auf Geschäftsreise in Deutschland?«, fragt die eine, ohne ihren Blick von meinem Kleid abzuwenden. Jetzt bereue ich es doch, mich nicht umgezogen zu haben. Aber wo hätte ich auf die Schnelle Ersatzkleidung hernehmen sollen?

»Ich bilde mir ein, ihn vorhin an der Rezeption gesehen zu haben«, meint die andere. »Sagen Sie, ist heute nicht Ihre Hochzeit?«

»Eigentlich schon«, antworte ich hastig, raffe mein Kleid hoch und laufe in die andere Richtung weiter. Wenn Daniel wirklich noch im Haus ist, muss ich ihn erwischen. Vor dem Treppenhaus stoße ich fast ein Zimmermädchen um.

»Tut mir leid!«, rufe ich nur und renne weiter.

So schnell ich kann, nehme ich die Stufen, indem ich jeweils eine überspringe.

In jeder Kurve fallen mir trotz Haarspray meine Locken ins Gesicht. Doch die Frisur war auch nicht dafür gedacht, einen Marathon zu überstehen, sondern nur den Gang zum Traualtar. Ungestüm schlage ich die Tür zum Büro beim Empfang auf. Mich am Türrahmen festhaltend, schnappe ich nach Luft.

Erschrocken springt Sissi von ihrem Stuhl auf.

»Charlie! Ist alles in Ordnung?« Sie starrt mich an, als wäre ich ein Geist.

»Daniel? Eppensteiner?«

Für einen ganzen Satz reicht meine Luft nicht. Ich sehe mich hektisch um, doch Sissi ist alleine im Raum.

»Der ist schon eine Weile außer Haus«, antwortet sie und wirft einen Blick auf ihre Armbanduhr. »Keine Ahnung, ob er noch mal zurückkommt.«

Mein Blick fällt auf Lindas Gießkanne, die neben einer fast ausgetrockneten Pflanze steht. Am liebsten würde ich das Wasser darin austrinken.

»Fährt er auf Geschäftsreise?«

Ich spüre, wie mein Herz gegen die Rippen hämmert. Kati und Jasmin würden mir bestimmt einen Vortrag darüber halten, wie miserabel meine Kondition ist, wenn sie mich jetzt sehen könnten. Vor meinen Augen tauchen kleine schwarze Punkte auf.

»Am Montag erst. Charlie, du bist ganz blass.«

Sie schiebt mir einen Bürostuhl in die Kniekehlen.

»Setz dich hin. Ich hol dir ein Glas Wasser.«

Selbst wenn ich wollte, könnte ich mich nicht wehren. Meine Knie sind butterweich und knicken ein. In meinem Ohr pfeift es, und mein Kopf wird gleich explodieren.

»Ich dachte, du hast heute frei«, sagt Sissi und drückt mir ein Glas in die Hand.

Ich trinke es aus in einem Zug und wische zitternd einen Tropfen weg, der über mein Kinn läuft.

»Soll ich dir noch eines holen?«

Ich schüttle den Kopf und krächze: »Danke.« Meine Kehle ist wie zugeschnürt, und Tränen steigen mir in die Augen. Okay, die Anstrengung war also umsonst. Heute kann ich nicht mehr mit ihm sprechen. Das macht nichts. Es wird sich noch eine Gelegenheit bieten …

»Finden Sie raus, wer meinen Parkplatz besetzt. Ein roter Mini Cooper. Wenn er in fünf Minuten nicht weg ist, lassen Sie ihn abschleppen.«

Das war seine Stimme.

Ich springe wie von der Tarantel gestochen auf, und mein Stuhl kracht gegen die Kommode hinter mir. Mir wird erst flau und dann schwarz vor Augen. Ich taste nach der nächsten Tischplatte und spüre, wie Sissi behutsam meinen Arm nimmt und mich stützt. Dann sehe ich langsam wieder klarer.

Ich muss zu ihm! Sofort! Ich stolpere an den Schreibtischen vorbei zur Tür. Fast bin ich schon draußen, als ich zu mir komme und anhalte.

»Danke! Alex hat echt Glück mit dir!«, sage ich zu Sissi.

Dann eile ich hinaus. Auf dem Weg zur Rezeption lässt mich das grässliche Geräusch zerreißenden Stoffes innehalten. Scheiße! Ein Teil der weißen Spitze hängt lose von meinem Kleid herunter. Okay, okay, ich habe das Kleid von Jasmins Cousine ruiniert, aber die braucht es ja ohnehin nicht mehr.

»Was machst du denn hier?«, keift Linda, als sie mich sieht.

»Weg da!« Ich schubse sie unsanft zur Seite.

Da sehe ich, dass Daniel gerade schnellen Schrittes die Stufen der Lobby erklimmt, die Aktentasche in der einen Hand, sein BlackBerry in der anderen.

»Es ist meiner!«, brülle ich quer durch die Lobby.

Plötzlich starren mich alle möglichen Leute an, doch ich nehme sie gar nicht wirklich wahr. Ich konzentriere mich nur auf Daniel. Der dreht sich im selben Moment um und lässt seine Hand mit dem Handy sinken. Mein Herz beginnt zu rasen, als ich ihn sehe. Aber ich war nie entschlossener als in diesem Augenblick.

»Der rote Mini Cooper! Es ist meiner!«

Ich komme hinter der Rezeption hervor und bleibe mitten in der Empfangshalle stehen.

»Sie haben ein neues Auto?«, fragt er überrascht.

»Es ist nicht meins«, sage ich und wünsche mir, dass er herunterkommt, sodass ich nicht durch das ganze Hotel brüllen muss. »Ich habe es mir ausgeborgt, um herzukommen!«

Zwei Zimmermädchen beobachten die Szene interessiert von weiter oben. Auch eine mindestens fünfköpfige Touristenfamilie scheint fasziniert zu sein vom Anblick einer Braut im derangierten Brautkleid, die außer sich zu sein scheint.

»Sollten Sie nicht längst …« Daniel wirft einen Blick auf seine Armbanduhr »bei Ihrem Hochzeitsessen sitzen?«

»Ja, das sollte ich. Aber …«

Da taucht plötzlich Alex auf, mit Fridolin und Nicki im Schlepptau. Ich schlucke schwer. Immer mehr Leute kommen hinzu.

»Und warum sind Sie nicht dort?«, fragt Daniel, steckt sein BlackBerry ein und lässt die Aktentasche fallen. Er lässt sich von den neugierigen Blicken nicht ablenken. Seine ganze Aufmerksamkeit gilt einzig und allein mir.

»Weil ich Ihnen etwas sagen muss«, antworte ich wahrheitsgemäß.

An der Rezeption läutet das Telefon. Als ich mich umdrehe, sehe ich, dass Linda den Anruf wegdrückt und den Hörer zur Seite legt.

»Charlie?« Daniel zieht meinen Blick wieder auf sich.

Ich räuspere mich.

»Ich habe ein Jobangebot aus Zürich erhalten«, sage ich.

Keine Ahnung, warum ich ausgerechnet das sage. Eigentlich wollte ich ihm doch erklären, dass die Hochzeit abgeblasen ist und warum.

Daniel kommt mit ernster Miene langsam die Treppe herunter.

Unten angekommen, schüttelt er den Kopf und sagt in aller Ruhe: »Ich kann Sie nicht gehen lassen. Richard hat gesagt, kein Mensch auf der Welt könnte Sie als Patissière ersetzen.«

»Geh bitte!«, stöhnt Alex laut auf.

Daniel kommt immer näher auf mich zu und bleibt schließlich ganz nah vor mir stehen.

»Es tut mir zwar leid, aber ich muss Ihnen verbieten, nach Zürich zu gehen.«

»Nennen Sie mir einen Grund, warum ich bleiben sollte.«

Was habe ich da gerade gesagt?

Ich, die schüchterne Charlie, die eine Heidenangst davor hat, abgewiesen zu werden, steht vor der halben Belegschaft des Hotels und ist kurz davor, ihrem neuen Chef zu gestehen, dass sie in ihn verliebt ist.

Mein Herz bleibt stehen, als Daniel meine Hand nimmt. Er hebt sie an und schaut mir auf die Finger.

»Kein Ring?«

Ich schüttle den Kopf.

»Sie oder er?«

»Wir beide«, flüstere ich, doch ich bin davon überzeugt, dass jeder in dieser Lobby mich hört.

Er lässt seinen Blick anerkennend an mir hinabgleiten.

»Wirklich schön. Das passt besser zu Ihnen als ein überteuertes Prinzessinnenkleid.«

Er lässt meine Hand los und berührt meine Wange. Dann beugt er sich zu mir hinunter.

»Wirklich sehr schön«, murmelt er.

Dann zieht er mich an sich und küsst mich. Und ich erwidere seinen Kuss. Ich habe so lange darauf gewartet. In mir tobt ein Orkan. In meinem Kopf ist nur noch ein Rauschen. Mir ist heiß und zugleich eiskalt.

Wie durch Watte höre ich die Umstehenden applaudieren, bis ein grelles Blitzlicht mich zusammenzucken lässt. Daniel und ich lassen voneinander ab. Ein Kind der Touristenfamilie hat uns soeben fotografiert.

»Ich denke, wir sollten in mein Büro gehen, um über Ihre geplante Kündigung zu sprechen«, sagt Daniel leise und räuspert sich. »Vielleicht können wir uns anderweitig einigen.«

Entschlossen nimmt er meine Hand und zieht mich mit hinter sich her die Treppe hinauf.

Glossar

Österreichisch	Deutsch
Agenden	zu erledigende Aufgaben
Biskotte	Löffelbiskuit
Brösel	Krümel
Buchteln	Hefeteigspezialität, gefüllt mit Marmelade
das geht sich nicht aus	das ist nicht zu schaffen, das schaffe ich nicht
Eiklar	Eiweiß
Erdapfel	Kartoffel
Fauteuil	Sessel
Gebäck	Brot, Brötchen, Kipferl …
Gehsteig	Bürgersteig

Gugelhupf	Gugel = Kapuze; Kuchen aus Hefeteig mit Rosinen oder wie beim Marmorkuchen mit Kakao »marmoriert«
Gurkerl	Essiggurke
Kaiserschmarrn	warme Süßspeise; zubereitet aus einer Art Pfannkuchenteig, meist mit Rosinen und Zwetschkenröster serviert
Kasten	Schrank
Marille	Aprikose
Maroni	Esskastanien, Maronen
Mehlspeis(e)	Süßspeise
Melange	Espresso mit Milch und Milchhäubchen
Mistkübel	Mülleimer
Ober	Kellner
Obers	Sahne

Öffis	Abkürzung für öffentliche Verkehrsmittel
Pariser Spitz	Schokolade-Sahnehäubchen auf knusprigem Keks in Zartbitterschokoladenhülle
Powidl	Pflaumenmus
Punschkrapferl	Würfel aus Biskuitteig, gefüllt mit Marmelade, Punsch und Schokolade, mit einer rosa Glasur überzogen
Ribisel	Johannisbeere
Schanigarten	Gästeplätze vor Lokalen an der Straße; der Name geht vermutlich zurück auf den Kaffeehausbesitzer »Gianni« Tarone 1750
Schlagobers	Schlagsahne
Schlecker	Lutscher, Lolli
Schwarzer	Espresso
Semmel	Brötchen

Semmelbrösel	Paniermehl
Sessel	Stuhl
Staubzucker	Puderzucker
technisches Gebrechen	technisches Versagen, Problem
Vorraum	Diele, Vorzimmer
Zwetschkenröster	Pflaumenkompott

Emilia Schilling

ist Ende zwanzig und lebt mit ihrem Mann und ihrem Sohn in einem kleinen Ort in Niederösterreich. »Frühlingsglück und Mandelküsse« ist ihr erster Roman. Weitere Titel der Autorin sind bei Goldmann in Vorbereitung.

Unsere Leseempfehlung

480 Seiten
Auch als E-Book
erhältlich

Cassie liebt Henry, Henry liebt Cassie – so viel ist sicher. Den funkelnden Verlobungsring von Tiffany hat er ihr schon angesteckt. Doch etwas lässt Cassie zögern. Als Henrys junge Cousine Gem verkündet, sie wolle im Eiltempo ihren Freund heiraten, lässt Cassie sich überreden, die Hochzeit zu verhindern. Insgeheim erhofft sie sich von der Reise nach Cornwall aber auch, Zeit zu finden, um über ihre Beziehung nachzudenken. Doch dann taucht zwischen malerischen Cottages und leuchtenden Blütenmeeren ein alter Bekannter auf, und Cassie erkennt, dass sie sich erst ihrer Vergangenheit stellen muss ...

www.goldmann-verlag.de
www.facebook.com/goldmannverlag

GOLDMANN
Lesen erleben